本教材获如下资助

1. 河北省高等学校专业综合改革试点项目、高等学校本科教育创新高地特色专业建设项目

2. 河北师范大学人文社科项目《河北企业道德风险案例研究》

3. 河北师范大学商学院（实验/案例）教学建设项目《劳动关系管理教学案例库建设》

人力资源管理专业全景实训教材系列

集体劳动关系管理教学案例集

主　编　刘素华

副主编　时金芝　孔燕然

ZHEJIANG UNIVERSITY PRESS
浙江大学出版社

图书在版编目(CIP)数据

集体劳动关系管理教学案例集 / 刘素华主编. —杭州：浙江大学出版社，2016.7
ISBN 978-7-308-15964-7

Ⅰ.①集… Ⅱ.①刘… Ⅲ.①劳动关系—管理—案例 Ⅳ.①F246

中国版本图书馆 CIP 数据核字（2016）第 131633 号

集体劳动关系管理教学案例集

刘素华　主编

丛书策划	朱　玲
责任编辑	陈丽勋
责任校对	董凌芳
封面设计	春天书装
出版发行	浙江大学出版社
	（杭州市天目山路 148 号　邮政编码 310007）
	（网址：http://www.zjupress.com）
排　　版	杭州林智广告有限公司
印　　刷	杭州日报报业集团盛元印务有限公司
开　　本	787mm×1092mm　1/16
印　　张	18.25
字　　数	405 千
版 印 次	2016 年 7 月第 1 版　2016 年 7 月第 1 次印刷
书　　号	ISBN 978-7-308-15964-7
定　　价	35.00 元

前　　言

　　市场经济下劳动关系调整是以集体劳动关系为主线的。劳动关系就其构成形态而言，可以分为个别劳动关系和集体劳动关系。个别劳动关系是劳动者个人与用人单位之间的社会经济关系。在个别劳动关系中，虽然劳资双方的法律地位和权利、义务是平等的，但由于劳动者对劳动关系更大程度的依赖性、劳动力供大于求的现实、劳动关系的隶属性特征等，劳资双方的实际地位与力量又是不对等的，个体劳动者处于弱势。劳资力量的失衡，引起了劳资利益分配的不均衡，进而引发劳资之间的激烈冲突乃至社会动荡。怎样解决这个问题？市场经济国家在长期的曲折、教训中逐渐摸索出一套平衡劳资力量、协调劳资利益、化解劳资冲突的机制——劳动者通过行使团结权，组成工会提升自己的力量，在工会制度基础上形成员工参与、集体谈判、三方协商、冲突规制等机制，从而在个别劳动关系基础上发展起集体劳动关系，使劳资力量和利益得到平衡、劳动关系趋于和缓，为社会和谐奠定了基础。

　　从我国的情况看，近年来我国劳资冲突呈快速上升趋势，根据《法制日报》、法制网、凤凰网等多家媒体的报道，仅 2010 年，全国就发生了 300 余起集体停工事件①，这标志着中国的劳动关系正在由个别劳动关系向集体劳动关系转型。但现有的劳动关系调整机制仍以个别劳动关系调整为主，集体劳动关系调整机制发展滞后，难以适应解决劳资矛盾和维系劳动关系稳定的需要。

　　中外劳动关系发展的历史与现实，都呈现出了强调、重视集体劳动关系调整的趋势，高校劳动关系管理课程教学理应体现、引导和推动这一趋势的进展，具体体现为在高校劳动关系管理课程教学中对集体劳动关系部分给予足够的重视，并通过课程内容、课时分配、大纲教材、实践实训等体现出来。但从实际情况来看，高校劳动关系管理课程中对集体劳动关系部分的重视程度还有很多需要加强的地方。比如，教学案例是课堂教学必不可少的材料，但根据编者对图书市场的调查，目前所出版的劳动关系案例集基本是个别劳动关系方面的，具体说就是劳动法方面的。至于与集体劳动关系管理部分教学内容相对应的、比较经典的案例集非常少，使得师生教与学都十分不便，很难适应当前案例教学发展的趋势。为此，编者几年前就有一个愿望，那就是编写一本专门介绍集体劳动关系管理典型案例的集子。因缘际会，编者本人从河北师范大学商学院人力资源管理系接受了编写任务并受到了系里、学院

----

① 参见：我国集体劳动关系规制尚处残缺状态　专家呼吁制定集体劳动关系法，法制网，2011-10-17。

和学校的资助,这才推动编者本人动手把愿望付诸实现。这就是编写本案例集的初衷。

本案例集的定位是"教学"案例集。其主要目标是服务于教学,是给教师提供较系统的、与教学内容相对应的案例,通过情境材料让学生更好地理解和体会课堂教学的知识点,至于案例设计的完整性、曲折吸引性等则被放在了第二位。

本案例集按照劳动关系管理课程教材体系安排内容,分为工会、员工参与、集体协商与集体合同、三方协商机制、产业行动五编。在案例编写上,提出的问题都是课程教学的相关知识点,尽量做到为每个重要知识点都提供一个案例,用于学生具体化地理解这部分的重点知识内容,加深印象。提出的问题基本是先让学生复习相关知识点,然后再看在本案例中这些知识点是怎样体现的。有时案例中提出的问题不仅限于案例本身,还延伸到相关知识的复习。本案例集收入了一些经典试验、有影响的事件,以体现经典试验、事件对于这一问题产生的影响。

本案例集中案例的原始资料部分来自公开媒体,编者根据教学内容的需要进行了编写、处理,但基本事实没有变动。对于本案例集中使用的报纸报道、政府网站消息等的原作者,编者在此一并表示感谢,没有你们的原始材料,就没有本案例集。其实贡献主要是你们的,本案例集的编者只是做了一些加工、整理、编写工作而已!这里虽然无法一一列举出来你们的名字,但本案例集的编者衷心感谢你们的劳动。谢谢!

在此,还要感谢为这套"人力资源管理专业全景实训教材系列"付出辛勤劳动的河北师范大学商学院人力资源管理系主任郑永武博士,以及浙江大学出版社朱玲老师,你们辛苦了!

刘素华

2016 年 4 月 28 日于河北石家庄

CONTENTS 目 录

第三编　集体协商与集体合同部分

第四编　三方协商机制部分

第五编　产业行动部分

第一编

工会部分

案例1 公司董事局董事、执行总裁能兼任工会主席吗?[①]

这是2012年3月16日《劳动者报》的一篇报道,题目是"维护职工权益是我第一职责——记陕西省五一巾帼标兵,陕西天驹投资集团董事局董事、执行总裁王霖霖"。内容如下:

陕西天驹投资集团是一家以创投为核心,集广告、快速消费品代理、航线运营、航空和旅游代理等多项服务,下设多家子公司,具有多元化产业格局的企业集团。2006年,王霖霖进入天驹,担任陕西天驹投资集团董事局董事、执行总裁,主持企业全面经营管理工作。上任伊始,她的第一个动作就是建立党支部和工会。

王霖霖说,总裁和工会主席这两个称呼,我更喜欢大家天天叫我工会主席,因为它能时刻提醒我,把职工的权益放在心里,能让我记得职工才是企业的主人,能让我觉得自己和大家是一个整体。"说实在的,我花在工会上的精力,的确要比花在行政上多。"王霖霖坦言。

王霖霖说:"企业要长久持续地发展,必须关爱职工,切实维护职工的合法权益。我对此负有第一责任。"

在王霖霖的主持协调下,集团成立了由工会委员、员工代表和资方代表组成的劳动争议调解委员会;成立了由员工代表组成的伙食管理委员会,参与员工餐厅管理;建立了由工会、监事局和员工代表参加的企务公开监督小组,形成了"行政工会共同负责,监事局检查监督,员工代表参与"的工作机制。

她积极推行"双赢价值观"理念,签订集体合同和工资集体协商协议;保证各种福利待遇和"五险一金"的实施;建立员工健康档案,每年组织员工健康体检;建立员工生日档案,每逢员工过生日,集团工会都要为员工送去生日礼物和贺卡……种种举措,让员工深深感受到被关爱的温暖。

在王霖霖的主持下,该集团自工会成立时就建立的集团员工代表大会制度,在履行民主管理和民主监督职能方面发挥着重要的作用。在集团工会一年一度举办的"天驹文化节"上,热情开放的王霖霖与员工打成一片。这就是王霖霖,一位新时期工会主席的靓丽风采……

问 题

1. 中国工会的性质和基本职能是什么?

[①] 整理自:申美:维护职工权益是我第一职责,《劳动者报》,2012-03-16。

2. 你怎样看待本案例中董事局董事、执行总裁兼任工会主席？

答案提示

1. 中国工会的性质和基本职能

《中华人民共和国工会法》（以下简称《工会法》）规定了我国工会的性质——是职工自愿结合的工人阶级的群众组织。所谓工人阶级的群众组织包含了两层含义：一是对工会构成人员的要求——必须是工人阶级的成员，具体说就是《工会法》规定的"在中国境内的企业、事业单位、机关中以工资收入为主要生活来源的体力劳动者和脑力劳动者"；二是对工会与党组织关系的界定——工会是工人阶级的群众组织，中国共产党是工人阶级的先锋队，工会是党和工人群众之间的联系纽带和桥梁。

《工会法》还规定，中华全国总工会及其各工会组织代表职工的利益，依法维护职工的合法权益。维护和代表职工的合法权益是工会的基本职责。

2. 对本案例中董事局董事、执行总裁兼任工会主席的看法

随着我国经济社会转型、利益关系调整，劳动关系也发生了巨大变化——劳资利益分化：老板的目标是追求利润，而工人最为关注的是工资。劳资双方既有共同做大价值蛋糕的合作关系，也有如何切分价值蛋糕的此消彼长的关系。

《工会法》规定了我国工会是职工自愿结合的工人阶级的群众组织，中华全国总工会及其各工会组织代表职工的利益，依法维护职工的合法权益，是职工合法权益的代表者和维护者，对于工人具有代表性。

工会代表性的实现需要以工会的独立性作为条件保证，如果工会失去独立性，就不能保证其代表性的实现。具体说来就是要保证工会在人、财、物方面的独立性。我国《工会法》对此予以了法律规定，比如工会实行经费独立原则，有自己的预决算和经费审查监督制度；任何组织和个人不得侵占、挪用和任意调拨工会的财产、经费和国家拨给工会使用的不动产；各级工会委员会由会员大会或者会员代表大会民主选举产生，企业主要负责人的近亲属不得作为本企业基层工会委员会成员的人选，企业行政负责人（含行政副职）、合伙人及其近亲属、人力资源部门负责人、外籍职工不得作为本企业工会主席候选人；工会会员大会或者会员代表大会有权撤换或者罢免其所选举的代表或者工会委员会组成人员，任何组织和个人不得随意撤销、合并工会组织；工会主席、副主席任期未满时，不得随意调动其工作，因工作需要调动时，应当征得本级工会委员会和上一级工会的同意，罢免工会主席、副主席必须召开会员大会或者会员代表大会讨论，非经会员大会全体会员或者会员代表大会全体代表过半数通过，不得罢免等。

本案例中，陕西天驹投资集团董事局董事、执行总裁王霖霖，同时还兼任了企业工会主席，这是违反《工会法》的行为，破坏了企业工会的独立性，应予以纠正，以确保国家法律的严肃性以及广大职工合法权益受到工会的真正保护，避免工会成为被老板操控的工具。

案例2 信威公司"机器换人"引劳资矛盾
工会维权化解纠纷[①]

浙江信威塑胶有限公司位于山清水秀的天台山，是一家生产PVB中间膜的企业。2010年建厂以来，公司规模不断扩大，一直在不断招工补员。为谋求更大的发展，2013年12月，企业管理层决定引进先进设备和工艺，提升生产效率，提高产品质量。

然而，问题出来了：引进先进设备和工艺后，许多人工活儿将由机器代替，意味着将产生一批剩余劳动力。

对此，企业管理层的意见是裁员。选择在这个时间节点裁员的理由之一是，一些职工的劳动合同将于2014年1月30日到期。

按照企业管理层的预想，此次将一次性裁减50多名职工，接近职工总数的1/3。

此时，企业工会主席叶挺峰说话了："'机器换人'，人怎么办？"

这么大幅度的裁员，在当地企业极为少见。得知这一情况后，天台县赤城街道总工会主席张锋，也就是这家企业的工会指导员，第一时间赶到企业，对企业行政宣讲法定的裁员程序和步骤，以及对职工应尽的责任和义务。

尽管做了一些前期工作，意想不到的事情还是发生了。当时正临近春节，部分被列入裁减名单中的职工情绪激动，车间里酝酿着一股不安的气氛。

"我在公司好几年了，平时工作也很用心，凭什么说裁就裁？"一线职工姜某跟其他即将下岗的职工一样，接受不了丢饭碗的事实。

1月底，少数对裁员抱有抵制情绪的职工采取了不合作态度，影响到企业的正常生产。

企业管理层着急了。这时，企业工会指导员张锋介入，并根据职工的意见，提出了区分不同情况分类解决的方案。

根据张锋的意见，企业方先期为8名临近退休年龄的职工，联系社保中心提前办理了退休手续。在信威公司裁员名单中的陈某，因工伤仍在康复中，工会知晓后，要求企业不予裁员。考虑到陈某4月将达到退休年龄，工会还要求企业为其报销约1万元的治疗费用，落实1.2万元补偿金。此举使工会组织在职工中的威信大增。

"职工不愿离职，是怕找不到新工作。过年后肯定有很多企业招工，信威公司可以联系

---

① 整理自：徐平、胡幼萍、李刚殷：机器来了，人怎么办，中工网，2014-06-16。

其他公司,帮助职工找到新岗位。"信威公司认同了张锋了解到的情况,在征询职工意愿后,为 20 名被裁减职工在当地最大的一家企业里找到新岗位。

这些职工的出路解决了,余下的职工怎么办?

职工们意见不一,表现出对企业的不信任,他们的真实诉求反倒被掩盖。张锋决定走法律维权之路。

天台县总工会抽调专职律师忻晓晓组成工作小组。"第一次交谈就是职工对我们的考验。"张锋明白取得职工信任的重要性。经过多次与职工交心、说理、说法,工作小组初步取得职工信任。随后,当地人大代表、村干部也及时介入协助调解。

"我们最怕的就是公司看我们不懂法律,不付给我们应得的劳动报酬。"职工们说出了心中的顾虑。

在多次征求职工意见后,工作小组理清了思路,梳理出社保、最低工资保障、工龄、年休假、养老保险、高温补贴等 7 个共性要求。

带着这些要求,工作小组依法与企业方协商。企业方也明白了自己应尽的责任,最终向被裁减职工足额支付各类补偿金 50 多万元。

拿到补偿金后,职工气顺了。有职工表示,裁员可以理解,但"起码要让我们'走'得合理合法"。

最终,对于这起因企业引进高科技设备而裁减 50 多名员工引起的劳动纠纷,在当地工会的介入和争取下,企业按法定程序裁员,被裁减职工的合法权益得到有效维护,企业生产平稳过渡。

问 题

1. 在本案例化解信威公司裁员纠纷中工会发挥了什么作用?
2. 本案例工会成功化解裁员纠纷给我们什么样的启示?

答案提示

1. 本案例化解信威公司裁员纠纷中工会发挥的作用

在本案例中,工会在维护职工合法权益方面发挥了较大作用。表现在:

首先,企业工会很敏感,意识到企业以"机器换人"会给职工带来的一系列问题需要引起关注。但本案例中企业基层工会本身并没有多大作为。这反映出企业工会的软弱,虽有心维护工人合法权益,却也没有足够力量。但没有他们与上级工会的紧密联系沟通,上级工会就不可能顺利介入、解决问题。

其次,在本案例中区域性工会即天台县赤城街道总工会在此次劳动争议纠纷化解中发挥了重要作用,积极、及时、主动地介入事件处理,较好地维护了职工的合法权益。该总工会采取了很多措施,做了很多工作,比如了解被裁职工的实际情况以及需要;主动与企业协商沟通；指导职工运用法律武器维权；制定出分类解决的方案，对即将退休的员工直接办了退休手续，为部分被裁职工找到工作，为其他员工争取尽可能好的补偿方案等。这些都表现出街道工会敢于担当的勇气和善于担当的智慧，也反映出街道工会作为区域性工会力量相对较强，由区域性上级工会代替基层工会履行保护职工合法权益的职能能够达到较好效果。

2. 本案例工会成功化解裁员纠纷给我们的启示

首先，企业在裁员过程中必须按照法律要求去做。

正如介入此事的天台县赤城街道总工会主席、信威公司工会指导员张锋所说，信威公司这起纠纷之所以发生，部分原因在于该公司没有裁员经验，对可能出现的困难和问题估计不足；跟职工沟通不足，当遇到职工抵触时，缺少应急预案，应对能力薄弱。

从企业的角度来说，在进行裁员时，裁员的依据、对象、程序、补偿等都必须符合法律规定，该给职工经济补偿的，都要做到位。不能只顾企业利益而损害职工利益。应该提前向工会或全体职工说明情况的，要充分与职工沟通，做细、做实职工的思想工作，提前化解可能出现的矛盾，同时还要制定翔实的应急预案。

其次，工会应充分发挥维护职工合法权益的作用，做好监督和协调工作，尤其当矛盾出现后，更要及时出面，依法维护职工的合法权益。只有尊重职工的利益与诉求，坚持维护职工的合法权益，职工才会信任工会，才有利于协调解决劳动纠纷。

一方面，工会要有担当，勇于作为。企业工会及上级工会应主动、及时了解裁员方案，在裁员过程中密切审视企业行为，看其有无违反劳动法律法规之举，避免职工合法权益受损。当职工与企业方产生劳动纠纷时，工会既要引导职工依法理性维权，又要代表职工理直气壮地与企业方沟通，为其发声，维护其合法权益。

另一方面，工会要有智慧和手段，善于作为。在这方面，信威公司这一"样本"提供了有借鉴意义的探索。例如，工会积极与企业沟通，帮助被裁减人员寻找"出路"；与职工"交心"，理清职工的共性要求，而后依靠法律手段与企业方协商补偿金；等等。

案例3　职工任陪审员被解除合同
工会助其维权①

荀博华曾在沈阳一家企业担任资产保全、客户经理工作。2005年4月,经所在单位推荐、沈阳市人大任命,荀博华成为沈阳经济技术开发区法院的一名人民陪审员。此后,荀博华经常奔波于单位与法院之间,参与调解百余起案件,多家媒体报道过他的事迹。2007年,荀博华被沈阳市中级人民法院评为优秀陪审员。

然而,由于单位认为荀博华担任人民陪审员影响了工作,在进行2008年工作考核时,对他的年终奖、住房补贴等进行了降档处理,荀博华据理力争,但没有结果。2009年4月15日,辽宁省一家媒体将荀博华的遭遇刊登在"内参"上。4月28日,单位将他的工作岗位撤销,使其待岗。6月12日,单位召开职代会,在荀博华没有到场的情况下,以其从事陪审工作没有向单位请假、连续旷工26天为由,经职工代表表决,与其解除劳动合同。

2009年8月3日,荀博华将自己的遭遇写信反映给时任辽宁省委常委、省总工会主席的王俊莲并起诉单位。王俊莲8月7日即批示:"如情况属实,应妥善解决,慎用解除劳动合同。"并指示辽宁省总工会法律部指派吴洪光律师参与调查此事。

吴洪光与受理此案的于洪区人民法院到沈阳经济技术开发区人民法院调查得知,荀博华所在单位指控他的旷工行为,都有法院要求其参加陪审工作的通知,无故旷工26天的指控并不成立。2010年5月7日,于洪区人民法院判荀博华胜诉。当月,其单位上诉。沈阳市中级人民法院将案件发回原审法院重审。2011年6月10日,于洪区人民法院再次判荀博华胜诉。单位再次上诉。

期间,辽宁省总工会副主席刘世峰、闫万达多次到荀博华所在单位及政法委反映情况、进行调解,市中级人民法院两次召开由各方代表参加的听证会,终于达成了比较一致的意见。2012年3月6日,沈阳市中级人民法院依据《最高人民法院关于人民陪审员管理办法(试行)》中"有工作单位的人民陪审员因参加培训、审判活动,所在单位不得克扣或者变相克扣工资、奖金及其他福利待遇"的相关规定及事实,宣判荀博华终审胜诉。

获得胜诉的荀博华,满怀感激之情来到辽宁省总工会,将写有"维权伸张正义,履职彰显威严"、"尽心尽力为职工说话办事,尽职尽责替弱者诉讼维权"的两面锦旗送到辽宁省总工

---

① 整理自:顾威、刘旭:辽宁省总历时3年9个月助其维权终审胜诉,中工网,2013-03-27。

会和职工法律援助中心。对辽宁省总工会和职工法律援助中心历时 3 年零 9 个月助其维权,使其因担任人民陪审员被单位解除劳动合同案的终审胜诉表示感谢。

问 题

1. 请问荀博华案件是什么性质?
2. 工会在这起案件处理中起到了怎样作用?

答案提示

1. 荀博华案件的性质

本案当事人荀博华经所在单位推荐、沈阳市人大任命而担任法院的人民陪审员,因影响到工作而遭到不公正待遇,被媒体曝光后当事人又被所在单位打击报复单方解除劳动合同。当事人荀博华担任人民陪审员是依法活动,也有《最高人民法院关于人民陪审员管理办法(试行)》中"有工作单位的人民陪审员因参加培训、审判活动,所在单位不得克扣或者变相克扣工资、奖金及其他福利待遇"的规定为依据,故其所在企业扣其奖金、住房补贴、使其待岗、单方解除劳动合同等均属于违法行为,是对荀博华合法权益的侵犯。故本案的性质应属当事人荀博华的依法维权案。

2. 工会在这起案件处理中起到的作用

在当事人荀博华将自己的遭遇写信反映给当时的辽宁省总工会主席王俊莲后,案件受到高度重视,王俊莲当即做出批示:"如情况属实,应妥善解决,慎用解除劳动合同。"并指示辽宁省总工会法律部指派律师参与调查此事。在查明当事人荀博华并不存在旷工行为后,辽宁省总工会副主席多次到荀博华所在单位及政法委反映情况、进行调解,派人参加听证会。在辽宁省总工会的大力帮助下,当事人荀博华才在终审获得胜诉。本案中辽宁省总工会维护了职工的合法权益。

但是,我们也应该注意到,本案中企业工会的身影始终没有出现,或许是其维护职工合法权益的责任意识不够,或许是维权的力量太过弱小,不管是哪种原因,企业工会都没有充分承担起代表和维护职工权益的职责,对于分内事没有发挥出应有的作用。所以,加强基层工会组织建设确实是一件紧迫的任务。

案例4　工会主席系列维权案[①]

宁波首例工会主席维权案

2005年12月,一起"宁波市工会主席维权案",引起了全国总工会的关注。

原告彭某是哈尔滨人,2002年7月进入宁波正大粮油实业有限公司工作,担任品管部经理职务。2004年12月,经公司职代会选举并经上级工会批准,担任公司工会主席,任期3年。

2005年6月至9月间,因母亲生病,彭某曾两次请假回老家照料。期间,公司总经理刘某宣布免去彭某的部门经理职务,降为化验员,并取消其经理级员工的补贴待遇,停发4个月工资。彭某遂向上级工会反映。后彭某身体不适,住院治疗2个月。

公司以彭某连续旷工74天、严重违纪为由,做出辞退决定,并于2005年11月30日与其解除了劳动合同。

2005年12月,彭某就此事提请劳动仲裁,要求撤销公司做出的免职决定和辞退决定,依法补签劳动合同至2007年12月(即工会主席一届任职期满),补发工资,并赔偿其维权所造成的经济损失。

2006年2月底,宁波市北仑区劳动争议仲裁委员会做出仲裁决定,要求公司补足彭某工资差额和病假工资差额共5000余元,驳回彭某的其他仲裁请求。

彭某不服,遂向法院提起诉讼。被告公司的代理律师认为,彭某所说的请年休假、住院、上访维权等情况,均没有按照企业规定办理相关请假手续,属于连续旷工,时间累计长达74天,严重违反了公司纪律。公司免除彭某的部门经理职务,是因为他工作不称职,属于正常的企业内部人事调整。将彭某免职以及最后解除劳动合同关系,都是事出有因,公司本级以及北仑区上级工会对此也没有异议。彭某不能因为有工会主席的身份,就有违反公司劳动纪律的特权。为此,被告方除同意支付病假工资外,要求法院驳回原告的其他全部诉讼请求。

原告彭某认为,自己所受的遭遇,是因为在担任工会主席期间,积极为员工争取权利和福利,结果新任公司领导不满,有意排挤所致。为此,原告向北仑区人民法院起诉,要求撤销公司做出的免职决定和辞退决定,依法补签劳动合同至2007年12月(即工会主席一届任职

---

① 整理自:施晓义、周松华:宁波首例"工会主席维权案"近日庭外调解,浙江在线,2006-07-13;周牧、郭龙:四川首例工会主席维权案将于本月12日开庭,四川新闻网,2005-10-10;郭京霞、吴晓向:北京一工会主席维权案终审胜诉,《工人日报》,2007-04-24。

期满),补发工资,并赔偿原告维权所造成的1.6万元经济损失。

原告代理律师认为,公司未经本级工会和上级工会的同意,擅自免除彭某的职务,随意调动工作,变更劳动合同,以致最后无事实依据将其辞退,违反了《中华人民共和国工会法》《中华人民共和国劳动法》(以下简称《劳动法》)有关规定,也违反了劳动合同约定。原告的代理律师还认为,原告的维权行为,不仅是个人维权,也是履行工会的职责,维护《工会法》的正确实施。

2006年4月26日,本案在浙江省宁波市北仑区人民法院开庭审理。经过长达4小时的庭审,应原、被告的要求,法官宣布休庭,择日进行法庭调解。后经法院主持,原、被告双方达成和解协议,协议内容未对外公布。

四川首例工会主席维权案

向禄金是成都锦台包装印务有限公司工会原主席。自2001年5月到2004年10月,在锦台公司担任工会主席。据向禄金称,公司有员工250～280人,而且自己也没有在单位兼有其他行政职务,所以自己属于法律规定的专职工会主席。根据2002年10月1日施行的《四川省〈中华人民共和国工会法〉实施办法》第13条的规定,企业、事业单位工会主席按照本单位副职配置;工会主席、副主席在任期内享有国家规定的政治、经济待遇。但向禄金在担任这一职务期间,公司给他的仅仅是公司中层干部的待遇。

公司不按照法律法规办事的做法,让向禄金感到恼火。于是,他多次向公司争取工会主席应得的待遇。"次数说多了,公司里面也感到烦了,于是就想办法要把我赶走。要我要么选择一个部门去上班当兼职工会主席,要么就走人。"由于事情发展到自己的饭碗都成问题,向禄金自然而然找到"娘家"——成都市总工会,要求维护自己的权益。2002年8月,在成都市总工会相关负责人的专程协调下,向禄金得以留在公司,并继续担任公司工会主席职务。

虽然工作得以保留,但到了2002年9月,一件让向禄金更感憋气的事情发生了。"本来公司是以中层干部的待遇,给我发放各种酬劳,但经过自己争取法律赋予的权利后,公司反而将我的待遇降为工段长待遇,包括工资、养老保险金等大大下降。"向禄金举例说,2002年9月以前,其基本工资为1600元,同期公司副职的工资为2100元,相差500元。而2002年9月到2004年10月,他的基本工资降至1200元,与同期公司副职的工资相差达900元。在他任工会主席期间,各种应享受而未享受的待遇加起来,总计达到了84988元。

后来锦台公司搬迁,公司多次通知要精减人员和进行人员分流。感到自己已成了一些人的眼中钉,向禄金不得不在2005年8月16日办理了解除劳动合同手续,离开了公司。辞职之后,过去的顾虑也少了,他铁了心要讨个说法。在得到成都市总工会的支持后,9月8日,向禄金走进了高新技术产业开发区人民法院,起诉公司要求补偿自己在担任工会主席期间,未享受到的公司副职的经济待遇等各项补偿金84988元。

向禄金与公司打官司引起了成都市总工会和蓉城律师界的关注。据向禄金称,成都市总工会法律部专门拿出1000元资助他聘请律师。向禄金的代理律师认为,这场官司的胜负并不重要,关键是作为企业曾经的工会主席的向禄金敢于第一个站出来,用法律的手段维护自己的法律地位和合法权益。"法律赋予工会的职责是维护职工的合法权益,工会不仅有给职工服务的责任,还有监督企业的职责。如果一个工会主席连自身的法律地位、合法权益都不能维护,那么他怎样给企业职工维权呢?企业工会还能干什么?向禄金的遭遇并非个别现象,应该引起有关部门的重视。"

对于公司的做法,公司现任办公室主任兼工会主席刘美华说:"我们公司目前的固定人员不到100人,就是向禄金任工会主席的时候公司也没有达到200人。所以,按照《工会法》的规定可以不设专职工会主席,既然不是专职工会主席,那就应该干些别的工作,为公司创造效益。"

刘美华称,向禄金和公司的矛盾的关键在于公司是否该设立专职工会主席,工会主席该得到什么样的待遇。"《四川省〈中华人民共和国工会法〉实施办法》中规定工会主席应当按照单位副职享受待遇。但是这与《工会法》的规定不一致。我们认为《工会法》的法律效力更大,所以向禄金的要求很过分,不应该支持。而且,我们公司至今都没有副总经理这样的'副职'职位。"另外,刘美华认为,向禄金应当在任工会主席期间解决待遇问题,不应该在离开公司后再提这事。

门头沟工会主席维权案

2006年1月,李先生因履行工会主席职责与公司领导发生矛盾,其所在部门被公司撤销。公司未对李先生进行任何工作安排,并将其工资从2200元降低到580元。李先生向门头沟区总工会、北京市总工会等有关部门反映。但是,经有关部门多次调解,李先生的工作问题仍未能妥善解决。李先生诉至法院,要求恢复工作。

考虑到案件的特殊性,为了保证企业工会主席能够全面履行职责,充分发挥依法维护企业职工合法权益的作用,门头沟区人民法院民一庭副庭长毕芳芳慎重地审理了该案,特别是在判决书中,对双方当事人的证据进行了充分论证,并明确了认证依据。同时,还对所适用的法律详细说明理由,解释裁判的合理性、合法性,最终判决公司给付李先生工资及拖欠工资的经济补偿金4200余元,并安排李先生相当于原部门经理级别的工作岗位,恢复原工资标准及相应待遇。

该案判决后,取得了良好的社会效果。

问　题

1. 你怎样看待宁波工会主席维权案?
2. 你认为向禄金案是企业侵权还是工会主席的要求缺乏法律依据?
3. 门头沟工会主席维权案的性质是什么?其判决结果会产生什么样的社会效果?

答案提示

1. 怎样看待宁波工会主席维权案

按照《工会法》及《浙江省实施〈中华人民共和国工会法〉办法》等法律、法规规定,基层工会主席、副主席任期未满时,不得随意调动其工作。因工作需要调动时,应当征得本级工会委员会和上一级工会的同意。企业、事业单位调动工会主席、副主席、委员以及工会筹建负责人的工作,或者擅自变更、解除工会主席、副主席、委员劳动(聘用)合同的,工会或当事人有权要求企业、事业单位及时纠正,或者要求有关部门处理。

同时,作为工会主席,同样必须严格遵守企业规章制度,如果严重违反企业的规章制度,企业照样可以按照《劳动法》第 25 条的规定解除其劳动合同。就本案而言,企业最终胜诉与否,主要看彭某是否旷工构成严重违纪,而认定彭某旷工是否符合事实,又取决于彭某请事、病假是否符合企业的制度规定。同时,企业解除工会主席等特殊身份的员工的劳动合同,还须注意履行相关的程序规定。

2. 向禄金案是企业侵权还是工会主席的要求缺乏法律依据

本案显然是企业侵权。企业没有按国家法律规定的待遇标准给予工会主席相应待遇,侵犯了工会主席的合法权益。

现在,在一些企业中,工会以及工会干部往往处于弱势地位。经营者大多无视《工会法》以及相关的配套法规,致使工会的经费难以得到落实,工会干部的权益得不到保障。更有甚者,在一些企业中,经营者还随意取消工会这一层组织。由于一些经营者无视《工会法》的存在,以至于工会干部在维护职工的合法权益时,往往受到企业的排挤乃至被"穿小鞋",严重一点的连饭碗都保不住。所以,工会干部不敢得罪单位,更不敢维护自身的权利。

向禄金现象在企业中带有一定普遍性。法院应依法维护企业工会干部的权益,各级工会也应支持基层工会干部依照法律的规定,合理维护自身的权益。

3. 门头沟工会主席维权案的性质及其判决结果产生的社会效果

按照《工会法》规定,在基层工会主席、副主席任期未满时,不得随意调动其工作。因工作需要调动时,应当征得本级工会委员会和上一级工会的同意。企业、事业单位擅自变更、解除工会主席、副主席、委员劳动(聘用)合同的,工会或当事人有权要求企业、事业单位及时纠正,或者要求有关部门处理。

该企业取消李先生原所在部门后,应安排李先生到与原工作性质、级别相近的工作岗位,并与李先生协商一致,且须征得工会同意。而本案中该企业既未与李先生协商一致,为其安排合适的工作岗位,也未征得工会同意,就直接降了李先生的工资且不安排其工作,显然是违反了法律规定,是对李先生因履职而进行的一种打击报复。

一个法律案件特别是具有代表性案件的判决结果,对同类事件会形成一种无声的引导,甚至会影响到整个社会风气。比如本案,李先生因履行工会主席职责而受到打击报复,希望法律能维护自己以及工会的合法权益,如果法律不能给予权利受侵害者李先生以充分的保护,就会对侵权者产生一种纵容效应,引起广泛的社会模仿,出现更多的类似事件。而本案依法给予侵权者以惩罚,令其为自己的违法行为付出代价,不仅对侵权者本人是个教育、教训,也会警醒类似行为,起到遏制侵权行为蔓延的良好社会效果。同时,对工会主席李先生的保护,也鼓励了千千万万个工会主席,要在工作中敢于履职、尽职尽责地维护广大职工的合法权益。

案例 5　邵阳县总工会法律援助的对象是"谁"?[①]

2014 年 7 月 28 日,邵阳新闻网刊登了一则消息:"邵阳县总工会的法律援助使一基层单位免损千万元"。内容如下:

"感谢你们为我单位提供法律援助,打赢了官司,避免了千万元的经济损失,谢谢了!"

2014 年 7 月 25 日上午,邵阳县邵阳煤矿(国有)负责人与工会主席一道,专程来到邵阳县总工会致谢,感谢总工会用实际行动,解决关系群众切身利益的问题。

原来,2010 年年初,原告邓某与该煤矿签订了为期 3 年的承包经营合同,并支付了 1371 万元给煤矿,用于解决承包前的遗留问题。合同到期后,邓某与煤矿续签 3 年。并约定,合同到期后再续签 5 年。不料 2013 年,国家再次加大关停落后小煤矿工作力度,规定年产能 9 万吨以下的国有煤矿应关闭。2014 年 1 月,邵阳县人民政府按照上级要求,全县先后关闭了 23 家煤矿,邵阳煤矿位居其中。

另外,近年煤矿安全生产工作抓得紧,临时关停进行安全整改的情况时有发生,多数煤矿没有完成正常的工作量,影响产量。特别是,国家逐步取消类如高耗煤的水泥、钢铁等产能过剩行业,致使煤炭市场疲软、价格急剧下滑,给煤矿行业造成了一定的损失。邓某就是受损失者之一。

2014 年 4 月 28 日,邓某以煤矿违反合同为由,向邵阳市中院起诉,要求煤矿赔偿损失 1230 万元。面对这个上千万元的数字,矿领导蒙了,立即向县煤炭局工会寻求帮忙。局工会及时向县总工会报告,请求总工会提供法律援助。

"基层工会有难,娘家人绝不能袖手旁观!"邵阳县总工会主席林彦博掷地有声,立即要求党组书记刘平国与县总工会职工维权保护中心人员一道,前往煤矿了解情况,并按照教育实践活动要求,召开班子成员会议。根据原告诉求,结合煤矿被关停的主要原因,研究应诉策略。之后邵阳县总工会决定指派职工维权中心律师吴波担任律师,为煤矿提供法律援助、维护职工利益。吴波先后耗时半个多月调查取证,为应诉答辩收集了大量有力证据。

2014 年 7 月 20 日,邵阳市中院向邵阳县总工会送达裁定书,驳回邓某的赔偿要求。至此,该"承包经营合同纠纷案"一审结案。

[①]　整理自:黄又生、吴波、唐星兴:邵阳县总工会法律援助使一基层单位免损千万元,中工网转载邵阳新闻网消息,2014-07-29。

据悉,按照当时民商服务一审阶段律师收费标准,争议标的在 1000 万元以上但在 5000 万元以下部分按 1‰ 计算,本次法律援助为煤矿节省律师费至少 10 万元。

问　题

1. 提供法律援助是工会的职责吗?
2. 工会法律援助的对象是什么?
3. 工会法律援助的范围是什么?
4. 本案属于工会法律援助的对象和范围吗?

答案提示

1. 提供法律援助是不是工会的职责

依据《工会法》规定,代表和维护职工合法权益是工会的基本职责。工会的基本职责表现在许多具体方面,比如帮助、指导职工签订劳动合同;代表职工集体协商、签订集体合同并监督履行;企事业单位违反职代会制度和其他民主管理制度,工会有权要求纠正;发生停工、怠工事件,代表职工与用人单位或有关方面进行磋商,反映职工意见要求,提出解决意见等。

参加劳动争议调解和仲裁,为其所属职工提供法律服务也是工会基本职责的具体体现之一。工会法律援助即属于法律服务的内容。

2. 工会法律援助的对象

依据《工会法律援助办法》、《湖南省工会法律援助实施办法(试行)》,工会法律援助对象首先必须是合法权益受到侵害的职工、工会工作者和工会组织。

同时,职工申请法律援助必须符合下列条件之一:

(1) 为保障自身合法权益需要工会法律援助,且本人及其家庭经济状况符合当地工会提供法律援助的经济困难标准;

(2) 未达到工会提供法律援助的经济困难标准,但有证据证明本人合法权益被严重侵害,需要工会提供法律援助的。

农民工因请求支付劳动报酬或者工伤赔偿申请法律援助的,不受上述第(1)款规定的经济困难条件的限制。

所以,工会法律援助的对象是有限定的,是专为合法权益受到侵害且存在一定经济困难的职工、工会工作者和工会组织提供的。

3. 工会法律援助的范围

根据《工会法律援助办法》,工会法律援助的范围包括:

(1) 劳动争议案件;

(2) 因劳动权益涉及的职工人身权、民主权、财产权受到侵犯的案件;

(3) 工会工作者因履行职责合法权益受到侵犯的案件;

（4）工会组织合法权益受到侵犯的案件；

（5）工会认为需要提供法律援助的其他事项。

4．本案是否属于工会法律援助的对象和范围

根据《工会法律援助办法》、《湖南省工会法律援助实施办法（试行）》的规定，只有合法权益受到侵害且存在一定经济困难的职工、工会工作者和工会组织才属于工会法律援助的对象。

而从本案例所叙述的情况看，寻求工会法律援助的是邵阳县邵阳煤矿，事由是该煤矿与承包经营人邓某之间的经济纠纷。尽管邵阳县邵阳煤矿属于国有煤矿，尽管该矿工会主席参与其事，但也不能把企业与工会等同，因此本案不符合工会法律援助的对象和范围，不应由工会为企业的生产经营纠纷提供无偿法律援助。工会的法律援助是要使用经费、投入人力的，应该把有限的经费和人力用于维护合法权益受损的困难职工、工会工作者和工会组织。

案例 6　企业单方解约未事先通知工会无效[①]

　　王小伟是一家软件公司的程序工程师,被派至深圳工作期间,利用自己技术人员的身份进入了客户的系统,并复制了部分客户公司有著作权的程序。客户公司与软件公司就此交涉后,软件公司向客户公司支付了十余万元的违约金。

　　王小伟回到上海,单位向小伟送达了内容为他实施侵犯客户知识产权行为、违反公司《就业规则》的规定,故解除其劳动合同的通知,并要求王小伟赔偿公司损失 101371.16 元和培训费 9600 元。

　　王小伟和单位分别申请劳动争议仲裁。王小伟称单位解除劳动合同处罚过重,程序上未事先通知工会,故要求撤销单位解除劳动合同的通知,并补发工资。单位称王小伟违纪事实清楚,造成单位经济损失,有客户投诉和本人检讨为证,根据公司与王小伟签订的劳动合同以及有关劳动法律规定可以解除劳动合同。公司未组建工会,处理决定由办公会议讨论做出,合法有效。

　　仲裁委对两案合并裁决:王小伟支付单位培训费 9600 元;单位支付王小伟有关工资和未休婚假的工资补偿合计 4000 多元。对王小伟和单位其他诉请不予支持。

　　王小伟和公司对裁决均不服,向法院提起了诉讼。

问　题

　　你认为法院应怎样判决此案,为什么?

答案提示

　　法律规定了劳动者在用人单位所享有的民主权利,以及工会作为劳动者利益的代表应当享有的权利和应该履行的职责。王小伟的行为虽然违反了劳动合同及其附件《就业规则》的相关规定,但是,该过错行为是否到了用人单位可依法解除劳动合同的严重程度,单位应依法告知并听取工会或职工代表的意见,这不仅是单位解除劳动合同时应当履行的法定程

---

　　① 　整理自:未经通知工会解约无效　合同不能这样解除,新浪网转载《劳动报》消息,2003 - 10 - 28。

序,亦是对职工劳动权利、生存权利的保障。即使单位尚未建立基层工会,亦可通过告知并听取职工代表或当地总工会意见的方式履行该法定程序。该单位解除劳动合同的决定,未履行这一法定程序。所以,法院应依据《劳动法》、《工会法》和《上海市劳动合同条例》的规定判决撤销公司解除王小伟劳动合同的通知。

案例 7 企业欠缴社会保险费,工会该怎样为职工维权?[①]

　　某棉纺集团现有职工 3246 人,先后与企业签订了劳动合同。2001 年 9 月初,该企业开展了集体协商活动。经工会与企业方协商一致签订了集体合同,并经过职代会审议通过,报经劳动行政部门批准生效。

　　该集体合同规定:"公司根据国家有关规定,为员工办理社会统筹保险,并按时足额缴纳养老、工伤、生育、失业等保险费。工会有权监督,并向职工定期公开。"

　　但该棉纺集团每月从职工工资中按规定扣除了个人应缴的社会保险费,却没有及时上缴职工已缴给企业部分和企业应缴部分的社会保险费。截至 2003 年 3 月底,该企业欠缴职工失业保险费 103869.76 元、养老保险费 4955140.34 元、生育保险费 28421.39 元、工伤保险费 132397.22 元,累计欠缴职工社会保险费 5219828.71 元。

　　该棉纺集团工会多次找企业方协商,催缴职工社会保险费,但均遭到企业以各种理由的拒绝。无奈之下,该棉纺集团工会决定向当地劳动争议仲裁委员会申请仲裁,要求该棉纺集团补缴拖欠职工的社会保险费。

　　当地劳动争议仲裁委员在受理此案后依法组成仲裁庭,经审理后认为,本案属于履行集体合同发生的争议,对申诉人要求补缴社会保险费的请求应予以支持。遂裁决该棉纺集团依法补缴拖欠职工的社会保险费 5219828.71 元。

问　题

　　1. 我国《工会法》对于工会"维护职工合法权益"做出了哪些具体规定?

　　2. 我国关于集体合同的内容与履行争议处理以及社会保险费缴纳的法律规定主要是什么?

　　3. 结合我国法律关于工会基本职责、集体合同的内容与履行争议处理、社会保险费缴纳的规定对本案例进行分析。

---

① 整理自:集体合同不履行,工会告你没商量,找法网,2012-08-10。

答案提示

1. 我国《工会法》对于工会"维护职工合法权益"的具体规定

第 6 条指出,维护职工合法权益是工会的基本职责。工会在维护全国人民总体利益的同时,代表和维护职工的合法权益。

第 19 条规定,企业、事业单位违反职工代表大会制度和其他民主管理制度,工会有权要求纠正,保障职工依法行使民主管理的权利。

法律、法规规定应当提交职工大会或者职工代表大会审议、通过、决定的事项,企业、事业单位应当依法办理。

第 20 条规定,工会帮助、指导职工与企业以及实行企业化管理的事业单位签订劳动合同。

工会代表职工与企业以及实行企业化管理的事业单位进行平等协商,签订集体合同。

企业违反集体合同,侵犯职工劳动权益的,工会可以依法要求企业承担责任;因履行集体合同发生争议,经协商解决不成的,工会可以向劳动争议仲裁机构提请仲裁,仲裁机构不予受理或者对仲裁裁决不服的,可以向人民法院提起诉讼。

第 21 条规定,企业、事业单位处分职工,工会认为不适当的,有权提出意见。

第 22 条规定,企业、事业单位违反劳动法律、法规规定,侵犯职工劳动权益的,工会应当代表职工与企业、事业单位交涉,要求企业、事业单位采取措施予以改正;企业、事业单位应当予以研究处理,并向工会做出答复;企业、事业单位拒不改正的,工会可以请求当地人民政府依法做出处理。

第 23 条规定,工会依照国家规定对新建、扩建企业和技术改造工程中的劳动条件和安全卫生设施与主体工程同时设计、同时施工、同时投产使用进行监督。对工会提出的意见,企业或者主管部门应当认真处理,并将处理结果书面通知工会。

第 24 条规定,工会发现企业违章指挥、强令工人冒险作业,或者在生产过程中发现明显重大事故隐患和职业危害,有权提出解决的建议,企业应当及时研究答复;发现危及职工生命安全的情况时,工会有权向企业建议组织职工撤离危险现场,企业必须及时做出处理决定。

第 25 条规定,工会有权对企业、事业单位侵犯职工合法权益的问题进行调查,有关单位应当予以协助。

第 26 条规定,职工因工伤亡事故和其他严重危害职工健康问题的调查处理,必须有工会参加。工会应当向有关部门提出处理意见,并有权要求追究直接负责的主管人员和有关责任人员的责任。对工会提出的意见,应当及时研究,给予答复。

第 27 条规定,企业、事业单位发生停工、怠工事件,工会应当代表职工同企业、事业单位或者有关方面协商,反映职工的意见和要求并提出解决意见。对于职工的合理要求,企业、事业单位应当予以解决。工会协助企业、事业单位做好工作,尽快恢复生产、工作秩序。

第 28 条规定,工会参加企业的劳动争议调解工作。地方劳动争议仲裁组织应当有同级工会代表参加。

第 29 条规定,县级以上各级总工会可以为所属工会和职工提供法律服务。

第 30 条规定,工会协助企业、事业单位、机关办好职工集体福利事业,做好工资、劳动安全卫生和社会保险工作。

第 33 条规定,国家机关在组织起草或者修改直接涉及职工切身利益的法律、法规、规章时,应当听取工会意见。

县级以上各级人民政府制订国民经济和社会发展计划,对涉及职工利益的重大问题,应当听取同级工会的意见。

县级以上各级人民政府及其有关部门研究制定劳动就业、工资、劳动安全卫生、社会保险等涉及职工切身利益的政策、措施时,应当吸收同级工会参加研究,听取工会意见。

第 34 条规定,各级人民政府劳动行政部门应当会同同级工会和企业方面代表,建立劳动关系三方协商机制,共同研究解决劳动关系方面的重大问题。

2. 我国关于集体合同的内容与履行争议处理以及社会保险费缴纳的主要法律规定

(1)《劳动法》中的有关规定:

第 33 条,企业职工一方与企业可以就劳动报酬、工作时间、休息休假、劳动安全卫生、保险福利等事项,签订集体合同。

第 72 条,用人单位和劳动者必须依法参加社会保险,缴纳社会保险费。

第 74 条,任何组织和个人不得挪用社会保险基金。

第 84 条,因履行集体合同发生争议,当事人协商解决不成的,可以向劳动争议仲裁委员会申请仲裁;对仲裁裁决不服的,可以自收到仲裁裁决书之日起十五日内向人民法院提起诉讼。

(2)《劳动合同法》中的有关规定:

第 51 条,企业职工一方与用人单位通过平等协商,可以就劳动报酬、工作时间、休息休假、劳动安全卫生、保险福利等事项订立集体合同。

第 56 条,用人单位违反集体合同,侵犯职工劳动权益的,工会可以依法要求用人单位承担责任;因履行集体合同发生争议,经协商解决不成的,工会可以依法申请仲裁、提起诉讼。

(3)《集体合同规定》中的有关规定:

第 8 条,集体协商双方可以就下列多项或某项内容进行集体协商,签订集体合同或专项集体合同:

(一)劳动报酬;

(二)工作时间;

(三)休息休假;

(四)劳动安全与卫生;

(五)补充保险和福利;

（六）女职工和未成年工特殊保护；

（七）职业技能培训；

（八）劳动合同管理；

（九）奖惩；

（十）裁员；

（十一）集体合同期限；

（十二）变更、解除集体合同的程序；

（十三）履行集体合同发生争议时的协商处理办法；

（十四）违反集体合同的责任；

（十五）双方认为应当协商的其他内容。

第 13 条，补充保险和福利主要包括：

（一）补充保险的种类、范围；

（二）基本福利制度和福利设施；

（三）医疗期延长及其待遇；

（四）职工亲属福利制度。

第 55 条，因履行集体合同发生的争议，当事人协商解决不成的，可以依法向劳动争议仲裁委员会申请仲裁。

(4)《中华人民共和国社会保险法》（以下简称《社会保险法》）中的有关规定：

第 2 条，国家建立基本养老保险、基本医疗保险、工伤保险、失业保险、生育保险等社会保险制度，保障公民在年老、疾病、工伤、失业、生育等情况下依法从国家和社会获得物质帮助的权利。

第 4 条，个人依法享受社会保险待遇，有权监督本单位为其缴费的情况。

第 9 条，工会依法维护职工的合法权益，有权参与社会保险重大事项的研究，参加社会保险监督委员会，对与职工社会保险权益有关的事项进行监督。

第 10 条，职工应当参加基本养老保险，由用人单位和职工共同缴纳基本养老保险费。

第 23 条，职工应当参加职工基本医疗保险，由用人单位和职工按照国家规定共同缴纳基本医疗保险费。

第 33 条，职工应当参加工伤保险，由用人单位缴纳工伤保险费，职工不缴纳工伤保险费。

第 44 条，职工应当参加失业保险，由用人单位和职工按照国家规定共同缴纳失业保险费。

第 53 条，职工应当参加生育保险，由用人单位按照国家规定缴纳生育保险费，职工不缴纳生育保险费。

第 79 条，社会保险行政部门对社会保险基金实施监督检查，有权采取下列措施：

查阅、记录、复制与社会保险基金收支、管理和投资运营相关的资料，对可能被转移、隐匿或者灭失的资料予以封存；询问与调查事项有关的单位和个人，要求其对与调查事项有关的问题做出说明、提供有关的证明材料；对隐匿、转移、侵占、挪用社会保险基金的行为予以制止并责令改正。

第83条，用人单位或者个人认为社会保险费征收机构的行为侵害自己合法权益的，可以依法申请行政复议或者提起行政诉讼。

用人单位或者个人对社会保险经办机构不依法办理社会保险登记、核定社会保险费、支付社会保险待遇、办理社会保险转移接续手续或者侵害其他社会保险权益的行为，可以依法申请行政复议或者提起行政诉讼。

个人与所在用人单位发生社会保险争议的，可以依法申请调解、仲裁，提起诉讼。用人单位侵害个人社会保险权益的，个人也可以要求社会保险行政部门或者社会保险费征收机构依法处理。

3. 结合我国法律的有关规定对本案例进行分析

综合前述我国法律关于工会基本职责、集体合同的内容与履行争议处理、社会保险费缴纳的规定，结合本案例内容，有三点需引起注意：

第一，维护职工合法权益是工会的基本职责。工会维权的重要途径之一是代表职工与企业进行平等协商、签订集体合同，并监督集体合同的履行。因履行集体合同发生争议，工会可向劳动争议仲裁机构提请仲裁；企业违反劳动法律、法规规定，侵犯职工劳动权益的，工会应当代表职工与企业交涉，要求其改正，拒不改正的，工会可以请求当地人民政府依法做出处理。故本案例中某棉纺集团工会将欠缴职工社会保险费、侵害职工合法权益的该企业告上法庭，从主观动机上看，是工会履行维护职工合法权益的积极作为，值得肯定。

第二，工会维权应该符合有关法律规定。按照我国《社会保险法》规定，为职工缴纳社会保险费（基本养老保险、基本医疗保险、工伤保险、失业保险、生育保险），是企业必须履行的法律义务，不需要经过集体谈判来确定；《集体合同规定》也明确，只有补充保险才需经集体协商与集体合同来确定。

本案例中某棉纺集团于2001年9月初开展的集体协商是关于为职工办理社会保险的，"公司根据国家有关规定，为员工办理社会统筹保险，并按时足额缴纳养老、工伤、生育、失业等保险费。工会有权监督，并向职工定期公开"。实际上这属于国家法律硬性规定，不需经过集体协商来确认。该棉纺集团每月从职工工资中按规定扣除了个人应缴的社会保险费，却没有及时上缴职工已缴给企业部分和企业应缴的社会保险费，这种欠缴职工社会保险费的行为是违反了国家强制规定而不仅仅是违反该企业的集体合同问题。

第三，对于企业欠缴社会保险费问题，可以通过如下三种途径解决：

一是可以要求社会保险行政部门责令用人单位依法补缴。根据《社会保险法》的规定，用人单位侵害职工社会保险权益的，职工可以要求社会保险行政部门或者社会保险费征收机构依法处理。

二是如果社会保险行政部门未依法处理，可以提起行政复议和行政诉讼。

三是可以申请调解、仲裁和提起诉讼。根据《社会保险法》的规定，职工与所在用人单位发生社会保险争议的,可以依法申请调解、仲裁,提起诉讼。

本案例中某棉纺集团工会是以签订集体合同的职工方代表身份申请仲裁履行劳动合同所发生的争议。这样做的前提是对本案例欠缴职工社会保险费问题性质的误判——即把违法理解为仅仅违反企业集体合同。故比较恰当的做法是,工会可以代表职工就企业违法欠缴社会保险费问题要求社会保险行政部门依法处理,当然也可以提起仲裁、诉讼。

案例8　北京市总工会为职工打造私人定制"健康处方"①

"我平时身体非常健康，没有啤酒肚，精力也很好，没想到，这次的体质测试结果发现，我生理年龄要比实际年龄大5岁！我竟然早衰！"小宋诧异地说。

近年来，各大医院相继成立健康体检中心，但是多数仅提供体检，对于后期跟踪指导几乎没有涉及。针对高达70%的亚健康人群，首都职工体质促进中心通过体质测试，对职工表现出的不同健康状况，量身定制符合其体质状况的"运动处方"，让职工的身体状况得到明显改善。

销售总监熬夜加班早衰5年

30多岁的小宋是IT行业的一名销售总监，身高174厘米的他，虽然瘦但看起来很精干。2014年11月中旬，他来到工体的首都职工体质促进中心，进行了体质测试。

小宋测试了身高、体重、体前屈、纵跳、闭眼单脚站立、握力、肺活量等11项，成绩都不错。接着又进行了蛋白质、脂肪、无机盐、水分等身体成分的测试，以及骨密度、糖基化、平衡、内脏脂肪、动脉、脊柱功能等测试。

在糖基化测试中，小宋把衣服撸上去，露出半截胳膊，然后把胳膊放到白色仪器上，约半分钟的时间，就测出了数值。通过跟数据库进行比对，测试结果显示小宋糖基化终末产物水平偏高。工作人员告诉他有早衰5年的迹象，在未来5年发生慢性病的风险比较高。

"糖基化检测仪可预测糖尿病、视网膜病变、神经病变和心血管病变慢性病的发病风险，综合评价身体状况。"首都职工体质促进中心相关负责人说。

"小宋长期熬夜加班，平时应酬比较多，饮食高糖、高脂，而且还经常抽烟喝酒。这都是小宋未来患慢性病风险比较高、出现早衰的原因。"首都职工体质促进中心相关负责人接着说。

工作人员建议小宋尽量不要熬夜，少出去应酬，清淡饮食，少抽烟喝酒，多运动，定期去

① 整理自：打造职工的私人定制"健康处方"——首都职工体质促进中心开放2个月追访，北京市朝阳区总工会网，2014-12-05。

健身房。

"唉，平时老仗着自己身体结实，觉得熬个夜，加个班，多喝点酒，多抽点烟，没什么，没想到这次体质测试查出了身体的隐患，我回去得好好调整饮食，多吃蔬菜水果，加强运动！毕竟健康的体魄是人生幸福的第一要义！"小宋感慨地说。

健康专家量身打造运动处方

某高校体育学院蔡老师一向自以为身体十分健康，只是抱着试试看的心态参加了体质测试。没想到，脊柱功能还真查出了问题。带着健康管理师开出的"加强肌肉训练，多进行俯卧撑、仰卧飞鸟等训练"的运动处方，蔡老师决定一回去就开始加强锻炼。

工会为职工打造"健康处方"

首都职工体质促进中心是北京市总工会在职职工职业发展助推计划的一大重点工作，是为广大职工进行体质测试与健康促进的社会公益性项目。除了位于工体的体质促进中心外，北京市总工会还在16个区县、北京经济技术开发区和所属8个产业工会选取了34个基层单位建立了测试站，每个测试站都配备了国民体质测试的11项器材，对所在地区和本系统职工进行测试。测试站采集到的数据同时回传给体质促进中心，建立统一的数据库，实现测试数据的资源共享，并对各行业职工突出健康问题进行预警。从2014年4月开始建设，2015年2月起面向320万持有京卡·互助服务卡的在职职工开展体质测试和健康管理。预计今后每年可为4万名职工进行体质测试。

测试的价格：普通服务项目市场价格为460元，京卡会员职工价格为200元；进阶服务项目市场价格为760元，京卡会员职工价格为320元。在此基础上，市总工会还对京卡会员职工进行补贴，其中由单位集体报名参加测试的职工，测试费用由市总工会承担50%，基层工会再根据自身实际情况给予职工相应补贴；通过12351平台报名参加测试的职工个人，市总工会补贴50%，职工个人负担50%，即普通项目需花费100元，进阶项目需花费160元。

普通项目测试共15项内容，包括国民体质检测系统11项、身体成分分析、平衡能力测试、糖尿病风险评估、超声骨密度测量等；进阶项目共19项，比上述普通项目增加了有氧功率自行车、脊柱测量、动脉硬化监测和内脏脂肪测试。

"通过对职工体质测试，根据其测试结果及专家的专业分析，开出个性化的饮食和运动处方，树立职工健康饮食观念，督促他们参加锻炼，增强体质，从而提高其健康水平。"市总工会负责人说。

问 题

关心职工生活是工会的职责吗？应怎样看待它在工会工作中的地位？

答案提示

　　关心职工生活，帮助职工解决生活中的困难，为职工服务，是工会的职责之一。工会是职工的"娘家"，工人有困难，工会来帮助，体现了工会是工人阶级群众性组织的性质。工会关心职工生活，也受到广大职工的欢迎，这是我国工会的一大传统。

　　值得注意的是，工会在为职工办好事的同时，应该清醒地意识到什么是职工当前最突出的需要，什么是职工的根本利益。不能忘失了工会代表和维护职工根本利益、合法权益的基本职责，不应舍本逐末、以末代本，冲淡基本职责的履行。

案例9 马勒别墅饭店工会"案例分析会"培训员工技能[①]

上海市衡山(集团)公司衡山马勒别墅饭店于2004年2月注册成立,是一家以旅客住宿、餐饮服务为主营业务的企业。

作为一家精品酒店,马勒别墅饭店对员工的岗位服务和工作技能的要求都比较高。为了提高员工的服务技能,该饭店工会在党政领导班子的支持下,积极开展员工素质工程,采用"案例分析会"的形式开展员工服务技能培训。具体做法是:每两周在接待、营销、客房、餐饮等部门召开一次"案例分析会",由每位组员以口头形式,讲述自己在过去两周为宾客提供服务时,使宾客满意和不满意的故事。其他组员则帮助讲故事的员工分析原因,并提出提高服务质量的办法和主意。这个过程既实现了先进经验的传播共享,又能未雨绸缪避免服务失误。因为这种"案例分析会"的培训模式针对性强,所以员工的岗位技能得到了迅速提高。

比如,一位刚从西藏归来的客人到饭店洽谈考察宴请客户的事情,管家服务班组的小张见他口干舌燥、嘴唇干裂,马上微笑着端上一杯橙汁:"先生,秋冬季喝一杯橙汁对您的健康非常有好处,请喝一杯橙汁润润嗓子!"这个小小的贴心举动给这位客人留下了很好的印象,他当即决定就在该饭店举办宴席。在"案例分析会"上分析讨论这个案例时,有人提出,可以再加一句"您不必急着谈业务",以使宾客更感觉到饭店与众不同的温馨服务。还有人提出这个案例体现的最可贵之处就是对客人发自内心的关心。经过集思广益,这个案例不断丰满起来,成为其他工作人员工作中创造精品服务品牌的参照样板。

每个案例都是员工培训的生动教材。为了对"案例分析会"的培训成果加以总结、积累,马勒别墅饭店工会在每年年末,还会从上百个案例中筛选出12个编辑成册,发给员工。员工将这些案例中的技巧运用到服务中,使宾客近悦远来,入住宾客的满意度始终保持在99%以上。就是在金融危机影响旅游业的背景下,马勒别墅饭店的营业收入仍然创出历史新高。

问　题

结合本案例材料分析工会在职工岗位技能培训中的角色定位是什么?

[①] 整理自:范国忠:饭店里案例分析　马勒工会技能培训突出实用性,新民网转载《劳动报》消息,2010-03-06。

答案提示

工会的职责分为三大类：一是代表和维护职工合法权益的基本职能；二是工会作为社团法人在经费、财产等方面的职责；三是上两类职责之外的其他职责，比如职工素质培训，促进职工成长就是其中一项具体工作。本案中马勒别墅饭店工会开展的"案例分析会"岗位服务技能培训就属于此。

应当注意的是，按照《劳动法》的规定，对员工进行岗位技能培训是企业的义务。而工会参与和配合企业开展技能培训，目的应定位为提高职工素质，助推职工职业能力提升，维护职工发展权益。这与企业行政行为的目标还是有区别的。本案例材料也体现了这一点，比如案例中说到"该饭店工会在党政领导班子的支持下，积极开展员工素质工程，采用'案例分析会'的形式开展员工服务技能培训"。因此，工会开展培训活动应明确服务职工的定位，不能喧宾夺主，也不能舍本逐末。

案例 10　开滦(集团)有限责任公司工会
倾力打造"模范职工之家"[①]

　　开滦(集团)有限责任公司(以下简称"开滦")工会积极响应中华全国总工会把工会建成"职工之家"的号召,以"建家兴企、建家育人、建家强会"为目标,倾力投入"建家"活动,取得可喜效果,先后荣获了唐山市"模范职工之家"、河北省"模范劳动关系和谐企业"、"河北省创先争优先进基层工会"等荣誉称号。

"金秋助学"解职工燃眉之急

　　2001 年以来,开滦工会启动了"金秋助学"活动,一次性资助考上大学的困难职工子女4000 元,帮扶困难家庭渡过难关。2011 年起,又把资助数额加大到 6000 元,同时,从"一次性"救助发展为"持续性"资助,即在上学前救助的基础上,再根据每个学期的学习成绩和在校表现,分别给予 2500 元、3000 元、3500 元和 4000 元资助。另外,区别困难程度,对特困职工子女分别给予 3500 元、4000 元、4500 元和 5000 元救助,逐步构建了长效救助机制,实现了不让困难职工子女上不起学、不让困难职工子女中途辍学的目标。2011 年共救助 208 人,发放资金 45.59 万元。

帮助困难职工子女就业助脱困

　　在工会的积极努力下,集团公司把困难职工子女就业问题,列入了为职工办实事工程,尽其所能安置子女就业,解决了困难职工子女就业难的问题,受到了职工群众的高度拥护。2011 年,有 473 户 514 人通过了困难程度审核认定,有 64 名困难职工子女走上了工作岗位,有 311 名困难职工子女开始接受岗前技能培训,使困难家庭开始摆脱窘境。

重大疾病医疗互助构筑第三条健康保障线

　　为进一步提高职工医疗保障水平,增强职工抵御大病风险能力,充分享受企业发展成果,2011 年,在建立职工基本医疗保险、职工补充医疗保险的基础上,按照集团公司行政担负 50%,工会担负 25%,职工个人担负 25%,特困职工所交费用全部由企业担负的方式,开

---

　　① 整理自:丁军杰、王群、张凤雷等:打造充满活力职工信赖之家,《工人日报》,2013 - 12 - 24。

滦组织职工参加了唐山市职工重大疾病医疗互助活动,重大疾病医疗互助成为职工医疗保障制度的重要补充和帮扶救助体系的重要组成部分,为职工构筑起第三条健康医疗保障线,当年就有 240 名职工享受到了医疗互助,领取医疗救助金 22.46 万元。

夯实安全教育、培训和管理

发挥工会"大学校"作用,以学习培训、专题讲座、知识竞赛、考核考试等形式,突出加强了员工安全教育培训,以提升员工安全意识和素质,形成职工自主保安和相互保安的"保护膜";充分发挥两员(工程质量检查员和群众安全监察员)作用,深入开展了"安全金牌班组"、"优秀现场安全把关人"和"平安之星"竞赛以及"严把四关"达标活动,做到安全检查不断线,努力构建宽领域、广覆盖的安全防控网络。仅 2011 年,就查处各类安全隐患问题 2.4 万件,现场整改 2.2 万项,使安全生产事故大幅度下降,创出了集团公司安全生产历史最好水平。

建立职工安全健康保障体系

建立了职工查体制度,定期组织职工进行身体检查,超前做好疾病防治工作,实现有病早发现、早预防、早治疗。在每天班前会上,各单位对每名职工都要进行身体安全状况确认,当发现职工身体不适或有发病迹象时,及时劝其到医院就医或休息,从根本上维护好职工生命安全。在工作地点分别配备了急救箱和急救药品,以保证患病职工能够得到及时救治。

投入资金改善安全环境

在经济效益逐步好转的情况下,投入大量资金,努力改善安全环境,积极推广应用大型现代化机械装备和安全可靠的煤安标志设备,构建了安全高效的钢铁长城。积极改善井下作业条件,严格落实规程措施,有效提高井下安全生产系数。

让下井职工穿上洁净衣、吃上可口饭

真正把职工当成自己的亲人一样去关心去爱护,在细微之处诠释出对职工的真情:为职工购进了洗涤和烘干设备,将工作服集中进行管制,保证职工每天都能穿上干净、整洁的衣服下井;在井下安装了防爆蒸箱,让职工每班都能吃上可口热饭、喝上甘甜热水,改变了过去吃凉饭、喝凉水现状;职工上井后还能免费吃上鸡蛋、面包,喝上牛奶、豆浆等营养餐,以补充身体能量,保证身心健康。

为职工搭建学技术、练本领、展才华的舞台

近年来,工会针对企业在转型过程中职工素质亟待提高的实际,把提升全员队伍素质作为工会的重要职责,努力为职工搭建成长、成才平台,加大"学练比评"活动的组织管理、表彰奖励和考核力度,严把学习、培训和技术比武等关键环节,培养了一大批素质高、业务精、能力强的骨干力量,促进了职工队伍素质的整体提升,为企业转型发展提供了有力支撑。2011年,全集团公司组织开展了 265 个工种的技术培训 2312 场次,有 6.5 万人参加了活动;组织

了 116 个工种的技术比武;评选出技术能手和拔尖人才 909 人;总结推广先进操作法 56 项;有 1867 对师徒签订了《高师带高徒协议书》,达标出徒 258 人。在"晋煤杯"煤炭行业职业技能大赛中,开滦有 3 名选手荣获了"煤炭行业优秀技术能手"称号,充分展示了开滦职工风采,得到河北省副省长张杰辉的高度赞扬。

加强职工创新工作室建设

在"建家"过程中,公司工会牢固树立"建家"就是建企业的指导思想,积极推动企业机制创新,强化了职工创新工作室建设,形成了比较完善、科学的管理运行体系,促进了创新工作室整体水平不断攀升。2011 年,建立群众性攻关小组 236 个,完成三结合攻关创效 10 万元以上项目 276 项,创效 1 万元以上五小技术成果 1783 项,职工自主创新、专利发明 16 项,促进了企业经济快速发展。在唐山市举办的"职工创新成果展暨先进操作法推广启动仪式"上,展出开滦职工创新成果 22 项,受到了全国总工会和唐山市总工会领导的高度评价。

切实维护职工合法权益

注重加强职代会和厂务公开等形式的民主管理,支持职工参与职代会活动。通过职代会审议生产经营和涉及职工切身利益的重要事项,如审议通过集团公司办实事工作报告、集团公司招待费使用、集体合同履行情况、办实事目标管理办法;审议决定企业改革发展和涉及职工切身利益的重大事项,让职工群众充分行使民主决策、民主管理、民主监督的权利。同时,引导职工群众对"三重一大"和涉及职工切身利益以及企业党风廉政建设等重大问题实施有效监督,让职工群众充分行使知情权、参与权和监督权,增强了主人翁意识和责任感,发挥了职工群众在经济工作中参与管理、建言献策的作用。

问 题

1. 结合本案例谈谈工会有哪些重要职责?
2. 怎样理解工会的基本职责,本案例中是否体现出工会的基本职责?
3. 工会"建家"活动的意义是什么?

答案提示

1. 结合本案例谈谈工会有哪些重要职责

根据《工会法》的规定,工会的职责可分为三大类。

一是基本职责。代表和维护职工合法权益是工会的基本职责。具体包括:

(1) 企事业单位违反职代会制度和其他民主管理制度,工会有权要求纠正;

(2) 帮助、指导职工签订劳动合同;代表职工集体协商、签订集体合同并监督履行;

（3）用人单位处分职工，工会认为不适当的，有权提出意见；

（4）对单位侵犯职工合法权益的问题进行调查，单位违反劳动法律，侵犯职工合法权益时，代表职工与之交涉；单位拒不改正的可请求当地政府依法处理；

（5）监督用人单位落实"三同时"，对违反安全生产、危及职工生命安全的情况提出解决建议；

（6）发生停、怠工事件，代表职工与单位或有关方面磋商，反映职工意见要求，提出解决意见；

（7）因工伤亡事故和其他严重危害职工健康问题的调查处理；

（8）参加劳动争议调解和仲裁，为其所属职工提供法律服务。

二是法人职责。包括：

（1）中华全国总工会、地方总工会、产业工会具有社团法人资格；基层工会组织依照《民法通则》规定的法人条件，取得法人资格；

（2）工会有依法获取工会经费、办公及活动设施和场所等物质条件的权利；

（3）工会有财产、经费独立的权利；应根据经费独立原则，建立预、决算和经费审查监督制度；工会经费的使用应依法接受国家的监督。

三是其他职责。包括：

（1）协助单位办好职工集体福利事业，做好工资、劳动安全卫生和社会保险工作；

（2）会同单位教育职工以国家主人翁态度对待劳动，爱护国家和企业的财产，组织职工开展合理化建议、技术革新活动，进行业余文化技术学习和职工培训，组织职工开展文娱、体育活动；

（3）与有关部门共同做好劳动模范和先进生产者的评选、表彰、培养和管理工作；

（4）代表、组织职工参与国家和社会事务管理，参与关系职工切身利益的立法和政策制定；

（5）会同政府、企业方共同建立劳动关系三方协商机制，共同研究解决劳动关系重大问题。

本案例中开滦集团公司工会的"金秋助学"解职工燃眉之急，帮助困难职工子女就业助脱困，重大疾病医疗互助构筑第三条健康保障线，夯实安全教育、培训和管理，建立职工安全健康保障体系，投入资金改善安全环境，让下井职工穿上洁净衣、吃上可口饭，为职工搭建学技术、练本领、展才华的舞台，加强职工创新工作室建设，都属于履行工会其他职责类的行为。案例最后提到切实维护职工合法权益，主要体现为通过职代会进行民主参与管理，引导职工充分行使知情权、参与权和监督权。本案例中没有提到工会社团法人权利的落实情况，但从案例中能够反映出开滦集团工会较好地落实了社团法人职责，因为没有工会经费的保证，就无法开展上述各项活动。

2. 谈谈对工会基本职责及开滦集团履行工会基本职责的看法

所谓基本职责，就是最重要的、基础的、排在第一位的职责，就是丧失了这种职责就失去了事物存在价值的职责。对于工会来说，代表和维护职工的合法权益就属于这样的基本职责。也就是说,如果工会不能代表和维护职工的合法权益,即使做了再多的其他工作,开展了再多各种活动,也是丧失了工会的基本属性,失去了基本存在价值。在工会三大类职责中,基本职责是工会存在的意义;社团法人职责是履行基本职责的保证;其他职责则主要体现工会在履行基本职责的同时,也要维护全国人民总体利益。工会应处理好三种职责间的关系,不应颠倒、混淆。

本案例是根据开滦集团工会的一份工会经验交流材料编写的,尊重了原材料的内容安排。从本案例所反映的情况看,开滦集团工会开展了各种活动,帮助职工改善生活状况、保证职工生产安全和身体健康、开展技术革新等,比较出色地发挥了工会的其他职责。但从案例所反映的情况看,维护和代表职工合法权益似乎没有被摆到首要和基础的位置。如果工会不能充分履行这种基本职能,即使其他工作做得再多再好也无法弥补基本职责的缺失。这其中当然有客观原因,但不可否认也有主观因素在起作用。这种现象在相当一部分用人单位存在。随着劳动关系的转型,工会应该适应转变,妥善因应,真正成为广大职工的"娘家"。

3. 工会"建家"活动的意义是

"职工之家",这一蕴含着人性温度的称号,不仅体现了我国工会的性质、宗旨、特点和职工群众与工会的密切联系,而且承载着职工群众对工会的期望。深化职工之家建设,就是在新形势下加强基层工会建设、增强基层工会活力的重要举措。

工会"建家"活动是全国总工会针对工会基层组织而开展的一项活动,目的是强化工会基层组织自身建设,充分发挥基层工会组织代表和维护职工合法权益、关心职工生活、组织职工积极参与用人单位的生产活动和民主管理的作用,把工会建成广大职工真正的"娘家",为广大职工提供爱护、保护、关怀、帮助、安全、归属和实际支持。

案例 11　绿野木业有限公司工会组建筹备工作汇报[①]

各位领导、职工代表、同志们：

大家好！

为贯彻落实德办发〔2009〕7 号文件《关于进一步加强我市非公企业工会组织建设的意见》精神和"组织起来、切实维权"的工会工作方针，进一步扩大工会组织覆盖面，增强工会组织凝聚力，经过前一段时间的努力，绿野木业有限公司工会成立了。下面，由我向各位领导、职工代表、同志们汇报一下绿野木业有限公司工会组建筹备工作的有关情况。

一、林业局党委重视、绿野木业有限公司支持，及时建立筹备工作小组。

按照"全市新经济组织开展工会组建工作实施方案"要求，林业局党委认真抓好绿野木业有限公司工会组建工作，下发了《关于进一步加强绿野木业有限公司工会组织建设工作的意见》，监督指导工会组建工作。绿野木业有限公司也十分支持配合组建工作，成立了绿野木业有限公司工会筹备小组，由公司一名副总经理负责筹备工作，保证了筹备工作的顺利完成。

二、宣传发动，努力增强工会工作共识。

在筹备工作中，认真做好宣传发动工作，向职工传达有关文件精神，以黑板报等形式使公司领导和广大职工共同认识到，工会是职工自愿结合的工人阶级的群众组织，工会的重要职责是代表和维护职工的合法权益。调动职工工作积极性、创造性，促进和加快企业发展。

三、民主推荐，选好工会班子候选人和会员代表。

筹备工作启动后，筹备小组深入班组，广泛征求职工意见，通过充分酝酿、民主推荐，确定工会会员代表和班子候选人名单，选出会员代表 22 人，设立常务委员 5 人，经费审查委员 3 人，女工委员 3 人，劳动保护监督委员 3 人，劳动争议调解委员 3 人。确立工会主席、副主席人选，上报林业局工会同意后，提请第一次代表大会选举产生。

四、发展会员，规范化建设工会组织。

筹备小组对公司职工进行调查了解，通过转入、恢复和加入的方式发展会员 222 人。在工会组建中同时建立了经费审查委员会、女工委员会、劳动保护监督委员会、劳动争议调解

① 整理自：企业工会组建筹备工作汇报，新文秘网，2012－12－08。

委员会。规范化建设工会组织,设立了工会办公室、职工活动之家,制定工会工作各项制度并公示,保障工会工作正常开展。

绿野木业有限公司工会成立后,一定要深入贯彻党的十七大精神和"三个代表"重要思想,不断完善工会组织网络,完善工会维权职能和职工管理工作。

一是坚持发展第一要务,充分发挥广大职工在发展先进生产力和先进文化中的主力军作用,紧紧围绕公司发展战略,充分调动干部职工奋发向上的积极性和创造性,带动和引导职工一心一意求发展,勇作经济建设的排头兵。

二是以全力提高广大职工发明创造能力,认真搞好技能培训和技术教育,开展争先创优活动,在职工中形成勇于创新、乐于奉献、争当先进、争做贡献的热潮。

三是全心全意为职工办实事,工会干部要时刻把职工群众的冷暖放在心上,关心帮助困难职工,为他们排忧解难。同时,认真做好安全生产和劳动保护工作,把履行维护职能当作首要任务,严格执行《中华人民共和国安全生产法》,努力为职工创造安全的生产环境。

汇报完毕,谢谢!

2009 年 11 月 12 日

问 题

1. 本案例中绿野木业有限公司的工会筹备工作都做了哪些事情?
2. 企业工会筹备工作的主要活动与程序是什么?

答案提示

1. 本案例中绿野木业有限公司所做的工会筹备工作

(1) 以书面形式向上一级工会——林业局工会提出组建工会的请示,并获得批准。

(2) 成立了由公司一名副总经理负责的绿野木业有限公司工会筹备小组,开展筹备工作。

(3) 宣传发动,努力增强工会工作共识。

认真做好宣传发动工作,向职工传达有关文件精神,以黑板报等形式使公司领导和广大职工共同认识到,工会是职工自愿结合的工人阶级的群众组织,工会的重要职责是代表和维护职工的合法权益。

(4) 发展会员。

筹备小组对公司职工进行调查了解,通过转入、恢复和加入的方式发展会员 222 人。

(5) 民主选举首届工会代表大会代表。

筹备小组深入班组,广泛征求职工意见,通过充分酝酿、民主推荐,确定工会会员代表,选出会员代表 22 人。

(6) 组织工会会员民主推荐首届工会委员会委员和经费审查委员会委员候选人,规范化建设工会组织。

推荐工会委员会候选人,常务委员为5人;工会委员会下设女工委员会、劳动保护监督委员会、劳动争议调解委员会,选出女工委员3人、劳动保护监督委员3人、劳动争议调解委员3人;拟设立工会办公室、职工活动之家,制定工会工作各项制度并公示。

同时推荐了经费审查委员会候选人,选出经费审查委员3人。

(7)确立工会主席、副主席人选,上报林业局工会同意后,提请第一次代表大会选举产生。

2.企业工会筹备工作的主要活动与程序

(1)向上一级工会以书面形式提出组建工会的请示。

(2)建立筹备组。

筹备组由企业党组织或行政负责人、员工代表、科技管理人员等组成,由企业党组织负责人任组长。根据企业规模,100人以下筹备组设3~5人,100人以上筹备组设5~7人。筹备组成员最好与首届工会委员会成员相衔接。工会筹建报告由企业党组织或企业行政报告上一级工会,上一级工会批准同意后,即开始本单位工会组织的筹备工作。

(3)组织宣传发动工作。

由筹备组出面,利用会议、黑板报、广播、宣传栏等形式,组织员工学习《工会法》、《中国工会章程》等法律、法规,使员工对工会组织有一个初步的了解。

(4)组织员工申请入会,办理入会手续。

员工填写入会申请表,由筹备组讨论批准员工入会,颁发工会会员证,张榜公布工会会员名单。

(5)组建工会小组,民主选举首届工会代表大会代表。

以行政班组或行政科室为单位建立工会小组,民主选举工会小组长。

一般会员在100人以下的直接召开会员大会。会员在100人以上的应召开会员代表大会,会员代表一般按会员人数10%~30%的比例产生,不得少于30人。工会筹备组根据各工会小组的人数,将会员代表的名额分配到工会小组,会员代表以工会小组为选举单位选举产生。经工会筹备组审查后确定代表当选资格,并张榜公布。企业工会筹备组成员一般应为会员代表。

(6)组织工会会员民主推荐首届工会委员会委员和经费审查委员会(小组)委员候选人。

筹备组提出推荐首届工会委员会委员和经费审查委员会(小组)委员候选人的条件,并根据企业规模确定首届工会委员会委员和经费审查委员会(小组)委员候选人名额。一般100人以下的企业设工会委员会委员3~5人,经费审查委员会(小组)委员3人;100~500人的企业设工会委员会委员5~7人,经费审查委员会(小组)委员3~5人;500人以上的企业设工会委员会委员7~11人,经费审查委员会(小组)委员5~7人。候选人以10%~20%的差额考虑,以工会小组为单位推荐。各工会小组推荐汇总后,筹备组根据得票情况并征求同级党组织意见,确定第二轮候选人名单,再征求工会小组意见,然后正式确定候选人名单。

（7）完成召开工会成立暨首届会员（代表）大会的其他准备工作。

①需准备的材料包括工会筹备工作报告、本单位领导讲话稿、首届"两委会"委员候选人简历情况介绍、代表资格审查报告、大会选举办法（草案）、大会主持人讲话稿；

②将首届工会委员会委员和经费审查委员会（小组）委员候选人名单报上一级工会审批；

③确定会议日程安排；

④印制选票，准备投票箱；

⑤大会总监票人、监票人、总计票人、计票人建议名单；

⑥大会会员（代表）名册、代表团组成方案。

案例 12　渭南煤化实业有限公司召开工会成立暨第一次会员代表大会[①]

　　2012 年 4 月 16 日上午,渭南煤化实业有限公司(以下简称"渭南公司")工会成立暨第一次会员代表大会在渭河花园酒店隆重召开。陕西煤业化工实业集团(以下简称"陕煤化实业集团")党委副书记、纪委书记、工会负责人张建军出席会议并做了重要讲话;陕煤化实业集团工会部门负责人白霞在会上宣读了陕煤化实业集团党委关于渭南公司召开第一次会员代表大会的批复文件;渭化集团、陕化集团工会领导出席会议并致贺词。渭南公司领导班子成员和全体会员代表参加了会议。

　　大会由渭南公司党委书记雷巧玲、总经理李衔钊分阶段主持。

　　大会在庄严的国歌声中拉开帷幕。按照既定议程,分三个阶段进行。在预备会议阶段审议通过了《工会筹备工作报告》和《代表资格审查报告》,表决通过了大会主席团名单;在第一阶段正式会议中审议通过了《选举办法》,选举了大会总监票人、监票人;依法选举产生了渭南公司第一届工会委员会和工会经费审查委员会。经过"两委会"第一次会议选举,王俊耀同志当选渭南公司工会主席;王随生同志当选渭南公司工会经费审查委员会主任。会议还选举产生了参加陕煤化实业集团工会第一次会员代表大会渭南公司代表。

　　陕煤化实业集团党委副书记、纪委书记、工会负责人张建军同志在大会选举完成后发表了重要讲话。他认为渭南公司第一次工会会员代表大会在时间紧、任务重的情况下,筹备工作充分,会议秩序良好,选举程序严谨合法,会议开得很成功。他希望新当选的工会主席和工会委员要充分发挥工会组织的优势和作用,团结带领广大职工群众,当好党委行政助手,维护好劳动者的合法权益,建好职工群众的精神家园,推动渭南公司各项工作取得新的成绩。张书记在会上还提出了"重工作、转观念、强素质"三个方面的理念和要求,他说:重工作,就是要求干部以高度的使命感和责任感,深入基层、走动管理,在实践中不断总结经验、提高水平、升华人生;"转观念"就是要转变对服务业的认识,把姚京林董事长提出的"全体实业人都是服务员、勤务兵"的观念落实到思想和工作实践中,学习延安宝塔区环境治理工作经验,打造有陕西煤化实业特色的一流服务业品牌;"强素质"就是以对标管理为契机,虚心

---

　　① 整理自:渭南实业公司工会成立暨第一次会员代表大会胜利召开,陕西煤业化工实业集团有限公司网站,2012 - 04 - 17。

学习和借鉴先进经验与工作方法,通过实践提高管理能力和综合素质,以优秀的工作业绩为陕煤化实业集团改革发展做出应有的贡献。

大会顺利完成了全部议程。渭南公司党委书记雷巧玲向大会致闭幕词,向参加会议的领导表示感谢,向当选的"两委会"委员和工会主席、经费审查委员会主任表示祝贺,她希望公司工会在今后的工作中充分发挥组织优势和群众工作优势,为公司科学发展做出积极努力和贡献。在庄严的国际歌声中,党委书记雷巧玲宣布大会胜利闭幕。

问　题

1. 工会成立暨第一次会员代表大会的议程是什么?
2. 渭南公司工会成立暨第一次会员代表大会的议程是否严谨合法?
3. 工会成立大会的善后工作主要有那些?

答案提示

1. 工会成立暨第一次会员代表大会议程

依据《中国工会章程》、《工会法》的规定,工会成立暨第一次会员代表大会议程为:

(1) 召开工会成立暨会员代表大会预备会

①审议通过大会代表资格审查报告、《工会筹备工作报告》;

②审议通过大会议程;

③通过大会主席团成员名单(或明确工会筹备组主持大会工作);

④宣布大会有关事项。

(2) 召开正式大会

①介绍参加大会的领导;

②大会开始,奏中华人民共和国国歌;

③大会选举:

通过选举办法;通过大会总监票人、监票人名单;介绍"两委会"委员候选人简历情况;大会投票选举;宣布选举结果。

④新当选委员代表(或工会主席)讲话;

⑤上级工会领导讲话;

⑥本单位党政领导讲话;

⑦宣布大会结束,奏《国际歌》。

2. 渭南公司工会成立暨第一次会员代表大会的议程是否严谨合法

该公司的程序比较严谨合法。

大会在庄严的国歌声中拉开帷幕。大会分三阶段进行:

（1）预备会议阶段

①审议通过了《工会筹备工作报告》、《代表资格审查报告》；

②表决通过了大会主席团名单。

（2）第一阶段正式会议

①审议通过了《选举办法》，选举了大会总监票人；

②依法选举产生了第一届工会委员会和工会经费审查委员会；

③经过"两委会"第一次会议选举，选出公司工会主席和工会经费审查委员会主任；

④会议还选举产生了参加陕煤化实业集团工会第一次会员代表大会渭南公司代表。

（3）第二阶段正式会议

①陕煤化实业集团党委副书记、纪委书记、工会负责人（上级领导）在大会选举完成后讲话；

②渭南公司党委书记向大会致闭幕词；

③在庄严的国际歌声中，党委书记宣布大会闭幕。

3. 工会成立大会的善后工作

（1）向上级工会和公安局申请刻制印章；

（2）向上级工会办理银行开户手续；

（3）办理会员证、工会社团法人证书；

（4）整理会员入会申请表存档；

（5）按工资总额 2% 及中华全国总工会有关规定拨缴工会经费。

案例 13 上海国际贵都大饭店工会诉企业拖欠工会经费纠纷案[①]

本案原告为上海国际贵都大饭店有限公司工会,被告为上海国际贵都大饭店有限公司,系位于上海市延安西路 65 号的一家中外合资经营企业。

原告上海国际贵都大饭店工会(以下简称"大饭店工会")于 1991 年 5 月依法成立。被告上海国际贵都大饭店有限公司(以下简称"国际贵都大饭店")迟至同年 12 月才拨付部分工会经费,至 1993 年 7 月共拨付工会经费 9 万元。经上海市总工会经费审查委员会对大饭店工会的工会经费收支情况进行检查、审计,确认国际贵都大饭店从 1991 年 5 月起至 1993 年 7 月,按规定应拨付给其工会经费 422508.48 元(其中包括外汇兑换券 240356.48 元),实际拖欠工会经费 332508.48 元。1993 年 9 月 6 日,上海市外商投资企业工会联合会致函国际贵都大饭店,通报了上述经费的审计情况,并通知其于 1993 年 9 月 12 日前将上述欠付经费拨付给大饭店工会,否则每日按欠付金额的 5‰计算滞纳金。

国际贵都大饭店系中外合资经营企业。其中中方认为,国家法律规定中外合资经营企业每月应按全部职工工资总额的 2%拨付工会经费,企业就应如数拨付;外方认为,只能按中方员工工资总额的 2%拨付工会经费,外方员工的工资部分不应包括在内。因不能协商解决,大饭店工会向上海市中级人民法院提起诉讼,请求判令国际贵都大饭店即行拨付拖欠的工会经费 332508.48 元,并支付每日 5‰的滞纳金;判令国际贵都大饭店自 1993 年 8 月起,依法按全部职工工资总额的 2%每月拨付工会经费。

问 题

1. 工会经费的来源是什么?
2. 本案依法应怎样判决?

---

① 整理自:上海国际贵都大饭店有限公司工会诉上海国际贵都大饭店拖欠工会经费案,法律快车网,2006 - 10 - 26。

答案提示

1. 工会经费的来源

根据《工会法》和《中华全国总工会办公厅关于加强基层工会经费收支管理的通知》，工会经费的来源为：

(1) 工会会员缴纳的会费；

(2) 建立工会组织的单位按每月全部职工工资总额的2％向工会拨缴的经费（在税前列支），或上级工会委托税务机关代收工会经费后按规定比例转拨基层工会的经费；

(3) 上级工会补助的款项；

(4) 单位行政按照《工会法》、《中国工会章程》和国家的有关规定给予工会组织的补助款项；

(5) 工会所属的企业、事业单位上缴的收入；

(6) 基层工会对外投资取得的收益；

(7) 其他收入。

2. 本案依法应怎样判决

根据《工会法》规定，建立工会组织的企业、事业单位、机关按每月全部职工工资总额的2％向工会拨缴经费；《中华人民共和国中外合资经营企业法实施条例》明确规定："合营企业每月按企业职工实际工资总额的2％拨缴工会经费"。据此，国际贵都大饭店作为中外合资企业，应遵守我国法律，依法如数向大饭店工会拨缴工会经费，并支付相应的滞纳金。应拨缴的工会经费总额，已明确规定为企业职工实际工资总额，理应包括外籍职工的工资部分，因此，国际贵都大饭店认为外籍职工的工资部分可不拨缴工会经费缺乏依据，国际贵都大饭店应按全部职工工资总额向大饭店工会拨缴会费，并支付滞纳金。

上海市中级人民法院依法于1993年11月25日判决如下：

(1) 国际贵都大饭店应向大饭店工会拨缴拖欠的工会经费人民币332508.48元（其中包括外汇兑换券240356.48元），并偿付自1993年9月12日至全部付清该款项之日止的滞纳金（按每日5‰计付）。上述款项，应于判决生效之日起10日内全部付清。

(2) 国际贵都大饭店应于判决生效之日起10日内，按全部职工（包括外籍职工）工资总额的2％向大饭店工会拨缴1993年8月至11月的工会经费。若逾期拨付，按每日5‰计付滞纳金。

(3) 国际贵都大饭店应于1993年12月起，在每月15日前按全部中、外职工工资总额的2％向大饭店工会拨缴工会经费。

本案后续：国际贵都大饭店不服此判决，向上海市高级人民法院提起上诉，认为：在本饭店工作的外籍人员，是对本饭店事务进行管理的新加坡贵都酒店管理私人有限公司的员工，这些员工的工资不属于合资企业拨缴工会经费范围之内。原判认定事实错误，请求撤销原判。

案例 14 双流县委党校违规使用工会经费发福利[①]

  2015 年,四川省成都市纪委监察局微信公众号"廉洁成都"通报了一起违规使用工会经费购买发放购物卡的案例——四川省成都市双流县委党校党委委员、副校长、工会主席祝刚仁因违规用工会经费购买发放购物卡被党内严重警告处分;因落实党风廉政建设主体责任不力,该校党委副书记、常务副校长吴进也被诫勉谈话。

  据媒体报道,此次双流县委党校工会主席受处分和常务副校长被诫勉谈话,是因为 2015 年"五一"期间,双流县委党校以工会会员 2015 年度国家法定节假日慰问和生日慰问的名义,购买发放了购物卡,一次性发放,每人 1500 元,共计 31500 元。同时,还以补发工会会员 2014 年度国家法定节假日慰问品和生日慰问品的名义一次性发放了 25500 元购物卡。

问 题

  1. 工会经费支出的范围是什么?
  2. 如果你是该校工会主席会这样做吗?为什么?

答案提示

1. 工会经费支出的范围

  依据《中华全国总工会办公厅关于加强基层工会经费收支管理的通知》,工会经费应当全部用于为职工服务和开展工会活动。基层工会要按照所在省级工会确定的经费分成比例,及时足额上解经费。工会经费支出包括:

  (1) 职工活动支出:指工会为会员及其他职工开展教育、文体、宣传等活动发生的支出。具体包括:职工教育费、文体活动费、宣传活动费、其他活动支出(其他活动支出包括基层工会支付的会员特殊困难补助的费用以及工会开展其他活动的各项支出)。

  (2) 维权支出:指工会直接用于维护职工权益的支出。具体包括:劳动关系协调费、劳

---

  ① 整理自:陈碧红:双流县党校违规发放 57000 元购物卡 工会主席被党内严重警告,四川在线,2015－05－31。

动保护费、法律援助费、困难职工帮扶费、送温暖费、其他维权支出。

（3）业务支出：指工会培训工会干部、加强自身建设及开展业务工作发生的各项支出。具体包括：培训费、会议费（含工会代表大会、工会委员会、经费审查委员会以及工会专业工作会议）、外事费、专项业务费（指工会开展工会组织建设、考核表彰、"建家"活动、大型专题调研、经费审查专用经费等专项业务发生的支出）、其他业务支出。

（4）行政支出：指工会为行政管理、后勤保障等发生的各项日常支出。具体包括：工资福利支出、商品和服务支出、对个人和家庭的补助、其他行政支出。

工资福利支出：核算工会开支的专职工作人员和聘用人员的各类劳动报酬，以及为上述人员缴纳的各项社会保险费等。包括：基本工资、津贴补贴、奖金、社会保障缴费、伙食补助费等。

商品和服务支出：工会购买商品和服务的支出。包括：办公费、印刷费、咨询费、手续费、水费、电费、邮电费、物业管理费、交通费、差旅费、维修（护）费、租赁费、招待费、专用材料费、劳务费、委托业务费、福利费等。

对个人和家庭的补助：工会用于对个人和家庭的补助支出。包括：离休费、退休费、退职费、抚恤金、生活补助、医疗费、住房公积金、提租补贴、购房补贴等。

其他行政支出：不能划分到上述经济科目的其他支出。

（5）资本性支出：指工会从事建设工程、设备工具购置、大型修缮和信息网络购建而发生的实际支出。具体包括：房屋建筑物购建支出、办公设备购置支出、专用设备购置支出、交通工具购置支出、大型修缮支出、信息网络购建支出、其他资本性支出。

（6）补助下级支出：指工会为解决下级工会经费不足或根据有关规定给予下级工会的各类补助款项。具体包括：回拨补助、专项补助、超收补助、帮扶补助、送温暖补助、救灾补助、其他补助。

（7）事业支出：指工会对独立核算的附属事业单位的补助和非独立核算的附属事业单位的各项支出。

（8）其他支出：指各级工会除职工活动支出、维权支出、业务支出、行政支出、资本性支出、补助下级支出、事业支出以外的各项支出。例如资产盘亏、固定资产处置净损失、捐赠支出以及按规定计提有关专用基金等。

不准将工会经费用于服务职工群众和开展工会活动以外的开支：

（1）不准用工会经费购买购物卡、代金券等，搞请客送礼等活动；

（2）不准违反工会经费使用规定，滥发津贴、补贴、奖金；

（3）不准用工会经费支付高消费性的娱乐健身活动；

（4）不准单位行政利用工会账户，违规设立"小金库"；

（5）不准将工会账户并入单位行政账户，使工会经费开支失去控制；

（6）不准截留、挪用工会经费；

（7）不准用工会经费参与非法集资活动，或为非法集资活动提供经济担保；

（8）不准用工会经费报销与工会活动无关的费用。

2. 如果你是该校工会主席会这样做吗？为什么？

如果我是该校工会主席，不会这样做。因为这种做法违反了如下工会经费使用规定：

首先，该党校利用"五一"之机，使用工会经费购买发放购物卡，违反了《中华全国总工会办公厅关于加强基层工会经费收支管理的通知》中不准用工会经费购买购物卡的规定；也违反了四项规定中"严禁用公款购买赠送或收受各种商业预付卡、购物卡、电子礼品卡、消费券"的规定。

其次，一次性发放购物卡1500元/人，违反了四川省总工会2015年印发的《关于贯彻全国总工会加强基层工会经费收支管理有关规定的通知》的相关规定，其中要求有关基层工会组织逢年过节（国家法定节日）向全体会员发放少量节日慰问品（符合中国传统节日习惯的用品和职工群众必需的一些生活用品等），每位会员年均总额要控制在1500元以内。

最后，以补发工会会员国家法定节假日慰问品和生日慰问品的名义发放购物卡，违反了国家相关部委《违规发放津贴补贴行为处分规定》和成都市纪委《关于廉洁过"五一"坚决反"四风"的通知》中有关严禁以各种名义滥发津贴、补贴、奖金和实物的相关规定。

案例 15　南太集团的工会直选[①]

南太集团工会换届选举

2003 年 6 月 30 日晚,深圳宝安区的港资企业南太电子有限公司举行了南太集团第五届工会委员会换届选举。

晚上 6 点半刚过,南太集团食堂二楼就开始热闹起来,来自南太、世成、JIC 三个厂区数十个部门、生产车间的 200 多名工会代表陆续到来,参加南太集团第五届工会委员会换届选举。

晚上 7 点,主持人宣布换届选举大会开始。上届工会主席王喜全对上届工会三年的工作进行了回顾,他表示,如果他此次能连任工会主席,将继续加大员工培训的力度,把电脑培训班、英语培训班搞得更好。这番话引来了以 20 来岁年轻人为主的工会代表们长时间的热烈掌声。几年来,员工们已经从工会管理的"南太网吧"、图书阅览室享受到很多工余乐趣。工会组织的电脑、英语培训也使员工们得到很多"晋升"机会——过去南太的经理层人员几乎全是香港人、台湾人,现在,在来自其他地方的打工仔、打工妹中成长起来的管理人员几乎占据了全公司所有经理、部门车间主管的位置。除了本人的勤奋好学,工会组织的培训也功不可没。

"王喜全,152 票;黄智常,108 票;丁周高,105 票;黄健明,99 票……"当总监票人宣布选举结果时,王喜全,这位 10 年前从国企辞职来深圳南太打工的湖南汉子,长舒了一口气。他想起 1998 年南太刚开始直选时,口碑不错的前工会主席意外落选,连工会委员都没选上。而王喜全在本次选举中获得了最高票数,说明会员代表对他三年来的工作是满意的。

南太集团是 1998 年起推行工会民主直选的。以这一次换届选举为例,要当选工会委员要经过三道"关卡":首先在南太集团下属的三个厂区南太、世成、JIC,大致按照 7∶1 的比例在 1532 名工会会员中选出 200 多名工会代表;从这 200 名工会代表中再投票推选出 16 名工会委员候选人;在换届选举大会上,由工会代表以无记名投票的方式,对 16 名候选人进行差额选举,选出 11 名工会委员,差额率达 31%;谁当工会主席,再由当选的 11 名工会委员选

---

① 整理自:李秀瑜:工人直选工会申请加薪获批,凤凰网转载《深圳商报》消息,2010 - 10 - 23。

举产生。票数最高的王喜全看来已稳操胜券。

但随后王喜全的心"咯噔"了一下。发放的 201 张选票中,有效选票 192 张,最后票数过半的候选人只有 4 位。按照南太集团《第五届工会委员会选举办法》,候选委员票数必须超过有效票的半数才能当选。这就意味着集团工会得再开一次选举大会,选举另外 7 名工会委员。

直选产生的南太工会,地位和作用怎么样?

南太集团的工会委员都是兼职的,不享受任何额外报酬。但从南太集团此次工会选举的热烈场面能够看出"工会委员"还是个挺受欢迎的"香饽饽"。南太集团行政部主管黄智常是南太上届工会的安全委员,此次再次入选工会委员,他说:"当个工会委员比当行政主管更有荣誉感。"

何出此言?一方面因为工会委员是工会代表大会选举出来的,反映了他的民间声誉;另一方面,与南太工会这几年在企业中发挥的作用和树立的地位有很大关系。

南太集团 1992 年就建立了企业工会,但当时并未实行直选,员工们对工会并不信任,一碰到问题总是直接找老板反映。比如对于公司食堂的伙食质量问题,就不断地找老板提意见。老板整天为这些"小事"烦扰,1998 年南太工会开始接受宝安区总工会的建议,决定让员工们自己选自己的工会班子。

由员工自己选举,选出的是员工信任的、热心为员工说话办事的人。"大家都是来打工的,不容易。"王喜全说。因此,南太工会把"为员工大众创建幸福家园"作为首要目标,积极处理员工投诉,为员工争取福利,解决员工的困难,并争取公司的支持建起网吧、图书室等。在工会的干预下,公司最后换了食堂的承包人员,改善了伙食质量。丙酮生产线上的员工反映车间里有异味,工会就联系区劳动监测部门进行检查,发现空气质量各项指标没有超标。但为了给员工营造良好的工作环境,工会最后还是争取公司投资几十万元对车间的通风系统进行了整改。有一位员工不幸得了白血病,工会发出倡议,公司上下为其捐款 28000 多元。王喜全 2000 年还当选为深圳市人大代表,作为宝安区 100 多万劳务员工的代表,多次向人大会议提交有关改善外来工生活条件、造福外来工等方面的议案。

在南太集团,绝大多数公司布告都有工会主席签名。公司制定与工人权益相关的规章制度,必须与工会协商,由工会征求广大员工意见;公司董事会每年春节都要与工会委员集体交换意见,这已是南太集团的惯例。行政部门制定的规章,以及公司对任何员工做出的处理决定,都必须有工会盖章。工会定期召开的委员会会议,必须有一位公司董事、人事科经理及行政科助理总经理参加,使工会委员们反映的问题能及时传达到公司上层。2000 年南太集团新版劳动合同签订前,公司方面先把合同文本交工会征求意见,再对有争议的内容进行讨论修改,这样反复三次征求意见后才最终定下劳资双方都能接受的劳动合同。2003 年公司制定新厂规也是经过这样的程序的。

南太集团行政方面对工会的工作原则上是不干预。公司总裁李仕源说,企业行政管理层主要负责生产、管理、销售等方面的事务,至于后勤、员工业余活动的开展则大胆放手放权让工会去做。厂规、劳动合同制定前先通过工会征求员工意见,有利于减少执行中发生纠纷。

深圳宝安区总工会有关负责人表示,民主选举产生的南太工会正在成为劳资双方进行协商的平台。通过这个平台,员工的意见得到了充分反映。近三年来(截至 2003 年),南太集团没有发生严重的劳资纠纷。工会在维护工人权益、协调劳资关系方面的作用日益凸显,员工加入工会的积极性也高了。南太集团现有 1800 多名职工,其中 1532 人加入了工会,入会率达 85%。

问　题

1. 南太集团的直选工会主要做了哪些事,履行职责的情况怎样?
2. 工会直选有什么好处?
3. 南太直选工会的地位怎样? 为什么?
4. 南太老板是怎样定位工会在企业中的角色的?

答案提示

1. 南太集团直选工会履行职责的情况

南太工会把"为员工大众创建幸福家园"作为首要目标,积极处理员工投诉,为员工争取福利,解决员工的困难。如争取公司的支持建起网吧、图书室;为患白血病职工募捐;在工会的干预下,公司更换了食堂承包人员,改善了伙食质量;投资几十万元改造车间通风系统,改善了工作环境。工会在维护职工合法权益、解决员工困难、参与企业管理等方面发挥了积极作用,成为劳资协商的平台。

2. 工会直选的好处

工会直选可以选举出职工了解、信任的工会干部;可以选出有热情、愿意为职工办事的工会干部;可以选出有能力为职工办事的工会干部;职工能够把候选人当初的承诺和当选后的表现进行比较、评价,有利于监督工会干部,使之更好地为职工服务。

3. 南太直选工会的地位及其原因

工会干部比较受工人欢迎,在职工中享有一定声誉,也比较受老板的尊重和信任,老板能够把企业中涉及职工的一些事情交给工会去办。所以,很多人才愿意参加工会直选。

与部分国内非公企业工会相比,南太工会的地位较高,发挥的作用也较大。其主要原因有两个方面:一是南太集团工会是职工直选出来的,选举出的是职工信任的、热心为职工办事、能力素质较高的人,所以能较好地履行代表和维护职工权益、为职工服务的职能。另一方面,跟南太老板对工会的态度和他的人力资源管理策略有直接关系。因为南太老板对工会采取了比较开明的态度,承认工会存在的事实,并与工会协调好关系,积极利用工会在企业管理中的积极作用。

4. 南太老板对企业工会的定位

在本案例中,公司总裁李仕源说,企业行政管理层主要负责生产、管理、销售等方面的事务,至于后勤、员工业余活动的开展则大胆放手放权让工会去做,有事协商。反映出老板将工会视为内部独立性较大的职能部门,希望利用工会来解决涉及职工生产、生活方面的管理问题的态度。以工会来管工人,这样既可以解决管理问题,节约管理成本,减轻管理负担,实际收效还更好,劳资矛盾也不易激化。

作为工会,应该明确,工会的职责是维护职工合法权益,解决工人问题,这是工会与其他社团的不同之处。虽然也应配合企业生产,但不是老板设立的专门用来解决企业管理问题的部门。按照法律规定,老板也不能干预控制工会工作。

案例 16　工会创新维权模式的探索^①

宁波市鄞州区总工会建立"约谈企业主"联动制度

鄞州区总工会从 2014 年年初开始建立"约谈企业主"联动制度。企业有职工劳动保护不到位、职工"五险"缴纳不到位、依法推行工资集体协商难、劳动纠纷多等 11 种情况的,区、镇、村三级工会将主动联系企业主约谈改进事宜。按规定,被约谈的企业负责人必须准时参加约谈,主动提供相关资料,配合约谈,落实整改。对拒绝约谈,或者弄虚作假不配合约谈、不落实整改措施的,区总工会将会同区工商联、区人社局、区环保局等部门进行联合执法。

浙江省宁波长丰针织印染有限公司是宁波市鄞州区钟公庙服装的"龙头"企业。2014 年 9 月初,该公司部分职工到钟公庙街道社会服务中心劳动服务站反映"企业经常加班,加班工资时有时无"。该街道总工会决定约谈长丰公司负责人。

9 月中旬,钟公庙街道工会常务副主席张淑芳带队,联合街道劳动服务站工作人员与该企业负责人进行了面对面的谈话。谈话的主要内容是加班问题。

企业负责人说出了企业的"难处":近几年企业业务量增大,订单多,时间却紧迫,要是误期,光违约金就比利润高,因此企业只有安排加班加点。

"即使要加班,也要依法进行。"张淑芳拿出《中华人民共和国劳动合同法》(以下简称《劳动合同法》)向企业负责人讲"法",单位确因生产工作需要安排劳动者加班的,需经与工会及劳动者协商,征得工会同意后,在劳动者自愿的情况下方可安排加班,用人单位应当向劳动者支付加班费。

针对职工反映的"不加班就算旷工"、"女职工加班无规律"等问题,约谈小组要求企业负责人整改。企业负责人当即草拟了四点整改承诺:第一,不强迫或者变相强迫劳动者加班;第二,支付 1.5 倍工资的加班费;第三,增加午休时间;第四,实行加班补休。

"这次'工会约谈'给我上了一课,让我认识到企业存在的问题。这不是来'找茬',而是来给我们'治病'的。职工气顺了,队伍稳定了,企业才能更好地发展,对此我非常认同。"该企业负责人说。

"以前我们不敢抱怨加班,怕丢工作。这次工会约谈后,公司按规定给我们发加班费了,

---

① 整理自:鄞州区总工会建立约谈企业主联动制度着力营造工会社会化工作新格局,宁波工会网,2014-10-23;赵翔:吉安市总"沙龙茶叙"妙解劳动纠纷,人民网转载《工人日报》消息,2014-09-11;王香阑:北京:法院劳动争议案件可先由工会出面调解,中工网转载《劳动午报》消息,2014-07-29。

还提供加班夜宵。"长丰公司一位陈姓女职工高兴地说。

据统计,截至 2014 年 10 月,鄞州区各级工会已约谈企业主 155 人次。

吉安市总工会"沙龙茶叙"妙维权

2014 年,在江西省吉安市安福县工业园区,发生了一起某外资企业因未足额缴纳"五险一金"而引起的劳动纠纷。县、区两级工会得知情况后立即介入,把企业主和职工代表请进园区职工之家的"企业沙龙",请双方围坐在茶桌旁,在一场茶叙中开展对话,仅 4 天后,企业就足额缴付了职工的"五险一金"。

"请企业主和职工代表坐下来边喝茶边交换意见,有利于双方在平和的氛围中坦诚相待、达成共识。特别是就企业发展、员工待遇及劳动争议等事项进行协商共议时,这种方式对解决意见分歧和矛盾纠纷十分有效。"吉安市总工会主席彭涉晗如是说。

利用"沙龙茶叙"的模式搭建劳资双方沟通协商的平台,是吉安市总工会探索维权新机制、新形式的一个尝试。到目前,类似的"沙龙茶叙"在吉安市的工业园区中已举办了 28 场(次),推动签订工资集体合同 914 份。从 2014 年年初至 9 月,全市职工之家利用"沙龙茶叙"共调解劳动纠纷 127 起,办结率 100%。

北京:法院劳动争议案件可先由工会出面调解

2014 年 7 月 28 日,北京市总工会与北京市第二中级人民法院(以下简称"二中院")举行《关于进一步加强劳动争议调解联动工作的合作协议》签字仪式,双方就建立工作联系和信息共享机制、建立委托工会调解劳动争议案件机制、建立人员交流和培训机制、建立合作创新机制等内容展开合作。二中院还在院内为工会设置了专门的调解室。

据介绍,此前,由北京市总工会牵头相继与北京市人社局、司法局、信访办、高级人民法院、企联、首都综治办和市公安局内保局建立了劳动争议调解六方多家企业联动机制,5 年来共受理劳动争议 11.6 万件,调解成功 8.1 万件,为职工挽回经济损失 6.6 亿元。

此次签订的合作协议,对委托调解劳动争议案件机制、转案流程等进行了明确和规范:二中院筛选可委托市劳动争议调解中心调解的案件,在征得案件当事人同意后,由设在市总工会的市劳动争议调解中心指派调解员对该劳动争议案件进行调解。其调解期限为 20 个工作日,特殊情况可延长 10 个工作日。

经调解中心调解,当事人自愿达成调解协议的,调解员会与二中院承办法官联系,及时制作调解笔录、调解协议和调解书;或者由调解员制作调解笔录和调解协议,经二中院确认后制作调解书。对于调解不成功的案件,调解中心会及时将案件转回二中院,并通知当事人继续进行诉讼程序。

问 题

1. 本案例介绍了哪几种工会维权的创新机制?这些维权机制的主体是哪一级工会?
2. 这些创新维权机制能起到什么作用?

3. 你对完善工会维权机制有何建议？

答案提示

1. 本案例介绍的几种工会维权创新机制及其维权主体

第一种是宁波鄞州区总工会建立的"约谈企业主"联动制度。企业如发生职工劳动保护不到位、职工"五险"缴纳不到位、依法推行工资集体协商难等 11 种工人合法权益被侵害的情况，区、镇、村三级工会将主动联系企业主约谈改进事宜。按规定，被约谈的企业负责人必须准时参加约谈，主动提供相关资料，配合约谈，落实整改。对拒绝约谈，或者弄虚作假不配合约谈、不落实整改措施的，区总工会将会同区工商联、区人社局、区环保局等部门进行联合执法。

第二种是吉安市总工会开展的"沙龙茶叙"。请企业主和职工代表坐下来边喝茶边交换意见，在平和的气氛中，双方坦诚相待、化解矛盾、达成共识。

第三种是北京市总工会与北京市第二中级人民法院建立的委托工会调解劳动争议案件机制。二中院筛选可委托市劳动争议调解中心调解的案件，在征得案件当事人同意后，由设在市总工会的市劳动争议调解中心指派调解员对该劳动争议案件进行调解。当事人自愿达成调解协议的，调解员会与二中院承办法官联系，及时制作调解笔录、调解协议和调解书；或者由调解员制作调解笔录和调解协议，经二中院确认后制作调解书。对于调解不成功的案件，调解中心会及时将案件转回二中院，并通知当事人继续进行诉讼程序。

这三种工会维权创新机制的主体分别是区、市、直辖市的总工会。

2. 这些创新维权机制可起到的作用

工会的基本职能是维护职工的合法权益，各级工会都负有这个责任。其中，基层工会是职工维权的第一站和基础，具有非常重要的作用。但是，我国工会目前的实际状况是，作为基层工会的企业工会力量相对较薄弱，工会人员在维权中往往会受到强大的雇主的压力，所以很难充分发挥出应有的维权作用。而我国各级总工会的力量比较强大，手中掌握的维权资源也比较丰富。面对这种实际情况，一些地区的工会进行了工会维权机制创新，把基层工会和上级工会的力量统合起来，以较为强大的上级工会代行基层工会的部分维权职能，一定程度上弥补基层工会力量之不足，共同起到维护职工合法权益的作用。本案中这三种维权机制创新从本质上说都属于这一类。

3. 谈谈你对完善工会维权机制的建议

首先，完善工会维权机制还必须从抓好基层工会做起。因为，各级工会都有各自的职能，无法完全互相替代。比如，区、市辖区内的企业有几百、几千甚至上万家，靠总工会有限的人手怎么能够顾得过来？所以根本之策还是要壮大基层工会的力量。而这就需要通过法律、制度的完善来实现。

其次，在当前的情况下，以上级工会代行下级工会部分维权职能的做法十分必要，特别是对于私企、小微企业来说更为必要。可结合各地的实际情况创造出适合本地的工会维权机制和方法。

案例 17　某公司工会为劳务派遣员工争取权益[①]

　　刘飞曾在广州一家日资汽配公司担任了三年的工会主席,用他的话说,自己是"赶鸭子上架",但"在其位就要谋其政"的责任感让他不得不思考自己究竟能为公司的普通职工做些什么。从 2011 年到 2013 年,刘飞担任工会主席的三年里,他做了两个主要工作,其中一个就是为劳务派遣工争取合理、合法的权益。

　　许多企业为了控制人工成本,都愿意用劳务派遣工。刘飞所在的这家汽配公司也不例外。据刘飞介绍,公司在 2006 年以前现场作业人员均为劳务派遣工,从 2006 年 6 月以后所有新员工都改为以劳务派遣工形式入职,劳务派遣工数量一度占公司员工总数的 40%,在现场员工中,劳务派遣工所占比例高达 60%。公司虽然承诺劳务派遣工可以按一定比例转正,但实际转正机制很随意,比例也非常低,不到 15%。

　　劳务派遣工虽然在工作内容上与正式工无差,但基本工资远低于正式工,加班工资正式工按 2 倍计算,派遣工只能按 1.5 倍计算,其他的住房、社保待遇劳务派遣工都要"低人一等",而且转正往往遥遥无期。2010 年,刘飞所在的公司内部发生了一次劳务派遣工集体维权事件。其后,公司将劳务派遣工的底薪、加班工资提高至与正式工相同的标准,转正比例提升至 40%。但是公司始终将劳务派遣工的用工比例固定为 40%,有了这条限制加之公司员工流失率低,很多劳务派遣工工作了两三年都没有机会转正,对于这点,工作年限久的劳务派遣工都颇有怨言。

　　工友的怨言,刘飞一直记在心里,也暗自决定将劳务派遣工的待遇和转正问题作为他这一届工会的工作重点。随着《劳动合同法》修正案出台,刘飞看到了为派遣工维权的希望。他组织工会干部将劳务派遣工联名诉求整理后,以正式公函发给公司并进行交涉,请公司在现行转正规定基础上,将工作满半年的劳务派遣工给予转正。因为,《劳动合同法》修正案明确规定,劳务派遣工只能在临时性、辅助性或者替代性工作岗位实施,其中临时性明确为工作岗位存续时间不超过 6 个月的岗位。

　　虽然有理有据,但是协商过程并不顺畅。刘飞回忆,工会与公司进行了 3 次协商,最后争取的结果是,公司将劳务派遣工转正比例提高 5%,用工比例由 40% 降低至 35%;政府的

---

　　① 整理自:韩柳洁、郭稳才:劳务派遣工生存状况:"同工同酬"难实现　盼工会维护工人利益,人民政协网转载《人民政协报》消息,2014 - 11 - 03。

劳务派遣工实施细则出台后,公司立即遵照执行。

"其实当时我对这个小幅度调整方案很不满意,但是也不知道应该如何继续谈判。"刘飞表示,曾经在内心挣扎过,是否要采取更强硬的手段为工人争取权益,但是由于企业内部正式员工对为派遣工争取权益反应消极甚至有抵触情绪,而工会领导小组其他成员也有不同意见,最后只能搁浅这一想法。"缺少继续坚持斗争的力度和勇气,我们还是妥协了。"刘飞一脸的遗憾和无奈。

令刘飞感到欣慰的是,过了不到一年,2014年1月,《劳务派遣暂行规定》出台,公司于2014年7月依照约定实施例行的劳务派遣工转正评价,一次性转正近60人,转正后劳务派遣工占有比例为11‰,接近法律规定。

2013年年底,刘飞从工会主席的位置上退了下来。不再是工会主席的刘飞仍然还关心着他的工友们,以自己的方式为他们发声。他希望把自己了解到的劳务派遣用工状况、劳务派遣工权益现状、劳务派遣工的渴求等告诉更多的人,借此让更多的人了解他们,听到他们的声音。

刘飞表示,现在劳务派遣用工以及劳务派遣工权益保护都有了相关的法律法规作为保障,但是要真正改变他们的处境还有赖于法律法规的落实,企业观念的转变以及工会组织服务意识的提高。以工会组织来说,很多企业工会并没有将劳务派遣工包括在保障范围内,企业工会进行工资集体协商的成果也无法惠及劳务派遣工群体。希望工会能将劳务派遣工纳入组织,为他们的权益发声。在为职工,包括劳务派遣工争取权益的过程中,工会既要有"勇",也要有"谋",打破现在"不敢、不能"的被动局面。

问 题

1. 劳务派遣员工可以参加工会组织吗?
2. 劳务派遣员工工会经费来源怎样?
3. 本案例中的劳务派遣工加入工会了吗?
4. 本案例反映出劳务派遣工的权益状态是否与劳动合同工一样?为什么?

答案提示

1. 劳务派遣员工是否可以参加工会组织

《劳动合同法》第64条规定:"被派遣劳动者有权在劳务派遣单位或者用工单位依法参加或者组织工会,维护自身的合法权益。"《中华全国总工会关于组织劳务派遣工加入工会的规定》第1条指出:"劳务派遣单位和用工单位都应依法建立工会组织,吸收劳务派遣工加入工会,任何组织和个人不得阻挠和限制。劳务派遣工应首先选择参加劳务派遣单位工会,劳务派遣单位工会委员会中应有相应比例的劳务派遣工会员作为委员会成员。劳务派遣单位没有建立工会组织的,劳务派遣工直接参加用工单位工会。"上述法规规定了派遣单位与用工单位都必须建立工会组织,被派遣劳动者无论是在劳务派遣单位,还是在用工单位,都有依法参加和组织工会的权利。

2. 劳务派遣员工工会的经费来源

《中华全国总工会关于收交工会会费的通知》规定:"工会会员每月应向工会组织交纳本人每月工资收入 0.5% 的会费,工资尾数不足 10 元的不计交会费。"本条应同样适用于劳务派遣员工。

企业普通员工的工会经费,根据《工会法》第 42 条规定,由企业按每月全部职工工资总额的 2% 向工会拨缴经费。而对于劳务派遣员工,这笔由企业拨缴的工会经费来源是哪里呢?《中华全国总工会关于组织劳务派遣工加入工会的规定》第 3 条规定:"劳务派遣工的工会经费应由用工单位按劳务派遣工工资总额的 2% 提取并拨付劳务派遣单位工会,属于应上缴上级工会的经费,由劳务派遣单位工会按规定比例上缴。用工单位工会接受委托管理劳务派遣工会员的,工会经费留用部分由用工单位工会使用或由劳务派遣单位工会和用工单位工会协商确定。"

3. 本案例中的劳务派遣工是否加入了工会

从本案例提供的材料看,劳务派遣员工加入了工会组织,应属于加入了用工单位工会,或由用工单位工会接受委托管理劳务派遣工会员。所以,用工单位工会为其劳务派遣工会员争取权益是履行工会代表和维护职工合法权益的职责。

4. 本案例中劳务派遣工的权益状态及原因

本案中劳务派遣工虽然在工作内容上与正式工无异,但基本工资往往远低于正式工,加班工资正式工按 2 倍计算,劳务派遣工只能按 1.5 倍计算,其他的住房、社保待遇劳务派遣工都要"低人一等"。说明劳务派遣工权益比劳动合同工权益更易受到侵害。

原因主要有两点:首先,劳务派遣工用工形式之所以产生并受到企业欢迎,最主要就是用工成本低、用工灵活(所谓灵活也就是没有工作稳定性)。劳务派遣工对用工单位没有归属感、责任感,不把用工单位当作自己的单位,干一天拿一天钱;用工单位也不把派遣工当自己员工看待,工资、福利等都和合同工的工资、福利等有所区别。

其次,劳务派遣工往往不属于用工单位的工会会员。根据中华全国总工会关于劳务派遣工参加和组织工会的规定,劳务派遣工应首先选择参加劳务派遣单位工会,劳务派遣单位没有建立工会组织的,劳务派遣工直接参加用工单位工会。所以,劳务派遣工无权享受用工单位工会会员的福利,也没有办法参与以工会为载体的企业民主管理,其在用工单位的合法权益更加缺少组织的代表与维护。从实际情况看,劳务派遣工加入私企的工会难度并不大,难就难在加入机关事业单位和国企的工会组织。因为劳务派遣工加入机关事业单位或国企工会,意味着要参与分割正式职工的既得利益,这使得一些机关事业单位和国企对劳务派遣工加入本单位工会组织产生了抵触情绪。当然,也有少部分劳务派遣工自身没有意识到参加工会组织的重要性,对参加工会活动积极性并不高,使得用工单位也有了搪塞和拒绝的借口。

案例 18　零散就业者可入工会[①]

"在我们街道有一个热闹的金宝山农贸市场,里面有近 400 家商户,700 多人就业。开始,很多商贩不了解工会,不愿意加入。有一次,一名菜贩在进货时出了车祸。因为他是工会会员,我们帮助他申请了 2 万元赔偿金。经过这件事后,这个市场大部分人主动加入了工会。"北京市石景山区老山街道工委副书记方庆祥说。

随着工会服务网络体系逐步下移,社区工作站成为面向非公企业和职工的主要服务窗口,小吃店、小发廊员工等零散就业人员,成为工会服务网络的覆盖对象。

自 2014 年 11 月以来,北京市已组建社区联合工会 4005 个,覆盖小微企业 5.75 万余家,发展工会会员 35 万余人。成立社区联合工会后,社区周边一批小微企业的就业人员纷纷加入工会组织。

依托北京市总工会发放的"京卡·互助服务卡",北京市总工会陆续推出互助保障、教育培训、文化体育、医疗体检、参观游览等服务项目,让工会会员从中得到实惠。

目前,北京市总工会加强建设三级服务体系,包括北京市职工服务中心、17 个区县职工服务中心和 346 个街道乡镇工会服务站,建立了一个全覆盖的工会服务网络体系。自 2009年起,逐步建立实名制会员信息数据库,已形成一个数据准确、信息丰富、动态管理的北京市工会会员和建会企业数据库。

问　题

1. 北京市总工会加强建设三级服务体系是在履行工会的哪种职责?
2. 北京市总工会采取了什么措施吸引零散就业者加入工会?

答案提示

1. 北京市总工会加强建设三级服务体系是在履行工会的哪种职责?

工会的职责主要分为三大类,第一类是基本职责,主要是代表和维护职工合法权益。第

[①]　整理自:赵琬微:北京:个体零散就业者可入工会组织,新华网,2013 - 08 - 12。

二类是法人职责，主要是工会作为社团法人，在财产、经费方面的权利和责任。第三类是其他职责，是上述两类职责之外的职责。包括关心职工生活，帮助职工解决困难，为职工服务；吸引和组织职工参加改革，完成国家经济建设和社会发展任务；教育职工提高思想道德、科学文化和技术业务素质，使职工成为有理想、有道德、有文化、有纪律的劳动者；根据政府委托，与有关部门共同做好劳模和先进生产者的评选和表彰、培养和管理工作；等等。本案例中北京市总工会加强建设三级服务体系是在履行工会的基本职责和其他职责，维护职工合法权益，关心职工、为职工服务，解决职工困难。

2. 北京市总工会为吸引零散就业者加入工会采取的措施

通过维护职工合法权益和履行关心职工、为职工服务、解决职工困难的职责，让零散就业者感受到加入工会能够给自己带来的利益和好处，从而对他们产生吸引力，使他们主动走入工会的大门。这是工会组织发展自身的根本途径。

案例 19 "项目工会"成长沙市政工程招投标"铁门槛"[①]

2012 年 5 月 3 日,长沙市总工会、市政设施建设管理局举行联席会议,围绕在项目建设一线组建工会组织这一新课题达成共识:将成立项目工会的相关条款和及时足额发放务工人员工资等写进招标合同。

项目工会会员的会籍管理办法十分灵活,对没有加入工会的项目管理方人员和务工人员采取"登记造册告知制",项目管理方人员、务工人员进场时,在自愿原则下,告知已成立工会组织,组织其加入工会,并造册登记,在其离开时,自行对其进行注销登记。

长沙市市政设施建设管理局党组书记刘金春展示了一份规定了成立项目工会所有条款的工程招标合同。合同内容包括"根据《中华人民共和国工会法(修正)》的要求,(中标人)必须及时成立项目工会,接受(市政设施建设管理局)项目部联合工会的领导,保障务工人员权益得到落实,依法、足额及时缴纳工会经费"。合同还规定,按本项目总造价的 15% 计算全部人员的工资总额,再按工资总额的 2% 计取项目工会经费。

"组建'项目工会',是我们每个招标合同铁定的内容,也是市政工程招投标的一道门槛:如果你想投标,必须有个思想准备,我们的工程是要成立项目工会的。"刘金春说。

截至 2014 年 10 月,在长沙市市政设施建设管理局的 10 个市政工程项目中已全部建立了工会,工会会员达 3600 余人,务工人员入会率达 100%。会员的权益也得到了有效保障。在长沙市红旗北路项目工地上,工地施工员周福宏是项目工会的文体委员,他说,"除了正常的出班,我还多次与其他委员一起到工地上开展工会送清凉活动,为患病职工募捐,对困难职工走访慰问,特别是对贫困家庭进行了摸底调查"。

万家丽路项目的承建方上海城建市政集团工会负责人表示,万家丽路项目工会在他们公司的所有在建项目中是第一次"试水","我想将长沙经验推广到所有项目中去"。

作为参建单位,湖南路桥集团公司的安全员周文明又多了一个身份——长沙万家丽路快速化改造工程项目工会的生产委员,被选举为工会委员的还有其他参建单位的 10 名一线员工。

---

① 整理自:艾红光、陈劲飞:"项目工会"成长沙市政工程招标"铁门槛",《工人日报》,2014-10-22。

问　题

1. 长沙市市政设施建设管理局为什么要组建"项目工会"？
2. 在当前的实际情况下，如何推进基层工会的发展？

答案提示

1. 长沙市市政设施建设管理局组建"项目工会"的原因

主要是针对市政建设队伍流动性大、人员与场所都不固定的特点，解决市政建设队伍难以组建工会、难以保证工会工作质量的难题。

市政建设队伍本有各自的所属单位，但他们的实际生产活动往往是以项目为单位进行的，公司职工的工作地点往往不在公司所在地，而且一部分人在一个地方承担某个项目，另一部分人又会组成另一个项目组在另一个地方承担另一项工程任务。公司的管理活动也都以项目组为单位。这样，如果工会组织以工作单位为基础构建的话，就没有办法使得这些常年在不同地方施工的职工聚在一起活动，因为不在一起职工也不了解彼此的工作情况，对整个企业的管理、生产情况也做不到全盘了解。这样，就使以单位为基础组建工会具有很多困难：不但难以组建工会，即使组建了工会也难以保证工会工作的开展及其质量。针对这种情况，长沙市总工会和市政设施建设管理局举行联席会议协商对策，创造出了"项目工会"这样一种崭新的工会组建形式，使得工会会员的覆盖面扩展到所有市政建设项目，并且能够保证工会组织深入职工之中履行职能，为职工服务。

长沙市市政设施建设管理局组建"项目工会"的探索，对于扩大工会覆盖面、增加职工入会率、提高工会工作质量都具有积极作用，是对当前加强基层工会工作的有益创新。

2. 在当前的实际情况下，如何推进基层工会的发展

推进基层工会工作包括两个方面：一是工会扩面，即扩大工会覆盖面和增加会员数量；二是提质，即提高工会履行职责的能力，使工会更好地发挥出代表和维护职工合法权益的基本职责。对于如何提质和扩面，各地工会纷纷进行了探索。

在扩面方面，非公企业是扩面的重点领域。在措施上，如河南开展了工会组织和会员情况大核查，对事实上不存在工会的企业，投产开业 5 年、职工人数在 25 人以上未建会的企业，多年拒不建会企业进行筛查，列出清单，挂牌督办，一年就突破了 11165 家企业；再如各地纷纷在农民工中建立工会，让工会组织覆盖到农民工这一工人阶级的主力军中；再如本案例建立"项目工会"使会员组织关系随劳动关系流动的做法等。

所谓基层工会"提质"，实质是增强基层工会的独立性和代表性，以更好地履行工会职责。增强工会的独立性，关键是要解决工会的人、财、物独立问题。基层工会不依赖于企业，才能大胆代表和维护职工合法权益。当前比较有代表性的"提质"探索，是利用上级区域性工会力量较强而基层工会力量较弱的特点，充分发挥，甚至创造性发挥区域工会的作用来弥补基层工会不敢、无力维权问题的"上代下"方式。在非公企业集中的开发区和工业园区、乡镇和街道、村和社区，以及"桥头堡"县级工会，都是"下代上"模式可以重点尝试的区域。此外，还有工会主席直选甚至竞选、聘用社会化工会工作者的方法，加强对企业工会主席合法权益保护的办法等。据报道，全国总工会率先设立了 100 万元的工会干部权益保障金，开启了建立基层工会干部保障机制的先河。全国各级工会这项保障金的总额达 3650.85 万元。

第二编

员工参与部分

案例 1　斯坎隆计划救活了拉帕因梯钢铁公司[①]

约瑟夫·斯坎隆是美国拉帕因梯钢铁公司的一位底层员工,同时也是该厂的工会负责人。1938 年,拉帕因梯钢铁公司的生产经营陷入困境,实在维持不下去了。于是,公司召开了董事会商讨是不是宣布破产。大家商量的结果比较一致,都倾向于宣布破产。就在这时,会议室的门打开了,斯坎隆走了进来,请求众董事允许他发言,他希望公司暂缓破产,他有办法把公司带出困境,走向辉煌。

董事们对他的话不以为然甚至嗤之以鼻:"我们聘请了那么多管理专家、职业经理人,都无法解决问题,难道你一个普通的基层员工能有什么起死回生之术?"

但是,大家还是给了他说出自己想法的机会,于是,斯坎隆发表了一段非常著名的演讲,在演讲中提出了大名鼎鼎的斯坎隆计划。他指出,公司走到今天,是因为存在很多矛盾。其中最根本、最关键的问题是劳资冲突太尖锐了,工人受到不公正对待,对企业也没有心理上的归属感,这都妨碍了工人智慧的发挥。因此要从调整劳资关系入手,通过劳资关系的协调,把企业由过去仅仅是劳资搭伙求财的利益共同体,变成在人格、心理、精神上紧密联系在一起的命运共同体。一旦组织变成了命运共同体,每个员工在其中就会迸发出强烈的主人翁意识和责任感。有了这种主人翁意识和责任感,就可以把员工拥有的巨大潜能发挥出来,企业就会充满活力:没有资金,人们就想办法去弄资金,没有产品人们就去开发新的产品,没有市场人们就去开辟市场,这样的企业就无往而不胜,企业的利润就会滚滚而来。斯坎隆还表达说工会愿意和管理方一道共同努力。斯坎隆的演讲打动了众董事,董事们决定按他的方案试验半年。

斯坎隆计划非常强调劳资之间应建立坦诚合作、互信互助、荣辱与共的关系,管理人员和员工应该不分彼此形成一股合力,由劳资双方共同承担企业生产经营的整体责任。而借以实现劳资合作的基本途径就是让员工参与管理。

他们在公司的每个部门都建立起一个由管理人员和员工代表共同组成的工作改进委员会,共同商讨企业降低成本、提高产量和质量等重大问题,并为员工提供提出改进建议的机会。鼓励员工向公司提出提高生产力、降低成本的合理化建议,鼓励所有职工都参与到提高劳动生产率的活动中去,哪怕只是有一个想法也要大胆提出来,也许它会带给人们启发,也

---

① 整理自:"斯坎隆制"词条,中国网百科;"斯坎伦计划"词条,MBA 智库百科。

许会带来意想不到的效果。

他们还建立了利益分享计划,来激励员工参与管理活动,激励员工提出降低成本和提高生产率的建议。由工作改进委员会负责对员工建议价值的评估、设计奖金计算公式等。

基于组织的成功并不是某一个人或某一个群体的功劳,而是劳资合作的结果这样一种认识,斯坎隆计划中劳资合作所带来的成果也由劳资公平分享。

奖励分配以团体为单位,超产部分的一定比例作为职工的集体奖励。这个团体可以是某个独立小组,也可以是整个组织。基于每个人都可以在自己的岗位上做出相应的贡献这样一种理念,斯坎隆计划是让所有员工按照其基本工资来分享收益的。

斯坎隆计划中计算奖金的程序是:

第一步,计算斯坎隆比例。

斯坎隆比例(即标准劳动成本占产品销售价值的比率)=基准期标准人工成本(总工资额)/基准期产品总销售价值(即单位销售人工成本)

第二步,计算标准人工成本。

标准人工成本=产品总销售价值×斯坎隆比例

第三步,计算实际人工成本。

第四步,计算人工成本结余。

人工成本结余=标准人工成本−实际人工成本

第五步,计算奖励金额。

计算奖励金额=人工成本节余×分享比例

斯坎隆计划奖金计算示例

1. 去年产品销售总价值	1200000 元
2. 去年总工资额	240000 元
3. 今年销售额	1100000 元
4. 今年销售退回、补贴、折扣	25000 元
5. 今年净销售额	1075000 元
6. 今年库存增加	125000 元
7. 今年产品销售总价值	1200000 元
8. 今年标准人工成本	240000 元
9. 今年实际人工成本	210000 元
10. 奖励总额	30000 元
11. 公司分享份额	15000 元
12. 员工分享份额	15000 元
13. 为赤字月份留存	3750 元
14. 雇员实际分享	11250 元

实行斯坎隆计划后,拉帕因梯钢铁公司的员工大大增加了对企业的归属感和认同感,减少了与雇主之间的对立情绪,员工的收入也增加了。劳资关系的改善带来了企业生产效率的提高和竞争力的增强。仅四个多月,拉帕因梯钢铁公司就起死回生从困境中走了出来。当然,在利润分享中,工会的作用也得到了加强。

后来美国很多著名的公司战胜危机走出困境,都是因为参照了斯坎隆计划。比如派克笔厂 1955 年以前实行个人奖励制度,工人不愿意采用新技术,本厂 50% 的零件被迫由外厂生产。实行斯坎隆计划后,到 20 世纪 60 年代末,80% 的零件又转回本厂生产。

问 题

1. 拉帕因梯钢铁公司生产经营陷入困境的根源是什么?解决的基本思路是什么?
2. 斯坎隆计划中员工参与的具体做法有哪些?
3. 斯坎隆计划中员工参与的理论基础是什么?
4. 斯坎隆计划中员工参与的支持性措施是什么?
5. 斯坎隆计划的启示是什么?
6. 你认为斯坎隆计划还存在那些需要完善的地方?

答案提示

1. 拉帕因梯钢铁公司生产经营陷入困境的根源以及解决思路

拉帕因梯钢铁公司的生产经营陷入困境,面临破产危机的原因是企业存在很多矛盾。其中最根本、最关键的问题是劳资冲突太尖锐了,工人受到不公正对待,对企业也没有心理上的归属感,这些妨碍了工人智慧的发挥,影响了企业效率,并威胁到企业生存。

因此要从调整劳资关系入手,通过劳资关系的协调,把企业由过去仅仅是劳资搭伙求财的利益共同体,变成在人格、心理、精神上紧密联系在一起的命运共同体,在劳资之间建立起坦诚合作、互信互助、荣辱与共的关系,使管理人员和员工不分彼此地形成一股合力,由劳资双方共同承担企业生产经营的整体责任。而借以实现劳资合作的基本途径就是让员工参与管理(斯坎隆计划)。

2. 斯坎隆计划中员工参与的具体做法

在公司的每个部门都建立起一个由管理人员和员工代表共同组成的工作改进委员会,共同商讨企业降低成本、提高产量和质量等重大问题,并为员工提供提出改进建议的机会。鼓励员工向公司提出提高生产力、降低成本的合理化建议,鼓励所有职工都参与到提高劳动生产效率的活动中去。

3. 斯坎隆计划中员工参与的理论基础

劳资合作。即企业生产经营的整体责任由劳资双方共同承担;劳资合作须借助员工参与来实现;劳资双方应从对抗的彼此抵消的力量转化为相互合作的汇聚力量;劳资合作所带来的成果应公平分享。

4. 斯坎隆计划中员工参与的支持性措施

最主要的支持性措施是收益分享。即由员工参与带来了劳动生产效率的提高,由此产生的收益,应公平地在劳资之间分配,这样就把组织希望的目标与员工个人目标联系在了一起,调动了员工参与的积极性。

5. 斯坎隆计划的启示

斯坎伦计划是一套员工参与的系统解决方案:有明晰的理念——劳资协作,有劳资对计划的共同承诺、有实现员工参与的具体手段,还有通过利益分享来保证员工参与积极性的保障性措施,因此才保证了员工参与收到良好的效果。相比之下,国内的合理化建议等员工参与活动,往往缺少系统化的设计,特别是缺少劳资合作、收益分享的理念作指引,管理方只是把员工参与当作为企业降低成本、提高效率的工具,却没有劳资合作的理念,更没有与员工的利益分享,故难以调动起员工参与管理的积极性。当然,国内的员工参与在具体操作上也没有斯坎隆计划这样具体的组织措施,而多是员工自发参与。

6. 斯坎隆计划需要完善的地方

该计划鼓励所有职工都参与到提高劳动生产效率的活动中去,哪怕只是有一个想法也要大胆提出来,也许它会带给人们启发,也许会带来意想不到的效果。可能正是基于每个人都可以在自己的岗位上做出相应的贡献这样一种理念,斯坎隆计划的原设计者是让所有员工按照其基本工资来分享收益的。

如果这个企业的文化氛围很好,所有员工都愿意尽自己所能去努力,这种分配方法相对来说还是比较公平的。但实际情况要复杂得多,有些人可能根本没有出什么力,也照样能够坐享其成;即便是做出贡献的,贡献大小也不一样。比如有些人提了建议,有些人的建议被采纳后取得了较好效果,有些人参与了改进的设计,大多数人则是执行者。最好的办法还是兼顾岗位因素和贡献因素。

案例 2　马洛在哈乌德公司的参与管理试验[①]

　　继 20 世纪二三十年代管理学发展史上具有划时代意义的霍桑试验之后,美国管理心理学家马洛又在哈乌德公司进行了一场关于员工参与管理的著名试验。

　　试验的经过大致如下:哈乌德公司准备进行一项涉及员工的工作性质与工作方法的改革,管理层估计这项改革可能会遭到一部分人的反对。管理心理学家马洛参与并指导了这项改革试验。在马洛的指导下,哈乌德公司的管理层把全部员工分为两部分,一部分参与了整个改革方案的讨论,向他们详细说明了为什么要实行改革,并组织他们讨论如何改变工作方法、如何降低成本等问题,这部分员工叫参与组;另一部分不参与改革方案的任何讨论,只是接到通知让他们按照新工作的安排和新的计件工资制度去工作,这部分员工叫非参与组。试验设计是要测定:让工人参加讨论变革方案是否有助于克服工人对改革的抵制。

　　试验的结果是:参与组改革后的第二天产量就恢复到以前的水平,三个星期后产量比改革前提高 14％,没有人离职,也没有人发牢骚,员工间的团结情况和生产秩序都很好。而非参与组的情况则大不一样,改革后产量下降 35％,一个月后并无好转,9％的人离职另找工作,其他人都抱怨工资降低,六个星期后情况还是很糟。管理当局决定解散这个组,对组内人员另行安排工作。

　　试验继续进行。两个半月之后,管理者把已解散的非参与组人员重新集合起来,按参与组的方式组织他们讨论改革方案。于是,该组的产量迅速恢复,在一个星期内超过了改革前的水平,而且没有人要求离职和发牢骚。

问　题

　　1. 马洛在哈乌德公司进行的员工参与管理试验的结果说明了什么?为什么会产生这样的结果?

　　2. 马洛在哈乌德公司进行的员工参与管理试验的理论基础是什么?

　　3. 你从马洛在哈乌德公司进行的员工参与管理试验中得到哪些启示?

---

　　① 整理自:张昱:《管理心理学》,中国科学技术出版社 2000 年版;何天齐:马洛实验的启示,《齐鲁学刊》,1989(3)。

答案提示

1. 马洛在哈乌德公司进行的员工参与管理试验的结果说明了什么？为什么会产生这样的结果？

让员工参与管理可以显著提高员工的劳动生产率和工作满意度，有助于降低员工离职率。

员工参与能对劳动生产率和工作满意度产生积极影响、降低离职率的原因主要是：

第一，参与决策使员工对工作任务的内容和方法更加明确，对工作的意义更加清晰，提高了员工完成工作任务的能力。

第二，让员工参与到管理中来，表示管理者相信员工热爱企业，相信员工具有管理企业的能力，相信员工愿意将自己的聪明才智都贡献给企业。员工感受到企业对自己的接纳、信任和尊重，于是员工也对企业产生归属感、信任感、主人翁责任感，把企业看作是自己的大家庭，自己有权利和责任参与决定与自己有关的事情，做好企业的事情就是做好自己的事情。这极大地满足了员工要求被尊重、被信任和发挥自己聪明才智、实现自我价值的内在需求。

第三，参与管理改善了劳资关系，双方更加平等地合作，形成企业整体的整合力量。

2. 马洛在哈乌德公司进行的员工参与管理试验的理论基础

马洛的员工参与试验依据的是人性认知的社会人假设。

在科学管理时代，人们认为人是经济人，工作就是为了追求经济利益。而且人是懒惰的，天生不喜欢工作，不喜欢负责任。基于这种人性认识，管理上就要想法抑制人逃避责任、逃避劳动的恶性，利用其追逐利益的天性。于是，就产生了对员工一方面用物质利益引诱，一方面用严厉惩罚驱策的"胡萝卜加大棒"的管理方法。

霍桑试验加深了人们对人性的认知。人不光是为了追逐物质利益而活动的经济动物，人还有感情，人在社会中生存与活动还有归属、认同、尊重、自我实现等社会需求，而且这些是人之为人的本质属性。因此，对人的管理就不能像管理机器一样，也不可能像对待动物一样。在利用人的经济性、本能需要的同时，必须考虑人的社会需要，利用社会需要进行管理。而让员工参与企业管理，就是基于人是具有归属、认同、尊重、自我实现等社会需要的社会人的人性把握，是对员工能力的尊重，对员工品质的信任，为员工搭建起自我实现的平台、发挥聪明才智的空间。也正因为参与管理是基于对人性更深刻、更全面的把握，才能收到比基于经济人假设的管理方式更好的管理效果。

3. 从马洛在哈乌德公司进行的员工参与管理试验中可以得到的启示

第一，管理必须建立在人性认知的基础上，管理对象是什么样就怎么管。对人性把握越深刻、越准确，管理方法就会越有效、越符合管理对象的特点，也就会收到越好的管理效果。

第二，管理的有效性，还应该考虑管理的目的，怎么有利于实现管理的目标就怎么管。

第三，有效的管理还必须符合管理的情境，没有放之四海而皆准的管理方式。

第四，员工参与管理是调动员工生产积极性的有效措施。

案例 3 "韶星现象"①

韶星实业有限公司位于河南省三门峡市渑池县,是一个由生产硫酸的家庭作坊式企业发展起来的资产上亿元、年产值超亿元的中型化工企业。韶星公司的成长经历表明,在非公有制乃至家庭式民营企业开展民主管理工作,对于促进企业和谐健康平衡发展,实现向现代企业制度跨越具有重要的意义。

1987年,由一家八姊妹共同投资创建了这家典型的家族式企业,职工人数有300多人。在2004年,企业生产经营一度走入困境,面临停产关门的局面。在这样严峻的形势下,采取什么措施才能使企业起死回生? 幸运的是,韶星人做出了智慧的决策:以职工为本,实施民主管理,依靠职工共同的智慧群策群力使企业走出低谷,走向兴旺。

韶星公司建立了以职工代表大会为基本形式的民主管理制度,选举职工代表参与生产经营管理活动,坚持向职代会报告每年公司生产经营情况、财务运营状况、发展规模目标等,听取职工的意见和建议。每月定期召开三次生产经营分析会,邀请部分职工代表参加,请职工会诊献策。

韶星公司还建立了书记、经理、工会主席党政工三人日常决策管理小组,对于生产经营、财务运营、材料采购、产品销售、工资发放、社保基金缴纳以及领导班子车管费、招待费、差旅补助费等实行厂务公开,让职工参与管理和监督。

韶星公司建立了职工工资共决机制、正常增长机制和支付保障机制,让职工参与工资分配、监督工资发放。由工会组织职工代表对公司工资分配进行调查,提出定岗、定责、定员、定资方案,公开征求职工意见,而后成立由工会、职工代表、行政人员代表参加的工资民主调整小组进行协商核定,提交职代会审议通过,并确定了公司在发展正常情况下实行职工工资年递增制。从公司转换管理机制三年来,公司职工工资已翻一番多,职工得到了实惠。

群众自治,构建和谐,把企业建成职工之家。韶星公司开通职工热线电话,设立了总经理信箱,共促企业发展,共建和谐企业。公司根据职工意见建起了餐馆化的食堂,建起了公寓化的宿舍,安装了卫星接收天线。建立了图书室、阅览室、职工培训中心,选送了职工到清华大学、武汉大学、西安交通大学等深造。进一步完善了职工带薪病假、住院护理、困难帮扶、休养旅游等制度。

---

① 整理自:韩卫东:"韶星现象"的启示和思考,《工人日报》,2008-01-22。

通过采取包括民主管理在内的一系列措施,韶星公司由家族式的管理脱胎换骨,跨入现代企业制度管理,走出了一条快速发展之路。如今,韶星公司已经发展成为拥有厂区 60000 平方米、职工几百人、研发人员 40 余名、年出口创汇近千万元的主营工业硫酸、氟化铝、冰晶石、氢氟酸、煤和萤石粉、萤石矿、重晶石的化工行业股份有限公司。韶星公司的起死回生与壮大发展为在非公企业推行民主管理制度做出了新的诠释,为职工民主参与企业管理特别是参与决策,促进企业发展提供了有力的证据。

问　题

1. 韶星公司都采取了哪些职工民主参与管理的形式,效果怎样?
2. 为什么民主参与管理能使这家企业重新焕发生机?
3. "韶星现象"说明了什么?
4. 你从"韶星现象"中得到哪些启示?

答案提示

1. 韶星公司采取的职工民主参与管理的形式和效果

一是建立了职工代表大会制度,作为民主管理的基本形式。职工通过职工代表大会,参与企业发展战略的制定、公司生产经营管理、财务状况的审定等,发挥了职代会的重要职能。

二是建立了书记、经理、主席党政工三人日常决策管理小组,形成了党、政、工三方协商决定企业重大事务的机制。

三是实行厂务公开,对于生产经营、财务运营、材料采购、产品销售、工资发放、社保基金缴纳以及领导班子车管费、招待费、差旅补助费等关系企业发展和员工切身利益的事项,让职工享有知情权、参与权和监督权。

四是建立了职工工资共决机制、正常增长机制和支付保障机制,让职工参与工资分配、监督工资发放。工人工资增长翻一番多,工人得到实惠。

五是开通职工热线电话,设立了总经理信箱,员工可以提出合理化建议。他们根据职工意见建起了餐馆化的食堂、公寓化的宿舍,安装了卫星接收天线;建立了图书室、阅览室、职工培训中心,选送了职工外出培训深造;进一步完善了职工带薪病假、住院护理、困难帮扶、休养旅游等制度。

这些民主管理措施使企业的生产经营状况得到根本改善,企业起死回生并迅速壮大发展。

2. 民主参与管理能使这家企业重新焕发生机的原因

因为前述员工民主参与制度的实施,营造了一个劳资和谐共处的氛围,员工在这里感到被尊重,聪明才智有了发挥的机会,员工的收入和福利也得到保证。这些都调动了员工的生产积极性,劳资齐心协力,形成了推动企业发展的巨大合力,是这个巨大力量使企业焕发了勃勃生机。

3."韶星现象"说明了什么?

韶星公司的成长经历表明,在非公有制乃至家庭式民营企业开展民主管理工作,对于促进企业和谐健康平衡发展,实现向现代企业制度跨越具有重要的意义。

4."韶星现象"的启示

企业应以职工为本,实施民主管理,依靠职工办企业;员工应积极参与,共创和谐,把企业建成职工之家;劳资应互利双赢,建设利益共同体。

案例 4　北安庆华工具厂的"工人参与管理"^①

　　北安庆华工具厂是新中国兵器工业发展史上赫赫有名的企业，它的前身，是1921年由军阀张作霖创办的"东三省兵工厂"，后来几经易手与更名。新中国成立后，于1950年落户于黑龙江省北安市，成为国营庆华工具厂，主要生产冲锋枪、手枪，曾是我国历史最长、产量最大、产品质量最好、生产成本最低的兵器生产企业，在新中国的兵器工业发展史上占有重要地位。

　　1985年，庆华工具厂开始实施保军转民战略。后因严重亏损，这家著名的企业最终从历史的星空中陨落。然而，中国乃至世界的企业史都不应忘记北安庆华，因为它不但生产出过优质的产品（抗美援朝期间，我国所产的轻武器中很大一部分出自这里。1984年第23届奥运会上，中国射击运动员许海峰所用的运动手枪也出自该厂），更创造了一套富于中国特色的企业管理制度——"两参一改三结合"，其中的工人参与企业管理模式等，直到今天依然值得我们去挖掘与研究。

　　1995年，庆华厂固定资产原值为1.17亿元，净值为4187.6万元。拥有设备总台数2160台，其中金切设备1130台，铸造设备16台，锻压设备163台，起重设备30台，动力设备437台，运输设备80台，其他各类设备304台。全厂共有职工1.6万人，工厂设置行政职能处室25个；基本生产分厂21个；辅助生产单位6个；经济实体6个；产品开发中心1个；社会服务机构11个，其中：中学4所，小学7所，兵大分校、技工学校和庆华法庭各1所；集体企业2个（庆华工业公司、建筑公司）。工厂设置党群机构8个，民主管理机构1个，即生活管理委员会，下辖职工医院、房地产管理办公室、计划生育办公室、五大连池卫华疗养院及庆华农场（见庆华工具厂组织结构简图）。

　　新中国成立后，在工业生产的组织管理上，庆华厂基本上是模仿苏联的厂长负责制，即依靠少数专家和严格的规章制度、经济利益刺激的管理方法。这些做法对快速恢复生产，医治战争创伤起了很大作用，但是也有不适合我国国情的情况。于是，20世纪50年代起我国开始探索一条有别于苏联模式、更适合我国国情的企业管理体制。在此过程中，庆华工具厂（为主）创造了"两参一改三结合"的企业管理体制。具体做法如下。

---

　　① 整理自：王作东：毛主席赞扬的"两参一改三结合"是如何形成的，人民网，2013 - 12 - 30；"两参一改三结合"词条，360百科；"两参一改三结合"与国企改革和发展，《党政干部学刊》，2000（2）。

```
                        ┌──────────────┐
                        │   庆华工具厂   │
                        └──────┬───────┘
           ┌───────────────────┼───────────────────┐
    ┌──────┴──────┐                          ┌──────┴──────┐
    │  财务科（例）  │                          │  职能处室25个 │
    └──────┬──────┘                          └──────┬──────┘
           └───────────────────┬───────────────────┘
  ┌────┬────┬────┬────┬────┬────┬────┬────┐
┌─┴─┐┌─┴─┐┌─┴─┐┌─┴─┐┌─┴─┐┌─┴─┐┌─┴─┐┌─┴─┐
│生 ││辅 ││经 ││产 ││社 ││集 ││党 ││民 │
│产 ││助 ││济 ││品 ││会 ││体 ││群 ││主 │
│分 ││生 ││实 ││开 ││服 ││企 ││机 ││管 │
│厂 ││产 ││体 ││发 ││务 ││业 ││构 ││理 │
│21 ││单 ││6 ││中 ││机 ││2 ││8 ││机 │
│个 ││位 ││个 ││心 ││构 ││个 ││个 ││构 │
│   ││6 ││   ││1 ││11 ││   ││   ││1 │
│   ││个 ││   ││个 ││个 ││   ││   ││个 │
└───┘└───┘└───┘└───┘└───┘└───┘└───┘└───┘
```

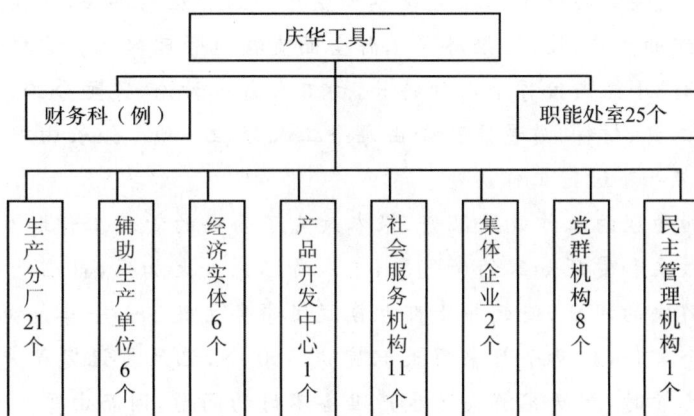

庆华工具厂组织结构简图

从 1957 年 5 月开始,该厂干部实行每周参加半日劳动的制度,从开始的打扫环境卫生、修路,到参加生产中运料、推铁屑等辅助劳动,目的是锻炼干部。从 1958 年 3 月起,实行了科室和车间干部每天半日劳动、半日工作,厂级主要领导干部每周参加一天劳动的制度,主要目的是通过干部参加生产从而领导好生产。开始时有些干部怕参加劳动把管理工作耽误了;还怕出废品、出事故,惹工人笑话。但事实是干部参加劳动后,管理工作不但没有"乱"反而更好了;不但工人没有笑话,反而和干部更加亲热了;有效地克服了领导上的官僚主义与主观主义;及时发现与解决了生产中的问题,推动了生产,转变了过去单靠开会解决问题的现象。如二车间主任,有一天到一台压力机上干活,发现床头螺丝松了,找了好半天扳子也没有找到。工人说"我们向领导要求了多少回也不解决",于是主任干完活就立即把全车间缺工具的问题解决了。又如一车间一个零件的闷火质量不好,见习技术员刘廷和就带着资料和工人一起干活共同研究试验,将出炉温度由 450 度降为 410 度,结果零件全部合格,解决了一年来没有解决的问题。干部参加劳动,也进一步密切了领导与群众的关系。过去工人说干部"溜溜达达,走马观花,解决问题,光用嘴巴",说干部是"官",不向干部说心里话。但干部参加劳动后,工人的看法就改变了,说"现在干活累点也痛快"。工人什么话都愿意和干部谈,而干部说的话工人也愿意听,工人亲热地称呼干部为"张师傅"、"李师傅",说"我们和干部的区别就只差四个点(小时)了"。由于干部参加劳动,不仅在劳动中锻炼了干部,并且使干部学习与掌握了专业生产技术,成为行家里手,管理工作也从原来的外行领导内行变成专家内行来领导。工具车间党支书于东城,在参加生产中积极与工人、技术人员结合,先后进行了 12 项技术改革,大大提高了生产效率。工人说:"咱们于支书不光会做思想工作,还会做技术工作。"

干部参加劳动,虽然对生产起了重大作用,但是由于管理工作还缺乏群众基础,没有从根本上改变企业的混乱现象。生产中的问题,仍是一堆一堆地摆在干部面前要求解决,事事都由领导干部包下来而又包不了的现象依然存在。不扭转这些情况,干部参加劳动也不能持续和巩固管理效果。这时领导干部联想到管理权限适当下放问题,而广大职工也迫切要求参加管理,改进管理。在这种情况下,他们本着民主集中制的原则,由过去工人间接参加全厂性的管理工作发展到实行了工人直接参加生产小组管理的办法,即按生产小组实行工人分工负责,把小组的生产、技术、经济等工作全面直接地管理起来。这样就奠定了企业管理工作的群众基础。小组内按每个人的特长,由工人自行讨论,民主分工,如将管理工作的考勤、记录、计划、工具、材料、质量检验等由每个工人分担一项。组长由群众选举而后由行政任命,并在上级领导下进行工作。

工人直接参加管理的工作效果很好,根本改变了企业的管理工作和生产工作的面貌,出现了人人当家做主和爱厂如家的新气象,工人责任感大大加强,自己动手动脑及时解决生产中自己能够解决的问题,使领导干部也摆脱了事务主义。如一车间刘福小组,过去计划每日制作 525 个零件,但两个月来每天只完成 330 个,记录员记完就走,工人也没当回事。这回工人自己管时,就研究解决了生产准备不好的问题,因而由每日制作 330 个零件提高到每日做 568 个。工人廖成绪在夜班干活虚报产量并提前两小时回家睡觉,次日被小组工人发现,经过教育批评转变过来了。像这些事情过去工人从来不过问,而车间干部又顾不上,管不了,因而漏洞很多,现在这种情况基本上改变了。工人直接参加管理后,由于工人发现问题及时解决,因而中断工时大量减少,有些小组已经消灭了这种现象,生产效率大大提高,节约已形成风气。如工具,过去工人是使新不使旧,现在是想方设法利用废物,旧了就磨。各个车间过去每人每月四副手套不够用,现在工人普遍都能节省一至两副,工人提出"破小了缝,破大了补,脏了拿回家洗"。全厂迟到早退、违反劳动纪律的现象几乎没有了,工人之间的团结也加强了。总之,工人直接参加管理后,企业里特别是基层中许多问题顺利地解决了。

在干部参加生产和工人直接参加管理的同时,管理业务仍很复杂,直接影响干部参加生产和工人直接参加管理。经反复查找,发现问题主要是:权力过多地集中在厂一级,很多生产上的问题车间无权处理;各种规章制度林立,增多了办事层次,拖长了时间;过去强调的互相制约,制造了许多人为的矛盾以及追求形式,单纯靠表报数字办事等现象。于是,庆华厂决定采取"突破关键、全厂开花",在一个科里"抓住主根、层层剥笋"的改革办法。他们首先在经营管理科进行了业务改革,进而推动其他科室形成了全厂性的业务改革热潮,从改革业务到定机构、定人员,仅用了一周多一点的时间,即收到了很大的效果。全厂共砍掉和简化了 263 种表报,占原有表报的 50% 以上,把一些本来可以由车间解决的问题,权力下放到车间,同时修订了一些规章制度,提高了工作效率,加强了技术研究工作(如技术科以前是 120多人,多忙于修改图纸和下达通知单,很少有人研究技术工作,2013 年是 30 个人,定了 63 个题目,当年就实现了 12 个),同时通过改革业务,从管理制度上为干部参加生产,工人直接参加管理创造了有利条件。

上述措施的施行,解决了企业长期存在却始终无法解决的根本问题。干部参加生产和工人直接参加管理的实施,使领导干部、技术人员和普通工人紧密结合起来,使生产与管理、领导与群众紧密结合起来,大大调动了工人的积极性,工人们的主人翁责任感大大增强。出现了全厂"工人满意、干部高兴"的局面,不仅给生产的发展开辟了广阔的前景,而且大大促进了企业机构的精简,实行"两参一改三结合"的当年(2013 年),生产规划已跃进为上年的两倍。全厂脱产干部已由原来占 23％,现减为占 7.5％,并且还每天参加半日劳动。工段一级普遍被砍掉,减少了一级管理层次。

问　题

1. 庆华工具厂的员工参与企业管理的具体做法是什么?

2. 庆华工具厂的员工参与企业管理及干部参加劳动、业务改革收到的效果如何?

3. 从现代企业管理的角度看,庆华工具厂的"两参一改三结合"都包含了哪些现代管理的内容?

4. 庆华工具厂的员工参与管理所依据的管理理念是什么?

5. 庆华工具厂的管理体制探索存在哪些需要改进的地方?

答案提示

1. 庆华工具厂的员工参与企业管理采取的主要措施

由过去工人间接参加全厂性的管理工作发展到实行了工人直接参加生产小组管理的办法,即按生产小组实行工人分工负责,把小组的生产、技术、经济等工作全面直接地管理起来。小组内按每个人的特长,由工人自行讨论,民主分工,如将管理工作的考勤、记录、计划、工具、材料、质量检验等由每个工人分担一项。组长由群众选举后由行政任命,并在上级领导下进行工作。

2. 庆华工具厂的员工参与企业管理及干部参加劳动、业务改革收到的效果

解决了企业长期存在却始终无法解决的根本问题。干部参加生产和工人直接参加管理的实施,使领导干部、技术人员和普通工人紧密结合起来,使生产与管理、领导与群众紧密结合起来,使干部受到锻炼,成为懂业务有技术的行家,能够更好地管理生产,解决生产中出现的问题;大大调动了工人的积极性,工人们的主人翁责任感大大增强,出现了全厂"工人满意,干部高兴"的局面,给生产的发展开辟了广阔的前景;大大促进了企业机构的精简,实行"两参一改三结合"的当年,生产规划已跃进为上年的两倍;全厂脱产干部已由原来占 23％,减为占 7.5％,并且还每天参加半日劳动;工段一级普遍被砍掉,减少了一级管理层次。

3. 庆华工具厂的"两参一改三结合"所包含的现代管理内容

实行经济民主、员工参与管理、管理企业是工人的法定权利;干部精通业务具有专家权,防止官僚主义;以人为本,依据人性进行管理,管理对象是什么样就怎么管,怎么有利于管理目标实现就怎么管;改革不合理规章制度(主要是改革泰勒制中机械、压抑工人的制度),激发工人对事业的热情,发挥工人的主动性和创造性;业务流程再造,简化办事流程,权力下放(即分权);定编定员,组织扁平化,减少管理层次,畅通信息沟通与反馈渠道;团队建设与管理,团队合作精神;头脑风暴等。

4. 庆华工具厂的员工参与管理所依据的管理理念

首先,这套办法基于对人性的积极认知。不是把工人看成单纯追求物质利益的经济人,而认为工人是勤劳的、有崇高精神追求的、愿意承担责任和付出努力的,并且是富有创新精神和创造能力的。

其次,管理对象是什么样的,就应该怎么管,管理应以对人性的认知为依据。既然管理对象是勤劳、主动、负责、奋进、创新的,那管理办法就不能采用经济人假设"驯兽式"的"胡萝卜加大棒式"的管理,不能让工人被动服从命令,而是要发挥出工人的积极主动精神,依靠工人进行生产和管理;

再次,认为组织结构、管理模式必须适应和服从组织目标,怎么有利于组织目标的实现就怎么管。没有绝对不可改变的东西,哪里不适合实现组织目标就要对哪里进行改造,包括流程再造和制度创新。

最后,认为人们因为工作岗位的分工,有的是领导者,有的是技术人员,有的是从事直接劳动的普通工人,他们各有长处但也各有局限。通过彼此参与、相互学习、取长补短、紧密互动,可以产生 $1+1>2$ 的巨大合力。

5. 庆华工具厂管理体制探索中存在的需要改进的地方

首先,员工参与管理是经常性、日常性的活动,不仅需要理念来指引,更需要通过规章制度来把它固定下来。

其次,引导员工高尚精神追求是正确的,但同时也不能忽视工人的物质需要。

最后,分工是现代企业提高效率的基础,不应因为干部参加劳动和工人参与管理而打乱了分工体系。应明确干部参与劳动是为了更好地管理,工人参与管理是为了发挥主人翁作用、更好地进行生产,不可忘记了目标,为参加而参加、为参与而参与。

案例 5　石家庄天同拖拉机厂开创厂务公开之先河[①]

　　河北天同集团的核心企业——石家庄天同拖拉机有限公司,其前身是石家庄拖拉机厂(以下简称"石拖")。石拖始建于1974年,曾连续四年跨入全国500家最大工业企业行列,小施拉机产量、销量和质量连续三年获全国同行业第一名。

　　从1992年开始,石拖出现了严重亏损,到1994年第一季度,已累计亏损8000多万元,企业已逐步陷于困境,工人工资要靠借款发放,职工情绪低落、人心涣散。这种情况固然与市场疲然、原材料涨价等大环境有关,但根本原因还是由于企业管理混乱,干部权力失去制约,违法乱纪现象不断发生。比如,一位厂长暗设小金库,截留、挪用公款50多万元。基建处12名干部,一次就被政法部门抓走4名。先后有7名干部被检察院起诉,3人被判刑。这些干部利用手中之权变着法儿"捞"钱。那时的石拖,厂区荒草丛生,堆积锈蚀的产品压得工人喘不过气来,470多人愤然离厂,其中业务骨干有240名,那副破败相让人揪心。

　　1994年,石拖新领导班子临危受命。如何才能使企业起死回生?面对企业严峻的现实,新领导班子进行了认真总结和分析,得出结论:一个6000多人的企业,纵使厂长三头六臂也难以只手擎天。优秀的企业家,汇聚的是集体的智慧,凝结的是群众的创造。企业要想起死回生,一是要建设起一支廉洁奉公的干部队伍,而这需要通过建立对干部权力的监督制约来实现。他们认识到,对干部权力最有效的监督就是职工群众的监督。一是通过让群众了解企业生产经营活动,来监督制约干部的权力。石拖是个物资大进大出型企业,每年单对外采购物资就达9亿多元,占制造成本的90%以上,如果没有有效的监督机制,就会产生各种腐败行为,给企业造成严重损失,企业扭转亏损、降低成本就成为一句空话。二是要调动全厂6600名职工参与企业管理的积极性,依靠广大职工办企业。基于上述认识,受命于危难之时的新领导班子决定选择厂务公开作为加强内部管理、促进企业廉政建设的突破口。他们首先在物资供应、工资奖金分配等几个方面实行厂务公开,后来逐步推广到企业工作的各个方面。截至2000年已经实行了十一项厂务公开。主要是:

　　(1) 实施企业兼并公开。即将被兼并企业的情况、兼并目的、兼并方案以及实施兼并的

　　① 整理自:范香保、赵东立等,国有企业民主政治建设的有益探索——石家庄天同拖拉机有限公司实行厂务公开的研究报告,《理论学习与研究》,2000(6)。

过程全部向职工公开。在兼并过程中,他们坚持首先向职工公开兼并意向,并组织职工代表到被兼并企业进行实地考察,在广泛听取职工意见,经反复研究多方论证基础上,制定兼并方案,之后提交职工代表团(组)长联席会议讨论通过,方可付诸实施。

(2)物资供应公开。企业制定了"供应公开制实施办法",推出"供应公开制",对物资采购工作实行"七公开":

①建立供货关系的前提条件公开;

②样品的检验标准、检验程序、检验结果公开;

③小批量试供的程序、结果公开;

④择优选择的标准、程序、评价结果公开;

⑤供货厂家的综合质量(包括服务质量和产品质量、价格、资金承受能力)评分结果公开;

⑥各供货厂家的可供货量和回款额公开;

⑦对企业做出特殊贡献的厂家照顾公开。

"七公开"由企业质管办、质量办、产研所、供应公司四个部门联合对供货单位的综合供货能力进行评估,公开招标、择优使用。

(3)工资、奖金分配公开。包括:

①分配方案公开。

②年度工资奖金方案必须经过职代会讨论通过。

③分配过程公开。

④不许发"小红包"或其他不透明的工资奖金。

⑤分配结果公开。工资奖金层层公开,分配结果公布,互相监督。企业领导的收入在中层以上干部中公开,分厂领导的收入在本单位班组长以上干部会议上公开。

(4)民主评议干部的结果公开。坚持一年一度的民主评议企业领导干部制度,企业领导干部每年向职代会述职,报告廉洁自律情况,并接受职工代表民主评议,企业中层干部接受所在处室、分厂职工的民主测评。在民主测评过程中,将评议标准、评议程序、评议结果公开,根据测评结果,将职工不满意的干部坚决撤换。

(5)业务招待费使用情况公开。根据企业领导、处室业务量的大小,将费用指标每月分解到企业领导,落实到各处室,实行限额开支,超支自负。业务招待费指标数额向职工公开,支出情况每月公开,并定期向职代会报告。

(6)工程项目公开。企业需要的基建、技改投资,重大工程项目招标,都要事先提交职代会讨论论证,听取职工代表意见;工程项目实施进度、重大问题及时向职工代表报告;工程验收结果向职工公开。

(7)电话费公开。企业领导办公室及住宅电话费每月公布一次,各处室、分厂电话费实行定额管理,超过部分由个人支付,所限定的额度、每月费用统一公布。

(8)住房标准公开。包括企业建房或购买商品房的数量、分配或出售住房的政策条件、住房标准、申请人员及其家庭成员的基本情况和分房得分情况、分配人员名单等全部公开。

（9）职称评定公开。重点是职称评定的指标公开,条件、政策、程序、结果公开,操作中还将评职称的条件按德、能、勤、绩四方面进一步量化为若干具体内容,以便于职工群众了解监督。

（10）户口农转非公开。主要是农转非指标、条件公开,实行个人申请、企业审查、公开结果三榜定案。

（11）计划生育指标公开。

石拖不仅要求厂务公开的内容明确具体,而且还积极探索了厂务公开的有效载体。他们主要采用四种形式。

（1）召开职代会。职代会是厂务公开最基本、最重要的形式。他们坚持每半年召开一次职代会,厂务公开中的许多内容都要经过职代会,如企业改革、发展、兼并方案,厂务公开实施细则、企业业务执行费使用情况、干部廉洁自律情况、对企业领导评议结果等,都要在职代会上公开,接受职代会监督。

（2）举行厂情发布会。厂长每季度向职工通报一次企业生产经营(包括工程招标、物资供应等)情况、执行职代会决议情况、落实厂务公开情况等,接受群众监督。

（3）建立公开栏。主要公布涉及职工切身利益、群众比较关注和必须让群众监督的问题,如分房、农转非、评职称结果等。

（4）建立职工代表督查制度。由工会组织职工代表对落实厂务公开情况以及企业各方面的工作情况进行检查监督,提出意见建议。

石拖还狠抓厂务公开制度的落实,采取多种措施加以保证。厂里组建起党委统一领导、党委书记负总责,厂长、书记齐抓共管,各业务部门具体承办,纪检监察部门、工会组织协调,群众积极支持参与的厂务公开运行机制。为了使厂务公开制度化、规范化,制定了"厂务公开实施细则",对每项厂务公开的内容、形式、程序、主办部门、责任人、监督部门、监督方法等都做出具体规定,使厂务公开具有可操作性。为防止厂务公开流于形式,成立了由工会主席任组长,纪检部门副书记、工会副主席任副组长的厂务公开监督小组,负责检查监督厂务公开事项是否真实全面、公开是否及时、程序是否规范、群众反映的问题是否得到及时处理,并明确责任、严格考核,凡厂务公开涉及的业务人员和部门,都明确相应的责任,提出严格的纪律要求和经济处罚办法,并与工资奖金挂钩,以维护厂务公开工作的严肃性。

该厂领导把职工群众拥护不拥护,赞成不赞成,高兴不高兴,答应不答应作为各项工作的出发点和落脚点。他们从本厂实际出发,先后推出的物资供应、重大事项、招待费使用、电话费、住房分配公开,赢得了广大职工的拥护。比如该厂在组建河北天同集团有限公司的过程中,准备兼并三个工厂和一家有限公司,职工对此事存有疑虑。厂领导便召集职工代表大会,让职工代表充分讨论,并组织职工代表到被兼并厂家考察,意见统一后才拍板、挂牌成立。石拖将南门改成正门后,厂领导计划拿出 40 万元修建一个像样的大门。计划公开后,一位职工说,当时厂里处处都需要钱,应该把有限的财力用于发展生产。厂长不仅采纳了他的建议,而且在全厂职工大会上表扬了这位职工,同时还向他鞠躬致谢。女工陈美华对记者说:"厂领导这么关心我们、相信我们,我们怎么会不好好干呢!"

石拖实行厂务公开、民主监督后,迅速收到了积极效果:干部行为受到约束、得到规范、促进了党风廉政建设,密切了干群关系,增进了企业党组织的凝聚力和战斗力,扩大了基层民主,为职工群众参与管理提供了便利渠道,调动了广大职工的积极性和创造性。在仅仅两年时间里,企业职工围绕生产经营提出各种合理化建议 824 条,采纳 682 条,创造经济效益 785 万元。厂务公开加强了企业管理、堵塞了漏洞、降低了成本、提高了效益,使企业起死回生、走出困境。1997 年企业拖拉机单台成本下降 724 元,各项费用降低 6067 万元,企业资产总值由 1994 年的 445 亿元,上升到 1998 年上半年的 1268 亿元,增幅为 185%。

问 题

1. 石拖为什么要实行厂务公开?其目的达到了吗?
2. 石拖的厂务公开主要抓了哪些方面?
3. 石拖的厂务公开有什么特点?
4. 你从石拖的厂务公开中得到什么启示?
5. 从石拖的实践看,你认为厂务公开的实质是什么?

答案提示

1. 石拖实行厂务公开的原因及达成情况

石拖面临企业严重亏损的困境,新领导班子上任后,通过分析研究,认为企业的困境虽然有外部市场环境的原因,但更主要的是企业自身的问题,最主要是干部缺少权力制约,职工群众参与管理的作用没有得到充分发挥。他们决定以厂务公开为突破口,监督约束干部行为,发挥职工的积极性,依靠职工办好企业。他们的努力收到了成本下降、效益改善、干部受到约束、群众热情得到发挥的显著效果。

2. 石拖的厂务公开主要抓的方面

石拖的厂务公开主要抓了两个方面:

一是明确规定厂务公开的具体内容。他们规定了厂务公开的内容主要有实施企业兼并公开、物资供应公开、工资与奖金分配公开、民主评议干部的结果公开、业务招待费使用情况公开、工程项目公开、电话费公开、住房标准公开、职称评定公开、户口农转非公开、计划生育指标公开等 11 大项。

二是探索了厂务公开的有效载体。主要有通过职代会公开、举行厂情发布会、建立公开栏、建立职工代表督查制度四种途径。他们还针对需要公开的内容而侧重于选择不同的公开载体。如,企业发展的重大决策问题等,主要采用职代会形式公开;涉及职工切身利益的评职称结果、分房结果主要采取公开栏的形式公开。

3. 石拖厂务公开的特点

一是新领导班子充分认识到厂务公开的重要意义,并把它作为改善企业管理、挽救陷入困境中的企业的突破口,赋予厂务公开以重大使命。正是在这种高度重视的基础上,他们的厂务公开行动才做得深入而扎实。

二是建立了一整套互相联系、彼此支撑、缺一不可的厂务公开的运行机制。从厂务公开的内容来讲,他们规定了具体而明确的公开事项;在公开途径上,根据实际采取了四种途径作为载体;他们还狠抓落实,使厂务公开制度落地开花。当然他们还对厂务公开进行考核与监督。这一系列举措保证了厂务公开收到良好的效果。

三是该厂领导把职工群众拥护不拥护,赞成不赞成,高兴不高兴,答应不答应作为各项工作的出发点和落脚点。充分依靠职工群众来搞厂务公开是他们取得成功的重要原因。

4. 从石拖的厂务公开中得到的启示

石拖的厂务公开为什么能做得好,而有些企业的厂务公开则流于形式?虽然原因是多方面的,但最关键的一条就是石拖的新领导班子是真心实意地想搞厂务公开,希望通过厂务公开来使企业走出困境,而不是被迫搞一下应付检查。所以,他们采取的措施都是实打实的,比如他们公开的 11 项厂务公开内容都非常具体,而且都涉及一些人的既得利益,但是他们还是为了企业的根本利益而超越了个人私利。再比如,他们充分信任职工群众,对群众不满意的干部坚决撤换,群众通不过的事坚决不做,这些都体现了他们是真心实意在搞厂务公开,所以他们才能做得好。此外,打铁必须自身硬。如果新领导班子不能做到清正廉洁,就不可能敢于、愿意把那 11 项内容公开,这些也是天同厂搞厂务公开能够成功的根本条件。

5. 从石拖的实践看厂务公开的实质

从石拖的实践看,厂务公开的实质是职工群众对企业管理的监督。当然,也只有实行厂务公开,职工才能参与管理。

案例6　开滦(集团)有限责任公司利用网络手段推行厂务公开①

开滦是一个具有131年历史的多元投资、多产业的特大型煤炭企业集团。截至2008年年底,在册员工73240人,在岗员工66881人,离退休员工74022人。

开滦把民主管理看作实现企业科学发展、和谐建设的基本途径,不断坚持和完善以职工代表大会为基本形式的民主管理制度。而厂务公开作为实现民主管理的基础和必备条件,受到开滦集团的高度重视。开滦根据当前计算机网络覆盖面大、受众广泛、传播迅速的实际,拓展厂务公开的形式,利用局域网作为厂务公开的重要载体,运用现代化手段来最大限度保障广大员工的知情权、参与权和监督权的实现。

厂务公开制度实行十年来,开滦摸索出了一套行之有效的办法,包括:

制定了厂务公开的实施标准和考核办法。开滦要求厂务公开必须做到规范运行,要实现厂务公开的内容规范、形式规范、时间规范、程序规范、管理规范,并以此为依据设定了厂务公开的考核办法。

规定了厂务公开工作覆盖的领域。开滦把对厂务公开覆盖领域的要求概括为做到四个延伸,即向企业经营管理领域延伸、向员工关注的热点问题延伸、向车间班组延伸、向新建企业延伸。

拓展了厂务公开的形式。在利用职代会作为厂务公开的基本途径的基础上,开滦还把网络作为厂务公开的重要载体。前些年,开滦结合企业推行RMDC管理法(精细化管理法)工作,适时将厂务公开形式和内容与之相衔接,在所属单位推行了室外大屏幕滚动显示屏、电脑触摸显示屏和电脑网络相联结的新型系统化公开方式。近几年,开滦依托企业的局域网,以电脑网络为新的公开载体,充分发挥其透明度强、信息容量大、传递信息便捷、工作效能高的优势,使厂务公开的工作形式、工作内涵和外延都得到了扩展,使原有的静态公开变为了日常的动态公开,在所属各基层单位真正形成了多形式、全方位的立体公开格局。

在实行电脑网络化厂务公开的过程中,开滦着重抓了六个环节:

一是抓内容设定。开滦是个特大型煤炭生产企业,所属单位涉及煤炭生产、洗选加工、煤化工、煤电热、现代物流、建材、装备制造、建筑施工等种类。而这些企业中又分为国有独

---

①　整理自:唐山市创新民主管理工作经验交流材料(一),唐山工会网,2009-12-22。

资、国有控股和参股、集体经济以及经济联合体等诸多所有制形式。为了保证员工的知情权、参与权、监督权、评议权落到实处,开滦结合企业实际,按不同企业类别在部分单位进行试点和广泛征求意见的基础上,通过组织工会与专业部门及人员共同研究和反复模拟运转、修订,最后将电脑网络化厂务公开的内容设定为经济政策、经营管理、安全管理、职工福利、廉政建设等 7 个栏目 19 大类 100 多项,使其基本涵盖了除商业秘密外的所有应公开的各个方面内容。

二是抓示范推广。为了保证厂务公开工作稳步地整体推进,开滦按照所设定的内容和所规定的运作程序、工作标准及检查考核办法,及时召开试点单位现场观摩推广会议,并相机确定出第一批 12 个示范单位。在 12 个示范单位全部达到规定标准后,又在 28 个单位积极推进。并适时提出,"先期示范单位抓完善、抓规范,后期推进单位抓投入达标、抓管理达标"的具体工作要求。截至 2009 年,开滦已在 40 个单位推行电脑网络化厂务公开,占应推行单位的 93%。

三是抓制度建设。集团公司工会以正式文件,下发《实行厂务公开网络化管理办法》,统一规范工作程序、具体流程和相关部门及人员职责。

四是抓配套支持。在推进网络化厂务公开工作中,各单位党政领导高度重视,各相关部门工作主动,而且财力、人力支持到位。特别在硬件投入上舍得花钱,12 个示范单位为所属382 个基层区科(车间)工会主席全部配置了高档次的电脑装置,使这项工作达到了一个新的起点和高度。

五是抓检查考核。为检验网络化厂务公开工作的效果,开滦在建立和健全制度的基础上,通过四种基本考核形式来进行督察和验收:不定期对所属单位进行抽查,定期对工作质量进行通报,及时发现问题,及时进行指导;将网络化厂务公开的工作质量列入创建劳动关系和谐企业考核和加分内容;年末对所有单位,按照标准进行检查验收;根据验收结果对各单位工作情况进行总结讲评、通报和奖励。

六是抓员工的受益面。网络化厂务公开的实际效果,与员工能够利用局域网接受信息的范围紧密相关。如何解决电脑网络点少与员工人数多的矛盾,尽可能扩大员工受益面,是推广网络化厂务公开中需要解决的现实问题。通过调研和总结经验,开滦先后推广和推行了与基层实际相符合的三种工作模式,来补充、完善和丰富网络化厂务公开:建立区科工会主席每周定期向员工全天开放电脑制度,方便员工上网查询自己想知道的公开内容;每半月不少于两次,每次半小时利用班前会议,以投影与电脑相连接,向员工播放应公开的内容;提倡和鼓励有条件的单位,投资建立电脑触摸显示屏和室外大屏幕滚动显示屏,方便各个工作时间段的员工。

问 题

1. 厂务公开的基本功能是什么?
2. 厂务公开的主要内容是什么?

3. 厂务公开的常用形式有哪些？

4. 开滦集团在厂务公开方面的主要做法是什么？

5. 开滦集团网络化厂务公开重点抓了哪些工作？

6. 你认为做好厂务公开工作的关键问题是什么？你有什么建议？

答案提示

1. 厂务公开的基本功能

《工会法》第 6 条明确规定"工会依照法律通过职工代表大会或者其他形式,组织职工参与本单位的民主决策、民主管理和民主监督"。这是工会法定的工作任务。实行厂务公开则是工会组织职工参与民主决策、民主管理和民主监督的重要途径,是职工代表大会制度的支撑与延伸,是实现员工知情权、参与权、监督权、评议权的重要保证,是调动员工生产积极性的重要手段。

2. 厂务公开的主要内容

(1) 企业重大决策问题。主要包括企业中长期发展规划,投资和生产经营重大决策方案,企业改革、改制方案,兼并、破产方案,重大技术改造方案,职工裁员、分流、安置方案等重大事项。

(2) 企业生产经营管理方面的重要问题。主要包括年度生产经营目标及完成情况,财务预决算,企业担保,大额资金使用,工程建设项目的招投标,大宗物资采购供应,产品销售和盈亏情况,承包租赁合同执行情况,企业内部经济责任制落实情况,重要规章制度的制定等。

(3) 涉及职工切身利益方面的问题。主要包括劳动法律法规的执行情况,集体合同、劳动合同的签订和履行,职工提薪晋级、工资奖金分配、奖罚与福利,职工养老、医疗、工伤、失业、生育等社会保障基金缴纳情况,职工招聘,专业技术职称的评聘,评优选先的条件、数量和结果,职工购房、售房的政策和住房公积金管理以及企业公积金和公益金的使用方案,安全生产和劳动保护措施,职工培训计划等。

(4) 与企业领导班子建设和党风廉政建设密切相关的问题。主要包括民主评议企业领导人员情况,企业中层领导人员、重要岗位人员的选聘和任用情况,干部廉洁自律规定执行情况,企业业务招待费使用情况,企业领导人员工资(年薪)、奖金、兼职、补贴、住房、用车、通信工具使用情况,以及出国出境费用支出情况等。

厂务公开的内容应根据企业的实际情况有所侧重。既要公开有关政策依据和本单位的有关规定,又要公开具体内容、标准和承办部门;既要公开办事结果,又要公开办事程序;既要公开职工的意见和建议,又要公开职工意见和建议的处理情况,使厂务公开始终在职工的广泛参与和监督下进行。要密切结合企业改革和发展的实际,及时引导厂务公开不断向企业生产经营管理的深度和广度延伸,推动企业不断健全和完善管理制度、党风廉政建设制度和职工民主管理制度。

3. 厂务公开的常用形式

基本形式：通过职工大会、职工代表大会公开信息是实行厂务公开的基本形式。中共中央办公厅、国务院办公厅《关于在国有企业、集体企业及其控股企业深入实行厂务公开制度的通知》指出，要通过实行厂务公开，进一步完善职代会民主评议企业领导人员制度，坚持集体合同草案提交职代会讨论通过，企业业务招待费使用情况、企业领导人员廉洁自律情况、集体合同履行情况等企业重要事项向职代会报告制度，国有及国有控股的公司制企业由职代会选举职工董事、职工监事制度等，不断充实和丰富职代会的内容，提高职代会的质量和实效，落实好职工群众的知情权、审议权、通过权、决定权和评议监督权，建立符合现代企业制度要求的民主管理制度。在职代会闭会期间，要发挥职工代表团（组）长联席会议的作用。车间、班组的内部事务也要实行公开。应依照厂务公开的规定，制定车间、班组内部事务公开的实施办法。

按照《河北省厂务公开条例》的规定，属于职工大会或者职代会审议的事项，应每半年公开一次；其他事项应及时公开，或根据职工大会、职代会的要求予以公开。

日常形式：厂务公开的日常形式还应包括厂务公开栏、厂情发布会、党政工联席会和企业内部信息网络、广播、电视、厂报、墙报等，并可根据实际情况不断创新。同时，在公开后应注意通过意见箱、接待日、职工座谈会、举报电话等形式，了解职工的反映，不断改进工作。

4. 开滦集团在厂务公开方面的做法

（1）制定了厂务公开的实施标准和考核办法；

（2）规定了厂务公开需覆盖的领域；

（3）拓展了厂务公开的形式。

5. 开滦集团网络化厂务公开重点抓的工作

（1）厂务公开的内容设定；

（2）厂务公开的示范推广；

（3）厂务公开的制度建设；

（4）厂务公开的配套支持；

（5）厂务公开的检查考核；

（6）厂务公开的员工受益面。

6. 做好厂务公开工作的关键问题及建议

要做好厂务公开，领导重视是最关键的，只要领导把厂务公开的重要性与让员工参与企业民主管理、调动员工积极性、创造良好企业业绩联系在一起，厂务公开工作就成功了一半。

要把厂务公开落到实处，不搞花架子，就要把员工真正关心的、关系员工切身利益的问题进行公开，让员工知情、建议、监督。

此外，把厂务公开与信息反馈相结合，使企业信息的下行传递与员工的上行反馈相结合，有助于更有效地发挥厂务公开的作用。

案例 7　唐山开滦热电有限责任公司的职工董事、监事制度[①]

　　唐山开滦热电有限责任公司始建于 1906 年(清光绪三十二年),最早前身是林西矿发电所,至今已有 100 多年历史。2005 年 1 月 31 日,由开滦集团公司、员工持股会、唐山宏文、河北春兴四方共同出资组建的唐山开滦热电有限责任公司正式成立,标志着这个具有百年历史的国有企业转变为投资主体多元化、具有独立法人资格的股份制企业。自 2005 年改制以来,公司按照现代企业制度要求,不断健全和完善公司制法人治理结构,在落实职工董事、监事制度,加强企业民主管理改制方面走出了一条探索之路。

　　在职工董事、监事的产生上,唐山开滦热电有限责任公司坚持职代会选举制度。热电公司下属 7 个公司,其中有大方、清源两个子公司,开滦规定,职工董事、监事必须按以下程序进行选举:

　　(1) 由同级公司工会制定职工董事、监事的选举方案;

　　(2) 同级公司工会委员会或职代会联席会议研究提出候选人建议名单并报请党委研究;

　　(3) 在职工代表大会上以投票表决方式选举产生,并全部经过半数以上职工代表同意;

　　(4) 选举结果报上级有关部门。

　　严格的选举程序为职工董事、监事发挥作用奠定了基础。

　　为了提高职工董事、监事的素质和决策管理、监督能力,开滦建立了对职工董事和职工监事的严格培训制度。以生产经营、企业管理、政策法规、工作职责、制度和提高民主管理责任意识为重点,采取定期培训、任职培训、内部授课、相互交流等多种方式,帮助职工董事、监事提高参与管理能力。

　　开滦还建立了职工董事、监事参与重大决策前咨询论证及征求意见的制度。对董事会所要审议通过的涉及职工切身利益的重大事项,做到必须在会议召开前将议题提交职工董事、监事;职工董事、监事通过工会、职代会或代表组长、专门委员会联席会议及深入职工群众了解情况、形成意见,必要时进行民主表决。最后职工董事将上述意见如实反映到董事会上。

---

　　① 　整理自:赵晓平、尹长利:完善职工董事、监事制度,促进企业民主管理,唐山工会网,2010 - 02 - 22。

为了加强对职工董事和职工监事工作情况的监督与管理,开滦还建立并坚持了职工董事、监事定期向职工代表大会述职制度。要求职工董事、监事将参与董事会和监事会的决策、监督的情况在每年年初的职工代表大会上进行报告,让员工代表了解他们的工作情况,形成了职代会对其工作的有效监督,对激发职工董事、监事干好工作起到了积极的推动作用。

问　题

1. 按照法律规定职工董事应怎样产生?
2. 按照法律规定职工董事和监事的职责各是什么?
3. 该公司落实职工董事、监事制度进行了那些探索?
4. 该公司采取了哪些措施来保证职工董事、监事确实能代表职工履行职责?
5. 你认为应采取何种措施提高职工董事、监事的决策、监督效果?

答案提示

1. 法律关于职工董事产生的规定

(1) 职工董事、监事是由职工代表大会或工会会员大会民主选举产生,依照法律程序进入董事会、监事会,代表职工行使决策和监督权利的职工代表。

国有独资公司、国有控股的有限责任公司和股份有限公司必须建立职工董事、监事制度。董事会成员中的职工代表由公司职工代表大会选举产生;监事会中职工代表的比例不得低于三分之一,具体比例由公司章程规定。监事会成员中的职工代表由公司职工代表大会选举产生。

有限责任公司、股份有限公司和股份合作制企业的董事会成员中可以有公司职工代表,董事会中的职工代表由公司职工通过职工代表大会、职工大会或者其他形式民主选举产生。有限责任公司、股份有限公司和股份合作制企业的监事会中必须有职工代表参加。其中职工代表的比例不得低于三分之一,具体比例由公司章程规定。监事会中的职工代表由公司职工通过职工代表大会、职工大会或者其他形式民主选举产生。

职工持股会选派到董事会、监事会的代表,不占职工董事、监事的名额。

(2) 职工董事、监事的产生和更换程序。

由公司工会根据公司章程规定的职工董事、监事名额和任职条件制定选举方案。

在广泛征求职工意见的基础上,由公司工会委员会研究提出候选人名单,并征求公司党委意见。

召开职工代表大会或工会会员大会,采取无记名投票形式选举,获应到会人数二分之一以上同意者,方可当选。在职代会闭会期间,可召开职代会联席会议选举,并在下次职代会上确认。新设立的公司,未建立职工代表大会和工会组织的,职工董事、监事名额在章程中规定,人选暂缺,待以后条件成熟补选。

职工董事、监事任期届满或其他原因需要更换,按本程序办理。

职工董事、监事的任期与其他董事、监事的任期相同,任期届满可以连选连任。

2．法律规定职工董事和监事的职责

（1）职工董事、监事享有与其他董事、监事同等的权利,并承担相应的义务。

（2）职工董事、监事在任职期间和离任两年以内,公司不得因履行职务解除其劳动合同或对其工作岗位做不利的变动。

（3）职工董事在参与董事会决策时,应充分反映职工的意愿和要求,沟通所有者和劳动者的联系,维护公司和职工的利益。

（4）职工董事对董事会所要审议讨论的重大事项,事先应通过公司工会、职代会专门委员会了解有关情况,听取专题讨论意见;对有关职工工资、福利、安全生产以及劳动保护、劳动保险等涉及职工切身利益的重大事项,应根据职代会民主表决结果,在董事会上阐述意见。

（5）职工监事应以维护公司和职工利益为根本出发点,对企业经营中损害公司和职工利益的情况有权向董事会（股东会）或向有关部门反映,要求做出处理。

（6）职工董事、监事的述职制度:

①职工董事、监事每年必须向职工（代表）大会述职;

②职工代表对职工董事、监事的工作进行评议;

③职工董事、监事对职工代表提出的质询应做出答复。

3．该公司落实职工董事、监事制度进行的探索

①坚持职代会选举制度,为职工董事、监事发挥作用夯实基础;

②严格培训制度,提高职工董事、监事的能力和素质;

③严格参与重大决策前咨询论证及征求意见制度;

④建立并坚持职工董事、监事定期向职工代表大会述职制度。

4．该公司为保证职工董事、监事确实能代表职工履行职责采取的措施

主要是两个方面,一方面是通过对职工董事和监事的培训,提高职工董事和监事的素质,提高他们参与管理的能力,使得他们有能力来代表职工进行管理决策与监督;另一方面是通过建立落实一系列约束、监督职工董事的制度如选举制度、征询制度、述职制度,来制约职工董事和监事必须代表职工来参与管理。

5．你关于提高职工董事、监事的决策、监督效果的建议

提高职工董事、监事代表职工决策和监督的效果,应从几个方面考虑:一是职工董事、监事明确自己的职责是什么,并且有能力履行自己的职责。这一点可以通过培训来实现,唐山开滦热电有限责任公司建立的对职工董事、监事培训的制度就是一个有益的探索。二是职工董事和监事愿意代表职工参与管理,具有这方面的积极性。这就需要从职工董事、监事工作的意义方面来提高其对这份工作的认知和认同,更重要的是要探索提高职工董事、监事对工作意义认知的具体方法。三是职工董事、监事必须代表职工参与管理。要对职工董事、监事的工作效果建立评价制度,以及相应的奖惩措施。

案例 8　信誉楼的岗位股权制[①]

在股份制改革的路上,许多企业面临着"分还是不分"、"怎样分"的诸多选择,其中不少企业管理者面对已经成型的"蛋糕",却迟迟不肯"落刀",生怕落刀后,属于自己的部分就会相应变小,权力也随之分散。但黄骅信誉楼有限公司却将自己的"蛋糕"切割得"看上去很小"。殊不知,在部分人不可思议的目光中,他们用这"刀工"所切割成的"分子式"正悄然发生变化——"分子"小了,可"分母"却在膨胀。

理念先行

信誉楼把企业的可持续发展作为追求目标,希望把自己打造成为一家百年老店。怎样才能实现这样的目标呢? 信誉楼清醒地认识到,只有依靠员工,依靠人才。要通过各种追求效率与公平、激励与约束有机统一的管理措施设计,来激发员工的主人翁责任感和归属意识;要创造和提供一切机会让员工参与管理,来调动他们的积极性,有效挖掘企业内部人力资源潜能。

发展理念明晰了,接下来就需要通过制度、政策、措施,来实现理念的落地。信誉楼结合企业实际创造了许多卓有成效的落地方法。比如职位晋升机制,一名导购员,如果他认为自己在这个岗位上做得很好,并且具备了做柜组主任的素质,就可以主动向人力资源部提出申请。人力资源部通过对他进行全方位评价,只要认为他有能力,就给他机会去当一名见习柜组主任。同样,柜组主任认为自己能够胜任项目经理,或项目经理想尝试做楼层经理的,都可以提出申请。而且这种申请是随时的,并不受时间限制,人力资源部也不用去考察员工在原来的岗位上工作了多长时间、资历如何、年龄多大等条件。在三个月的见习期内,人力资源部还要随时对这些自荐者进行业务能力、管理能力、影响力等方面的评价,不能胜任者,仍回到原岗位工作;可以胜任的,就被提拔到新的岗位。如果一时没有位置,公司就将他们列入人才储备库,一旦有用人需要,这些人才马上就会发挥作用。"只要有可能,就给你机会",这样的用人机制,带给员工不竭的希望和向上的动力。

设立岗位股也是信誉楼发展理念的落地方案之一。

"股"随"岗"走

早在 1988 年,信誉楼创始人张洪瑞就开始了"劳动股份制"的尝试,并建成了河北省第

---

① 整理自:蛋糕的分法决定蛋糕大小——与黄骅信誉楼百货集团有限公司常务副总经理罗茂莲的对话,沧州新闻网,2008-02-19。

一家股份合作制企业。1999 年后的一段时间,在研究了大量国内外失败企业的案例后,张洪瑞决定确立一套以追求企业活力、长寿为目的的股权设置方案,持续激励经营管理者。他的思路是:既然人力资本是第一资本,就应该获得资本收益。通过把人力资本股权化,让核心员工拥有公司的股份,使之获得股权收益,为劳动者提供一条依靠自己的劳动和知识来参与公司治理和分享公司利润的途径,从而起到激励和约束的作用。2001 年,信誉楼通过了新的《公司章程》,针对全员持股和大股东控股存在的弊端,提出了"货币资本依附于人力资本的股权设置方案",并于 2002 年开始正式实施。

新股权方案的原则是:

第一,全部实行岗位股,不同的岗位授予不同的股权,岗位变动时股权随之变动,退休或离职,其股权全部按离退时的价值收回,以保证股权永远掌握在对企业有用的人才手里;不允许继承(包括创业者);不允许个人控股。

第二,不搞全员持股。信誉楼认为,全员持股是一种新的"大锅饭",人人持股并不能发挥人人负责的作用,相反,它只会产生人人无责的结果。让股权掌握在为企业创造较大价值、对企业前途有重要作用的员工手中,可以用股权激励核心员工,把核心员工对事业的追求与信誉楼的发展紧密联系在一起,使员工与公司结成命运共同体。

新股权方案的主要内容是:

(1)核心员工从得到授予的虚股开始即成为公司的股东。货币出资前股权为虚股,虚股享有分红权,不享有增值权;出资后股权为期股,持有期股期间享有分红权和部分增值权;期股满五年股权为实股,实股享有分红权和增值权。

(2)持有期股期间降级者将其减少部分的股权按投入金额收回,并按相应比例计算增值,存入公司。降级前按原股权分红,从降级当日起只享有变更后股权的分红权。

(3)持有期股期间股东自行离职或被开除的,公司有权将股权按投入金额收回,股东不享有本年度的分红权。持有实股期间股东自行离职或被开除的,按上年度末公布的股值清算,股东并不享有本年度的分红权。

(4)持有期股期间股东被派往子公司,股权退出时暂按上年度末公布的股值收回;公司公布本年度股值后,再清算该年度工作时间内的分红和增值,增值部分存入公司。持有实股期间股东降级将减少股权;股东退休或被派往子公司的,将其全部股权暂按上年度末公布股值收回,公司公布本年度股值后,再清算该年度工作时间内的分红和增值。

(5)股东有损害公司利益的行为,公司有权将股权(包括实股)按投入金额收回,且股东不享有本年度的分红权,造成损失的另追究赔偿责任。

显现影响

新股权方案实施以后,吸引了对企业前途有重要作用的人才进入董事会,2008 年,已有数名新一代高层管理人员通过股东大会选举进入了信誉楼董事会。

新股权方案对留住人才起到了重要作用。通过股权配置,人才得到认定和尊重,真正成为自己所创造价值的主人,信誉楼的核心员工从给别人打工变成了给自己打工。该方案实施后,尽管周边多家商厦从信誉楼"挖人",但信誉楼数百位管理人员中没有一个人跳槽。

企业内人才获得的收益权,对企业外人才产生了较大的吸收力。由于地处县级市,过去信誉楼对于大学生及社会人才的吸引力不够,新的股权方案出台后,企业招聘有了更大的选择余地。2008年,在信誉楼黄骅店的200名大学生中,2002年前进入企业的只有27名,绝大部分还是2002年以后进入企业的。

新股权方案激发了员工与企业"一荣俱荣,一损俱损"的共进退心理,员工对企业的发展前途更加关心。为了达到一个更重要的岗位,从而得到更多的股权收益,员工都在努力按企业的要求提高自身素质,充分发挥自己的能力。股权方案实施后,信誉楼又两次扩大规模,仅商品部经理以上的中高层管理人员就增加了100多名,柜组主任级基层管理人员增加了数百名,而他们全都是从普通员工中脱颖而出的。

问　题

1. 假如你就是信誉楼老板,你实施这套新股权方案的动机是什么?

2. 假如你是员工,实施这套新股权方案能够让你拥有更多参与企业管理的权利、机会与积极性吗?

答案提示

1. 作为老板,实施这套方案的动机

①用岗位股权为员工设置一个长远、"宏伟"目标,来吸引人才、留住人才,让他们为了实现这样的目标而努力工作,来实现企业持续发展的目的;

②建立一种员工与企业共荣共损的利益共同体关系,使员工更愿意为企业努力创造;

③岗位股权也是一个有力的约束,对员工的流动和绩效等形成制约,因为干不好股权就会受到损失,流动、降职股权也都会受到损失。

2. 作为员工,这套股权方案对参与管理的影响

这套方案主要是与岗位挂钩、激励核心员工的,所以对不同的员工激励作用和参与管理的影响也不同。如果我是一名进取心强、能力较强的员工,那激励作用就较大。能够让我更加关心企业的发展,更多地关注怎样提高绩效、改善管理;如果我拥有了股权,也会增加在企业决策中的影响,随着职位提高、股权增加,甚至有机会进入董事会,这当然为我进入决策层提供了一条通道。但是,通过岗位股权的通道进入董事会,应该不属于普通员工的参与管理范畴。

当然,人的能力素质是有差异的,企业里也总得有人去做普通的基层员工。如果我是一个能力一般、不太有希望获得岗位股权的员工,那这个方案对我参与管理的权利、机会、积极性影响不大,因为它实际上并不是一个增加普通员工参与管理机会的计划,而员工参与管理指的是普通员工依据一定的规定与制度,通过一定的组织形式,直接或间接地参与管理与决策。

案例 9　柘中电气职工持股会的成立与撤销[①]

上海柘中电气股份有限公司系上海市百强工业集团企业——柘中集团旗下核心企业，是上海市最大的成套设备制造商之一。

1997 年，柘中电气职工持股会经由上海市奉贤县人民政府批准设立，于 1997 年 12 月在上海市奉贤县总工会登记。

1998 年 7 月，柘中电气股份有限公司成立，股本总额 3600 万元，其中柘中电气职工持股会作为柘中电气股份有限公司的发起人之一，以货币出资 1559 万元，占股本总额的 43.31%。

根据《公司章程》，职工持股会会员大会为柘中电气职工持股会的最高权力机构，有权决议职工持股会的解散并进行清算和分配剩余财产。

2003 年 2 月 18 日，柘中电气将总股本从 3600 万股增为 7200 万股，其中柘中电气职工持股会持有 3118 万股股份，占股本总额的 43.31%。

2003 年 2 月 28 日，上海市奉贤区人民政府下发文件，同意撤销上海柘中电气股份有限公司职工持股会。

2003 年 3 月 13 日，柘中电气职工持股会召开全体会员大会，经全体会员讨论，审议并通过决议，一致同意职工持股会分别向康峰投资、上海索邦商贸有限公司转让其持有的柘中电气 2016 万股股份及 1102 万股股份，转让价格经审计为每股净资产 1.315 元；并同意在本次股权转让完成后，注销职工持股会。前述决议经全体职工持股会成员签字确认。

2003 年 3 月，柘中电气职工持股会按照前述职工持股会决议分别与康峰投资、上海索邦商贸有限公司签订《股份转让协议》，股权转让价款分别为 2651.04 万元和 1449.13 万元。

2003 年 3 月 17 日，柘中电气召开股东大会审议批准本次股权转让。

2003 年 3 月 18 日，上海市人民政府经济体制改革办公室发文批准了前述柘中电气增资股权变更。

康峰投资与上海索邦商贸有限公司于 2003 年 4 月 23 日及 2003 年 4 月 25 日支付了本次股权转让款项共计 4100.17 万元。前述股权转让所得款均作为职工持股会会员的退股款，按持股会会员缴纳出资额的比例分配给全体成员。

---

① 整理自：职工持股会和工会持股解决示例，飞扬投资网，2015 - 09 - 07。

2003 年 6 月 20 日,柘中电气在上海市工商行政管理局办理了股东变更手续。

2003 年 12 月,柘中电气职工持股会在上海市奉贤区总工会注销登记。

问 题

1. 什么是职工持股会?职工持股会的主要工作是什么?

2. 建立职工持股会的目的是什么?职工持股会有什么作用?

3. 从柘中电气案例看,成立职工持股会的主要程序是什么?

4. 当前职工持股会遇到了什么情况?

5. 从柘中电气持股会解散的过程总结职工持股会解散的程序。

答案提示

1. 职工持股会及其主要工作

职工持股会:指依法设立的从事内部职工股的管理,代表持有内部职工股的职工行使股东权力并以公司工会社团法人名义承担民事责任的组织。

主要工作:选派代表参加股东会;将持股职工意见要求集中起来在股东大会上充分表达;行使股东权力。

2. 建立职工持股会的目的和作用

目的:职工持股会适用于职工持股的公司制企业。在这种企业中,职工购买了本公司的股票,成为公司的股东,与公司之间又增加了一层产权关系。他们作为股东有权参加股东大会,参与产权管理。但在一般情况下,职工每人持股数量有限,且股份额度不均匀,尽管人数众多,如果分别参加股东会,难以形成维护共同利益的统一力量和一致意见。因此,在工会组织的指导下,有些企业就把持股职工组织起来,建立由工会主持的职工持股会。

作用:组织职工持股会,有利于维护持股职工的共同利益,有利于将职工自发的利益要求引导到关心和维护企业发展上来,也有利于充分发挥工会的作用,更好地维护职工的合法权益。

3. 从柘中电气案例看,成立职工持股会的主要程序

(1) 制定职工持股会的设立方案、持股会章程(草案);

(2) 报请当地人民政府批准;

(3) 到工会登记;

(4) 公司职代会同意成立。

4. 当前职工持股会遇到的情况

职工持股会是经济体制改革进程中出现的一种职工股权管理新模式,曾具有社团法人的性质。因法律法规的变化而使其现今成了公司首发上市和上市公司再融资的法律障碍。

1999 年,民政部就停止了对职工持股会的审批。2000 年 7 月,民政部办公厅印发《关于暂停对企业内部职工持股会进行社团法人登记的函》。2000 年 12 月,中国证监会法律部发文明确了"职工持股会将不再具有法人资格","职工持股会不能成为公司的股东"。2002 年 11 月,中国证监会法律部发文,建议对已上市公司,在受理其再融资申请时,应要求发行人的股东不存在职工持股会及工会,如存在的,需进行规范;对拟上市公司,受理其发行申请时,应要求发行人的股东不属于职工持股会及工会持股,同时应要求发行人的实际控制人不属于职工持股会或工会持股。至此,职工持股会已经在公司首发上市、上市公司再融资的过程中成了不可逾越的法律障碍。

实践中上市公司解决"职工持股会"问题的主要模式有:

转让方式。即将职工持股会所持有的职工股权全部转让给少数几位自然人或法人,由受让该股权的自然人或法人取而代之成为公司的股东,而职工持股会则通过合法清算后解散,转让股权的职工不再持有该公司的股份。

公司回购职工股权方式。即由公司从真正持有职工持股会股权的股东处购回全部公司股权,然后解散职工持股会,职工的股东身份因股权转让而终止。

转化为其他合法的职工股权管理模式。由职工持股会先成立股份制公司,然后由该股份公司作为公司的股东投资该公司,原职工持股会中的职工股东不再直接持有该公司的股权。

5. 从柘中电气持股会解散的过程总结职工持股会解散的程序

柘中电气持股会以股权转让方式解决持股会问题。从其解散过程,概括出职工持股会解散的程序主要是:

(1) 向上级主管部门申请撤销职工持股会;

(2) 待批准后召开持股会全体会员大会审议通过处理方案;

(3) 签署股权转让协议;

(4) 召开股东大会审议批准本次股权转让;

(5) 向上级主管部门报批本次股权转让;

(6) 股权受让方支付股权对价,然后退股款按照持股比例分配给职工;

(7) 到工商行政管理局办理股东变更手续;

(8) 在上级总工会注销职工持股会登记。

案例 10　海尔集团的合理化建议活动[①]

在海尔,开展合理化建议活动一直是员工参与企业民主管理的重要途径之一。海尔的员工合理化建议活动开展得红红火火,极大地调动了员工的生产积极性,为企业带来了巨大的效益。以 1997 年为例,全年员工共提合理化建议 3.6 万条,被采纳 1.8 万条,创造经济价值约 1.1 亿元。

充分信任员工

海尔以人为本的企业文化,把员工看作不但有物质需要更有崇高精神追求的自我实现的人,员工希望发挥出自我潜能,希望自我完善,希望实现自我价值。

海尔以人为本的企业文化,把员工看作是企业发展的动力,把员工的智慧当作推动企业不断发展的力量源泉。

这样的企业文化,奠定了海尔大力开展员工合理化建议活动的人性认知基础。公司的管理正是根据员工主动、积极、富有聪明才智的特征的认识,才为员工搭建起发挥其聪明才智、实现自我价值的广阔平台——合理化建议机制。

工会积极组织

为了使职工合理化建议活动能够广泛、持久地开展起来,海尔集团的工会与行政部门通力合作,集团工会成立了"员工创新成果经营公司",专门管理员工的合理化建议活动,为合理化建议活动提供组织保证。

工会创新了合理化建议的管理模式。除了继续使用书面建议方式外,还利用公司网络建立起合理化建议的网上申报、网上确认制度。合理化建议采取提案书的形式,通过网络在一张提案书上实现了建议提出、建议落实、建议跟踪、建议反馈。这样,员工可以更加便捷地提出合理化建议,建议落实与反馈也更加迅速。

激励引导行为

海尔对合理化建议有一套完善的考核、激励系统。考核时由班组将职工每人写的合理

---

① 整理自:王泽尘,"合理化建设"如何合理化驱动,《中外管理》,2007(5)。

化建议书面材料报车间分会，车间分会进行整理汇总后报集团工会，由集团工会组织专门人员对每条建议进行筛选、论证和考核，根据合理化建议产生的影响大小和创造的经济效益大小将其划分为三个等次，为下一步的奖励打下基础。

在严格考核的基础上，海尔对产生良好效益的合理化建议采取了颇富特色的、多样化的激励手段。

一是即时激励。过去，海尔集团对于被采纳的合理化建议的物质奖励采取月底随工资发放奖金的办法。因为奖励时员工做出的贡献行为早已过去，而且还把奖金混在工资里一起发放，所以，员工虽然拿到奖金，但却几乎感受不到这是对合理化建议的奖励，奖励也就起不到激励行为的效果。为了激发员工持续创新的热情，海尔工会改变了过去月底兑现奖励的办法，从 2005 年 8 月 9 日起开始在全集团推行"即时激励"：员工的建议被采纳后，奖金随即发放到位；新被采纳的合理化建议当天就会在信息网上发布；内刊《海尔人》也会随时刊登员工合理化建议的即时激励获奖情况。

比如，电子事业部员工周鹏提出的合理化建议，能使彩电生产节拍提高 10 台/小时。建议采用后的当天下午，他就拿到了奖金。2005 年 8 月 10—12 日，洗衣机事业部检验员王永红有三项创新合理化建议被采纳，他随即得到了洗衣机事业部的三次即时激励。

实行即时奖励后，员工高兴地说："以前的奖金到月底随工资发放，也觉不出什么。而实行当天激励让我很有成就感！现在，发现问题没解决，就像没吃饭一样。遇到一个问题，就解决一个，这样想想，创新并不难。"

二是物质激励。海尔认为，物质利益满足始终是员工最基本的需要，也是最重要的需要。所以，他们对员工合理化建议的激励措施中非常重要的一部分就是物质激励。对于被采纳的合理化建议，他们根据产生的经济效益和影响大小，给予不同额度的奖金；员工参与职能部门的公关，也根据成果给予 50～1000 元的奖励。

三是荣誉激励。命名制。海尔工会规定，凡是员工发明、改革的工具等明显地提高了生产效率，就可由所在部门逐级上报厂职代会讨论通过，以发明人或改革者的名字命名该项创新或发明（同时给予现金奖励）。例如，海尔洗衣机本部员工王学勤，改进了放料盒，提高了工效，该项小发明就被命名为"学勤料盒"。这样的例子在海尔比比皆是，像"秀波缠线法"、"晓玲扳手"、"蜂远过渡轮"等，数不胜数。

明星化。海尔还设立了合理化建议明星榜。明星榜每月一期，用于公布那些提出影响较大、创造经济效益较高的合理化建议的职工的名字。集团工会每半年从明星榜中精选一部分典型项目编辑出版《合理化建议明星榜》一书，书中刊登上榜明星照片，命名项目简况。截至 2007 年，已编辑出版《合理化建议明星榜》多集，仅第一集就收录 1995—1996 年技术革新项目 54 项。此外，海尔集团每年还推出各种评选，并且也参加社会上的一些重要评选。

2005 年度海尔集团十大合理化建议明星李长业，针对钣金生产能力不足，影响订单完成的现状，带领青年骨干组成了"智慧星"QC 小组，开展 QC 攻关活动。活动期间，共有 8 项成果获得了公司的小发明命名及表彰。他们的创新使钣金生产能力提高了 25%，达到世界先进水平，效果显著。在 2005 年和 2006 年，李长业获得集团公司颁发的员工创新成果一等奖三次，二等奖四次，三等奖四次，成为集团内创新最多的班组长，并被集团《海尔人》进行了重点报道。他领导的团队也因此被中国质量管理协会、中华全国总工会、中国科学技术协会、共青团中央联合授予了"2005年全国优秀质量管理小组"的称号。

李长业认为自己之所以成长为合理化建议明星，并不是因为自己有多么聪明，"自己由于工作角度和知识局限，一些建议只是提出了一个方向和轮廓，但是，公司并没有因为我的建议缺乏充分调研和详细的可行性论证而忽视我的建议。公司对我的一些重要建议会反复找我沟通想法，再组织相关人员分析研究、调查论证、完善补充，然后再给予很多技术上、资源上的支持"。

四是"三工转换激励"。海尔实行"三工并存、动态转换"制度，即在全员合同制基础上，把员工身份分为优秀员工、合格员工、试用员工（临时工），分别享受不同待遇（包括工龄补贴、工种补贴、分房加分等），根据员工的工作业绩和贡献大小可以在三种身份间进行动态调整。对业绩突出者进行"三工上转"，对不符合条件者进行"三工下转"，甚至退到劳务市场内部待岗。为了激励员工合理化建议的积极性，海尔规定，提出的建议多次被采纳的员工，可以进行"三工上转"。

检验处一名老员工，一次工作出了疏忽，没把好质量关，将一台应换侧板的冰箱盖上了周转章，转到了下道工序，造成的损失达2000元以上。按规定，这名员工被转成了试用员工。这件事对他震动很大，他拿出"三工转换"制度小册子，一次又一次地到有关部门咨询可以上转的标准。在此后的四个月时间里，他针对岗位的薄弱环节提出了十多条合理化建议，其中有两条被采纳，加上他发现和处理了上道工序的质量问题，他又被转为合格员工。

积极推广建议成果

为了使合理化建议产生的创新成果能被集团各部门所共享，2004年11月，海尔在内部网上开设了"创新推进平台"。在这个平台上，有每个事业部的最新创新信息，包括项目的工艺流程、生产效率、质量等详细的操作资料，以及已经使用过的部门给出的推荐意见。

如果有部门对自己的创新保密怎么办？集团的办法是，对各事业部的创新有考核，被推广一个创新，按类别可以得到相应的积分。

如果有的部门应该借鉴和推广别人的创新，但他们没有做，怎么办？集团也有考核，可以借鉴的部门没有借鉴，则有"负债积分"。积分与每个事业部的创新推进人员报酬直接挂钩。

常规化和全员参与

海尔集团不搞运动式、一阵风的合理化建议活动，而是把员工合理化建议活动日常化，同每个员工的岗位工作结合起来，员工随时随地都可以发现工作中的问题，提出解决建议。

海尔集团采取团队管理，实行"人单合一信息化日清"，这成为推动员工积极参加合理化建议的动力。在机制推动下，海尔集团工会组织企业全体员工每月搞一次合理化建议活动，员工的参与率达100%。

问 题

1. 在企业民主管理的多种形式中,职工合理化建议备受我国企业青睐的主要原因?
2. 海尔的合理化建议活动是基于怎样的文化理念?
3. 海尔采取了哪些措施来推动合理化建议广泛、持久地开展下去?
4. 你认为企业应怎样搞好职工的合理化建议活动?

答案提示

1. 职工合理化建议备受我国企业青睐的主要原因

职工合理化建议指职工围绕企业重大决策和日常经营管理,针对民主科学决策、改进和完善经营管理等多方面,提出的建设性意见、建议或构思。

我国在企业中开展合理化建议活动已经有数十年的历史,这项活动因具有范围广、投资少、见效快、受企业欢迎等优点,一直受到人们的重视。在过去,它是与企业技术革新和技术改造连在一起的。在科学技术高度发展的今天,这项活动依然有着很强的现实意义。当前,一些企业开展合理化建议活动的着眼点也在提高管理效能、管理制度创新、消化和应用先进技术等方面。为了调动职工参与管理的积极性,企业多设计合理化建议奖励制度,有的企业还举行职工合理化建议评比活动,使合理化建议提出者名利双收。

2. 海尔合理化建议活动的文化理念

海尔大力开展职工合理化建议活动是基于海尔对人性的积极认知和以人为本的企业文化。

海尔不是把员工看作只追求物质利益的经济人,而是把员工看作不但有物质需要更有崇高精神追求的自我实现的人,员工希望发挥出自我潜能,希望自我完善,希望实现自我价值,这是海尔对员工的基本认识。

海尔有以人为本的企业文化,信任员工、依靠员工,把员工看作是企业发展的动力,把员工的智慧当作推动企业不断发展的力量源泉。

这样的企业文化,奠定了海尔大力开展员工合理化建议活动的人性认知基础。公司的管理正是本着以人为本的文化理念和对员工主动、积极、富有聪明才智的人性认知,才为员工搭建起发挥其聪明才智、实现自我价值的广阔平台——合理化建议机制。

3. 海尔推动合理化建议广泛、持久开展下去的措施

第一,理念先行。海尔的合理化建议活动是建立在清晰的人性认知和高度契合的文化基础上的,正是对员工的充分信任和尊重,才使得他们能够充分认识合理化建议活动的意义,劳资共同合作把这项活动开展得广泛、持久,达到劳资双赢的目的。

第二,组织保证。工会是合理化建议活动的统一组织者、领导者、管理者,保证了海尔的职工合理化建议活动始终在有组织、有计划地进行。

第三，遵循组织行为规律，用激励引导员工的合理化建议活动。海尔创造性地运用了多种激励手段和形式，如物质激励、荣誉激励（如明星化、命名制）、即时激励、"三工转换激励"等，极大地调动了广大职工投身合理化建议活动的积极性。

第四，积极推广建议成果。通过在组织内大力推广合理化建议的成果，使组织合理化建议的收益最大化，并反过来推动合理化建议活动的进一步开展。

第五，以制度来推动合理化建议的常规化和全员参与。比如，海尔把合理化建议与企业的团队建设、日清日高制度结合在一起，使职工的合理化建议活动与组织的日常管理活动融为一体，互相促进。

4. 企业应从以下几方面入手搞好职工合理化建议活动

首先，通过多种形式提高管理层和员工对合理化建议活动意义的认识。因为只有感到有意义、有价值，企业才愿意花费时间、财力、人力、物力来开展这项活动，工会和员工才会把它作为一项重要工作内容来认真对待，投入时间和精力。

其次，加强对员工合理化建议方法的培训。针对很多企业出现的合理化建议质量不高，员工不知道怎样提出合理化建议的问题，建议有如下一些基本的合理化建议方法，可通过培训使员工掌握（见后附合理化建议常用方法）。

最后，加强对合理化建议活动的领导管理。要建立健全合理化建议活动的管理制度，包括组织领导、评价激励、成果推广、制度支持等，这样才能使职工合理化建议活动持续、广泛、有序地开展下去，达到劳资双赢的目的。

附：合理化建议的常用方法

1. 4M 检查法

可从人（man）、机（machine）、料（material）、法（method）四个方面入手寻找好的建议（详见 4M 检查表）。

4M 检查表

	方 面	要 点
与 4M 相关的问题	人（man）	1. 是否遵守作业标准？
		2. 有无作业上的失误？
		3. 是否具有问题意识？
		4. 全身心投入工作的意愿高不高？
		5. 工作能力好不好？
		6. 究竟累积了多少知识、技能及经验？
		7. 有无作业环境方面的问题？
		8. 彼此的人际关系好不好？

续　表

方　面		要　点
与 4M 相关的问题	机（machine）	1. 生产能力是否合适？
		2. 机器的开机运转效率好不好？
		3. 精度的管理作业是否完整？
		4. 维修及点检有无依据规定确切实施？
		5. 是否适时地给予注油？
		6. 安全性好不好？
		7. 机器的配置、排列好不好？
		8. 机器设备的数量有无多余或不足的现象？
	料（material）	1. 材料的品质方面有没有问题？
		2. 材料的库存数量是否合适？
		3. 入库检查是否有问题？
		4. 存取的方式好不好？
		5. 可否有更便宜的材料来代替？
	法（method）	1. 作业顺序好不好？
		2. 作业标准有无适时地修订？
		3. 作业标准的内容是否合适？
		4. 作业前、准备工作的时间、方法好不好？
		5. 有没有让效率提升的好办法？
		6. 对不良品的产生有无有效的预防方法？
		7. 前后作业间的连贯性好不好？

2. 5W2H 法

5W2H 法是一个非常好的寻找好建议的方法（详见 5W2H 表）。

5W2H 表

区　分	5W2H	内　容	对　策
对　象	what	1. 做什么？有必要吗？ 2. 为何会如此？目前的情形如何？ 3. 是否还有其他的？	排除工作上不必要的部分
目　的	why	1. 为何要做？目的何在？ 2. 为何那种工作是必要的？ 3. 为何会如此？ 4. 是否还有其他的事？ 5. 该如何去做？	

区　分	5W2H	内　　容	对　　策
场　所	where	1. 在哪里做？非在那里做吗？ 2. 在哪里发生的？ 3. 为何会在该处发生？ 4. 别处不会再发生？ 5. 该在哪里做才好？	合理的作业场所及作业单位再次进行编组
顺　序	when	1. 何时做？有必要在那个时期做吗？ 2. 什么时候发生的？ 3. 为何会在该时段发生？ 4. 别的时段不会发生吗？ 5. 何时来做才好呢？	把顺序改变再重新加以组合
人	who	1. 由谁做？ 2. 究竟发生在谁的身上？ 3. 为何会发生在他身上？ 4. 可否有别人可代替？ 5. 应该让谁来做才好呢？	作业分派
方　法	how	1. 怎么样做的？ 2. 为何会变成那样子呢？ 3. 有无其他更好的方法呢？ 4. 该如何来做？	方法的研究
经　费	how much	1. 要花费多少？ 2. 为什么要花费那些钱？ 3. 如果进行改善的话，要花费多少？ 4. 会不会白白浪费掉？	选择经济的方法

3. 活用 QC 七工具法

QC 七工具是品质统计与分析的重要工具。品质统计与分析作为品质管理技术的有效方法，在质量环的各阶段合理、有效地应用品质统计技术，对提高工作效率有着重要的作用。另外，我们也可利用 QC 的各种工具找出问题、分析原因，做出改善计划，根据计划实施对策，从而提出更好的合理化建议（详见 QC 七工具作用比较表）。

QC 七工具作用比较表

序　号	方　法	作　　用
1	因果图	将问题与各种原因之间的关系，以箭头连接，以便于详细分析问题产生的原因或对策
2	排列图	根据所搜集之数据，按不良原因、不良状况、不良发生位置等不同标准区分，以掌握住问题的原因、所造成影响程度的大小，并找出问题的主要原因
3	直方图	了解数据分布与制程能力，通过直方图的高度差来显现问题（或改善成绩），给人比较明显的感觉

续　表

序　号	方　法	作　用
4	层别法	在某一同等条件下,通过层别进行比较,从中找出差异和异同,突出显现问题,为改善活动提供问题点
5	查检表	为了便于数据收集,简单记录填写并予统计整理,以做进一步分析或作为核对、检查之用,从而可找出部分问题点
6	散布图	通过了解、研究两个事物的相关性,找出两者之间的关系,就可以有效地利用其关系,来达到某种目的,从而有效地控制或解决问题
7	管制图	是将实际产品品质特性与根据过去经验或数据所判明的制程能力的管制界限比较,并以时间顺序用图形表示,从而了解制程变异情况,以便做出改善

4. 目标检查法

从目标入手也可发现很多问题,从而找到好的合理化建议(详见目标检查表)。

目标检查表

	方　法	要　点
从目标入手寻找好的建议	维持和改善质量	1. 减少工程内不良
		2. 减少人为错误
		3. 减少品质异常
		4. 减少工序或客户投诉
		5. 减少装配不良
		6. 改善作业指导书
		7. 改善质量保障工程能力
		8. 防止问题再发
		9. 减少初期不良
	降低成本	1. 削减经费
		2. 降低材料、零部件损耗
		3. 降低购买单价
		4. 缩短作业时间
		5. 削减人员
		6. 提高设备效率、利用率
		7. 减少不良品和修理时间
		8. 提高材料利用率

	方　法	要　点
从目标入手寻找好的建议	改善交货期和生产量	1. 增加单位时间生产量
		2. 严守交货期
		3. 降低库存量
		4. 提高在库管理精度
		5. 改善场所布局
		6. 改善生产计划的进度管理
	改善员工精神面貌	1. 美化环境，建设有活力的工作现场
		2. 提高出勤率
		3. 合理配置人员
		4. 培养员工的问题意识、品质意识
		5. 加强团队建设及个人能力的提升
	安全的保障	1. 加强安全管理，保障工作场所的安全
		2. 减少事故
		3. 消除一切安全隐患
		4. 加强整理、整顿

合理化建议提案要注意以下几个事项：

第一，提案的客观性、具体性。即要求提案人把现状真实地反映出来，以事实和数据说话。

第二，把握问题发生原因的准确性。即要求提案人把问题发生的主要原因找出来。

第三，解决方案的可行性。即要求提案人针对问题发生的主要原因，提出解决的具体方法。

第四，改善的绩效性。即一切提案都以绩效为导向，它的判定标准是促使企业向越来越好的方向发展。

案例11 唐山市协和医院的民主议事会制度[①]

　　唐山市协和医院是唐山市卫生局直属的一所集医疗、科研、教学、预防、保健为一体的大型综合性医院。为了更好地拓宽民主渠道，加强源头参与，使领导班子的决策得到有效监督，减少或避免决策失误，唐山市协和医院建立起了职工民主议事会制度。

　　医院成立了职工民主议事会，作为职代会行使权力的常设机构，在职代会闭会期间，行使职代会民主议事的职权。民主议事，使一年一度的职代会作用实现了经常化。

　　医院民主议事会委员从职代会职工代表中选举产生，人数为全院职工代表总数的15％，且不低于全院职工总数的5％（唐山市协和医院民主议事会人数共33人）。

　　医院明确了民主议事的内容，规范了民主议事程序。民主议事会每季度召开一次，专门就医院的重大问题，如效益工资分配方案、人事制度改革、大型设备采购、人才引进、基建装修、职称晋升等进行民主讨论，提出带有权威性的意见和建议，为领导班子决策提供重要依据。如遇到重大事项，随时召开会议。2008年一年内，共召开民主议事会6次，对职工工资晋升、经济目标责任制的实施方案、取暖费补贴的发放办法、效益工资的分配方案等重大事项进行了民主讨论，并以举手表决的形式形成决议案，为班子决策提供可靠依据。

　　为了进一步深化民主议事会制度，医院还建立起职工代表听证制度。医院每周召开一次行政班子例会，允许职工派代表参加，听取班子成员的讨论，可以在会上发表自己的见解，为领导班子出谋划策，尤其是对关系职工切身利益的问题，允许职工代表提出不同意见供班子成员决策时参考。这样，既有利于拓宽民主渠道，加强源头参与，又有利于使班子的决策得到有效的监督，减少或避免决策失误，提高了管理效率。比如，一次医院在采购用煤时，经市政府采购中心组织招标后，13家投标者中1家胜出，但价格低得出奇，每吨仅150多元。中标者肯定不会做赔本买卖，于是煤的质量和数量就成了令人极为担心的问题。领导班子在讨论这个问题时，总务科的职工代表提出派6个人对进煤实行全程跟踪监督，空车、实车两次过秤，并实行煤质抽查检验的建议。领导班子采纳后，煤的数量、质量都得到了保证，2200吨煤节省了11万元。

　　医院开展民主议事活动，有效地落实了职工的知情权、参与权和监督权，更好地畅通了职工群众利益意愿诉求表达渠道，转变了管理方式，改进了领导方式和工作方式，加强了民

---

　　① 整理自：加强组织建设，强化民主管理　唐山市协和医院工会，唐山工会网，2011-03-10。

主政治建设,大大促进了医院的快速发展,仅五年时间,唐山市协和医院门诊量就翻了一番,床位使用率从 65% 增加到 98%,门诊与出院诊断符合率达到 99.6%,危重病人抢救成功率达到 94.48%,技术责任事故和严重医疗纠纷一直保持零指标。医院两个效益呈现较大幅度增长,社会满意度提升到 99.46%,经济收入翻了近两番,固定资产增值达到 2636 万元。

问　题

1. 唐山市协和医院民主议事会的产生程序怎样?
2. 唐山市协和医院民主议事会的职能是什么?
3. 唐山市协和医院民主议事的内容与程序是什么?
4. 唐山市协和医院的民主议事活动有什么创新?

答案提示

1. 唐山市协和医院民主议事会的产生程序

民主议事会委员从职代会职工代表中选举产生,人数为全院职工代表总数的 15%,且不低于全院职工总数的 5%(唐山市协和医院民主议事会人数共 33 人)。

2. 唐山市协和医院民主议事会的职能

唐山市协和医院职工民主议事会是职代会行使权力的常设机构,在职代会闭会期间,行使职代会民主议事的职权。民主议事使一年一度的职代会作用实现了经常化。民主议事会拓宽了民主渠道,加强了源头参与,使领导班子的决策得到有效监督,减少或避免决策失误。

3. 唐山市协和医院民主议事的内容与程序

内容是就医院的重大问题,如效益工资分配方案、人事制度改革、大型设备采购、人才引进、基建装修、职称晋升等进行民主讨论,提出带有权威性的意见和建议,为领导班子决策提供重要依据。

程序是民主议事会每季度召开一次,如遇到重大事项,随时召开会议。民主议事会议事以召开会议的形式进行,首先就有关问题进行民主讨论发言,然后以举手表决的形式形成决议案。

4. 唐山市协和医院民主议事活动的创新

医院建立起职工代表听证制度,来深化民主议事会制度。在医院召开每周一次的行政班子例会时,允许职工派代表参加,听取班子成员的讨论,可以在会上发表自己的见解,为领导班子出谋划策,尤其是对关系职工切身利益的问题,允许职工代表提出不同意见供班子成员决策时参考。起到对领导决策的源头参与和监督作用。

案例 12 中交二航局三公司职工民主议事会"大权在握"①

中交二航局三公司,即原交通部第二航务工程局第三工程公司,1999年6月更名为中港第二航务工程局第三工程公司。2006年9月,中交二航局三公司完成改制,成为具有公路总承包特级和港航总承包特级资质的中交二航局有限公司控股子公司。

中交二航局三公司积极倡导诚信文化,以优质的产品与服务回报社会。公司于1999年通过了ISO9002质量体系认证,于2003年通过了中国船级社质量、环境、职业健康安全管理体系认证,创造了良好的企业品牌和社会信誉,连续八年获江苏省"AAA级信用企业"称号、连续十年获江苏省建筑业"最佳企业"称号,连续二十年被评为江苏省"文明单位"。

中交二航局三公司主要从事港口码头、公路交通等施工建设,业务分布全国各地和东南亚国家,年施工产值为30亿元。由于公司1000多名职工分布在国内外,而公司的重要规章制度、重大改革措施、重大决策出台时,需要及时征求职工意见,因此公司建立了职工民主议事会制度,规定与职工利益密切相关的政策、措施出台前,必须提交民主议事会讨论。在中交二航局三公司,"议事代表不通过,重大决策不出台"已经成了一种约定俗成的规则。由公司职代会选举产生的职工民主议事会,不仅享有知情权、参与权、监督权,还有对重大决策的否决权。

中交二航局三公司的民主议事会由公司职代会民主推荐出21名职工代表组成,其中一般管理干部、技术人员及其他一般员工为18人,占议事代表总数的85.7%,占公司职工代表总数的23.1%。职工民主议事会成立4年间,先后召开了29次会议,审议通过了近百个规章、议案和文件,数次对公司议案说"不",不仅保障了职工的合法权益,更通过凝聚民智推动了公司的发展。

2006年,中交二航局三公司进行股份制改革,600多名职工入股。2009年,总公司整体运作上市,按照规定中交二航局三公司职工必须退股,此时回收价为每股股份1.5元。但公司职工认为,这个价格低于审计净资产近20%左右,大股东挤占了职工的利益。职工民主议事会在审议《三公司职工股股权受让事宜》草案时一致认为,应该支持股权转让,但转让价格

① 整理自:镇江中交二航三公司创新民主管理侧记,镇江市总工会网,2011-06-13;钱桂林:让"职工议事会"成为企业里最美的风景,光明网,2011-04-05。

还需和审计的净资产靠近,确保公司大小股东都能享有法律赋予的平等分红权利。经过几个月的反复沟通,最终总公司同意为持股职工增加0.23元/股的转让受益。职工民主议事会为职工争取了数百万元的应得利益。

2008年,受国际金融危机影响,钢材价格大起大落。年底,按规定公司应向职工分红,此时,公司却计划用给职工股东分红的钱先垫付购买钢材。在审议《推迟公司股份分红时间用于购买钢材》的议案时,公司采购部门人员向议事代表们详细分析了当时钢材市场的走向,认为钢材价格已较历史高点下降了40%以上,如果抓住这个时机购买钢材,应该是收益大于风险,以后能够获取更多的利润。议事代表们一致同意支持公司决策,并在会后做通了职工的思想工作。也正是果断出手低价位购进钢材,公司赢得了900多万元的利润,职工们的分红也更多了。

问 题

1. 中交二航局三公司的民主议事会拥有哪些职权?
2. 中交二航局三公司的民主议事会的否决权有什么具体体现?
3. 你认为中交二航局三公司的民主议事会制度有哪些值得借鉴的地方?

答案提示

1. 中交二航局三公司民主议事会的职权

中交二航局三公司规定,在与职工利益密切相关的政策、措施出台前,必须提交民主议事会讨论。公司民主议事会不仅享有知情权、参与权、监督权,还有对重大决策的否决权。特别是否决权,保证了民主议事会不沦为形式,而能真正发挥出职工民主参与管理的作用。

2. 中交二航局三公司民主议事会否决权的具体体现

在中交二航局三公司,"议事代表不通过,重大决策不出台"已经成了一种既定的规则。职工民主议事会成立4年间,先后召开了29次会议,审议通过了近百个规章、议案和文件,数次对公司议案说"不",不仅保障了职工的合法权益,更通过凝聚民智推动了公司的发展。

3. 中交二航局三公司民主议事会制度值得借鉴的地方

中交二航局三公司的民主议事会在企业发展中发挥了重要的作用,而之所以能够发挥出这样的作用,关键就在于中交二航局三公司赋予了民主议事会明确的职权,并用制度把这些职权固定下来,成为公司必须遵行的规则。比如,在与职工利益密切相关的政策、措施出台前,必须提交民主议事会讨论,公司民主议事会享有知情权、参与权、监督权和对重大决策的否决权,以及"议事代表不通过,重大决策不出台"等规定,使议事会的权力制度化、规范化,有力地确保了民主议事会充分发挥民主管理的作用。相反,如果民主议事会只有一个组织形式,但没有制度化、规范化的职权,那就必然无法发挥真正的参与决策作用。

案例 13 上海烟草印刷包装有限公司创建劳务员工民主议事会[①]

上海烟草印刷包装有限公司自 2003 年起,就陆续使用劳务派遣工。为了关心、爱护和稳定这支队伍,该企业建立了制度关爱体系、网络关爱体系和日常关爱体系。然而,当劳务派遣工有了稳定的收入和丰富的精神生活,如何进一步表达他们的诉求,让他们也能融入企业的民主管理? 该企业在市总工会有关部门和烟草集团工会的帮助下,发扬首创精神,通过民主管理程序,设立了企业劳务员工民主议事会。

2010 年 9 月 12 日,对上海烟草印刷包装有限公司的 600 余名劳务派遣工来说,是一个不平凡的日子——这一天,在用工方党政工的领导、支持和扶持下,他们成立了上海首家劳务派遣工民主议事会,33 名劳务派遣工代表庄严地进行举手表决。从此,他们作为劳务派遣工可以享受民主管理的权利,参与用工方的民主管理建设。

在劳务员工民主议事会成立大会上,来自山东的劳务员工代表小张激动说:"以前,只听说国有企业的职工有参与企业民主管理的权利,想不到现在我们劳务员工也有了民主议事的权利。虽然对民主管理的程序我还不太懂,但我相信,我有这个能力当好劳务员工代表,投好手中的这一票。"

为劳务员工民主议事会建章立制

该企业在建立劳务员工民主议事会过程中,首先通过民主管理程序为民主议事会制定了游戏规则——《劳务员工民主议事会章程》。

《劳务员工民主议事会章程》共 5 章 26 条。规定凡是在册的劳务员工,只要符合条件,都能作为劳务员工代表候选人;劳务员工代表候选人的产生,由民主推荐和自荐相结合,最终,通过部门和选区的差额选举,产生劳务员工代表。

《劳务员工民主议事会章程》还规定,劳务员工代表实行常任制,每三年改选一次。代表们拥有参加劳务员工民主议事会,对企业劳务员工管理工作进行检查和提出合理化建议等多项权利。并明确规定,对劳务员工代表行使的民主权利,任何组织和个人不得压制、阻挠和打击报复。

[①] 整理自:上海烟草包装印刷有限公司首创劳务员工民主议事会,中国印刷包装网,2010 - 09 - 25。

《劳务员工民主议事会章程》的产生本身就是发扬民主的过程：经过全体劳务派遣工的认真讨论；劳务员工对该章程的第22条第1款提出了意见,进行了修订；劳务员工代表行使了表决权。

劳务员工代表纷纷表示,《劳务员工民主议事会章程》是劳务员工代表今后行使民主议事权利的规则,严守程序的《劳务员工民主议事会章程》审议过程,为日后的履行创造了良好的开端。

议事会成立当场议事

在劳务员工民主议事会成立大会上,民主议事活动当场就开展了起来。企业总经理俞志康对劳务员工代表提出的议案,进行了现场解答。

劳务员工代表A提出,在劳务员工培训方面,建议让工龄较长且具有丰富经验的劳务员工带教新进公司的劳务员工效果更好,此一建议,当即获得俞志康的赞同。

劳务员工代表B提出,烟草集团正在进行中的"百万千亿"工程,劳务员工群体尚不清楚,希望企业多做宣传。俞志康当即对"百万千亿"工程进行了详细说明。

劳务员工代表C提出,企业发放的实物福利,比如最近的月饼发放,劳务员工已经获得了与劳动合同制职工一致的待遇,希望今后能形成制度加以保障。俞志康认为,实物发放,比如春节期间发放的海鲜,劳务员工中不少外地员工无法携带回家,可以考虑折合为钱款……

企业总经理的解答,引发了现场一阵阵掌声,劳务员工代表自己首先体会到了劳务员工民主议事给自己带来的益处。

劳务员工议事会延展与深化关爱

早在几年前,上海烟草印刷包装有限公司就开始了对劳务员工的关爱活动,随着时间的推移,公司逐步建立起了针对劳务员工的三项关爱体系。

制度关爱体系。内容包括探望劳务员工制度,即设立了何种情况下探望劳务员工及探望标准；劳务员工实物发放制度,即规定了劳务员工法定节日以及防暑降温等实物发放标准；劳务员工报酬标准及考核办法,即对51个工种的基础报酬、绩效报酬、工龄津贴、加班工资和中夜班费进行规定,对优秀劳务员工进行奖励。

网络关爱体系。侧重于建立劳务员工工会三级管理网络。即由公司工会专设一名劳务员工负责劳务员工管理工作；各部门工会设劳务员工管理负责人；劳务员工集中的班组由劳务员工出任班组长。通过三级网络了解、沟通、支持、服务劳务员工,起到上情下达、下情上传的桥梁作用。

日常关爱体系。主要表现在物质关爱和精神关爱两个方面。物质关爱包括为外来务工者建造两座宾馆式宿舍楼,开设电脑培训室,解决劳务员工子女入托难,为劳务员工购买保险和定期体检等项目。精神关爱包括定期培训——一年一次,分期分批；四季关爱——春节送年夜饭,夏天送清凉,中秋团圆联谊等。公司开展的"中秋拍张彩照寄家乡"、"劳务员工看世博"、"走入上海"游览参观活动,均受到了劳务员工的欢迎;组建外来劳务员工合唱团——由企业创建了"中华情"外来务工者合唱团,并作为上海第一支农民工合唱团走进了上海大剧院。

劳务员工代表小崔认为,正是三项关爱体系的长期施行,才有了今天劳务员工的民主议事会。劳务员工民主议事会是三项关爱体系的继承、延展与深化,它不但用机制凝固了三项关爱体系的成果,而且并从权利方面给予了劳务员工源头参与、民主管理的机会,搭建了劳务员工表达诉求、维护权益的重要平台。

问　题

1. 上海烟草印刷包装有限公司在企业民主管理方面有哪些创新?
2. 上海烟草印刷包装有限公司的"劳务员工民主议事会"能起到什么作用?
3. 请谈谈你对完善上海烟草印刷包装有限公司的"劳务员工民主议事会"的看法。

答案提示

1. 上海烟草印刷包装有限公司在企业民主管理方面的创新

首先,上海烟草印刷包装有限公司开展了对劳务员工的关爱活动,系统建立起针对劳务员工的三项关爱体系:在劳务员工探望、实物发放、报酬标准及考核激励办法、工会管理、解决实际生活困难、丰富业余物质文化生活方面都建立起规范化的制度,使对劳务员工的关爱规范化、制度化、长期化,避免了一阵风、走形式。

其次,在长期实行三项关爱体系的基础上,他们把对劳务员工的关心、爱护进一步延展与深化,引向吸引劳务员工参与企业民主管理的层面,搭建了劳务员工源头参与、表达诉求、维护权益的重要平台。

2. 上海烟草印刷包装有限公司的"劳务员工民主议事会"能起到的作用

民主议事会的基本职能,是职代会闭会期间员工参与的议事机构、职代会的有益补充。

有的企业规定,其职责是审议职代会闭会期间需职代会讨论决定的企业重大问题,对职代会负责并报告工作。从本案中的情况看,上海烟草印刷包装有限公司的"劳务员工民主议事会"主要是针对劳务员工的一种民主参与平台。而在此前,企业民主参与管理的主体往往只包括劳动合同工,劳务员工一般被作为临时工排除在企业民主管理之外。建立"劳务员工民主议事会",就把劳务员工也吸引到企业民主管理活动中来,对于像上海烟草印刷包装有限公司这样大量使用劳务员工的公司来说,才能算真正在职工中开展了民主参与管理活动。能够调动劳务员工积极性,增强他们的责任感、归属感、认同感,从而增进企业和谐,更好地维护劳务员工合法权益,为企业带来更好的效益。

3. 关于完善上海烟草印刷包装有限公司的"劳务员工民主议事会"的看法

上海烟草印刷包装有限公司的"劳务员工民主议事会"搭建起了劳务员工民主参与管理

的平台,是一个有利于企业、劳务员工、社会的多赢之举。但要使之真正发挥作用,还必须在这个机制建立之后,做大量扎扎实实的工作。比如,劳务员工议事会建立以后,该企业显然有了劳动合同工与劳务员工两套民主参与的机制,怎么样使两者互相接轨、互相促进呢?再如,劳务员工一般流动性比较大,怎样解决劳务员工职工代表的流动性问题?再如,怎样把劳务员工议事会从只关心切身利益引导到同时还关心企业发展上来,如何规范运作等,这些问题需要在实践中进行进一步的摸索。

案例 14 北京宝金龙公司建立总经理接待日制度[①]

北京市宝金龙食品有限公司的前身是一个镇办集体企业,1997年转制为现在的私营公司,1998年与北京王致和集团合作,成为王致和集团腐乳生产基地。公司工会于2001年成立,并开始推行厂务公开民主管理工作。

每月的15日,是宝金龙公司的总经理接待日,这一天,也是公司收集问题的一天。从2013年8月开始,宝金龙开始实行"工龄工资"了。正是总经理接待日,让这家民营企业的员工享受到了"工龄工资"待遇。

2013年,宝金龙公司新招了一批员工,老员工发现,新员工的工资和老员工拿的一样多,心里很不平衡。8月的总经理接待日,老员工代表找到了总经理。总经理收集上来问题后,及时与工会协商这件事,并通过职代会协商解决。在全厂职工大会上他宣布,从2013年9月起,干满一年的员工每人每月多加80元工龄工资,逐年累计,干满两年每月加160元,干满三年加240元……宣布完,全厂员工不约而同地鼓起了掌。

不光总经理接待日,公司的职工代表还会定期深入生产一线,职工对生产车间管理有什么新想法,有什么建议等都可以向职工代表说。2014年7月,正值2014年第二次职工代表大会召开期间,其中一名车间职工代表整理收集上来的意见发现,职工反映的车间地面老化问题比较集中,还有职工说:"车间的风淋室跟洗手消毒池都已经腐蚀得很厉害了,快起不到风淋、消毒效果了。"

职工建议收集上来后,工会立即与企业行政方沟通,组织了职工代表大会,企业行政方当场表示,职工代表所有建议全部采纳。会后,工会还将职工代表大会会议结果在各车间进行了张贴,同时欢迎职工为车间夏季改造出谋划策。

公司工会负责人介绍,在每年1月和7月召开的职代会和全公司职工大会上,公司把企业的重大决策、经营方向以及管理方式及时与公司员工进行交流、协商并且公布。

近年来,宝金龙公司没有发生一起因工资问题引发的劳资纠纷,并且企业的经济效益逐年递增。2012年产值是1.2亿元,2013年上升到1.4亿元,而且产品质量也直线上升,原来的成品率为92%,2014年达到95%。2013年职工工资、保险、奖金等共计投入2100万元,比2012年多投入了400万元。2014年与2013年同期相比,员工人均工资又上涨了200多元。

---

① 整理自:孙艳:北京宝金龙食品有限公司:制度出台前职工代表先通过,中工网,2014-12-09。

![icon] 问　题

1. 本案例材料显示宝金龙公司采取的民主管理措施是什么?
2. 宝金龙公司采取的民主管理措施的收效如何?

![icon] 答案提示

1. 宝金龙公司采取的民主管理措施

建立总经理接待日制度,听取公司员工对公司管理和公司发展等方面的意见和建议,了解公司发展中出现的问题,并及时做出回应。

充分发挥职代会作用。该公司在每年 1 月和 7 月定期召开职代会和全公司职工大会,把企业的重大决策、经营方向以及管理方式及时与公司员工进行交流、协商并且公布。公司职工代表定期深入生产一线,搜集职工对生产车间管理的新想法、新建议等,形成职代会议案。企业行政方积极与工会沟通,对职工建议进行积极回应,对职工代表提出的合理建议加以采纳和落实。职代会后还将职代会会议结果向职工公开,让职工了解职代会的情况。

开展合理化建议活动。如欢迎职工为车间改造出谋划策等。

2. 宝金龙公司民主管理措施的收效

宝金龙公司的民主管理措施收到良好的效果。体现为劳资沟通顺畅、劳资关系和谐、产品质量提升、企业经济效益逐年递增、员工工资与福利等改善。如案例资料显示的,近年来,宝金龙公司没有发生一起因工资问题引发的劳资纠纷,并且企业的经济效益逐年递增。2012 年产值是 1.2 亿元,2013 年上升到 1.4 亿元。产品质量也直线上升,成品率由原来的92% 提升到现在的 95%。企业加大对职工工资、保险、奖金的投入,2013 年共计投入 2100 万元,比 2012 年多投入了 400 万元。2014 年员工人均工资相比 2013 年上涨了 200 多元。

案例 15 黄骅信誉楼百货集团实行职工代表竞选制^①

信誉楼位于河北省黄骅市,是一家以百货零售业为主的股份制商业企业集团。从最初十几位农民贷款 10 万元组建、营业面积 280 平方米、员工 50 余人的小商场发展到如今总资产数亿元,员工超万人,并拥有多家分公司、子公司、加盟店的大型百货零售企业集团,信誉楼在不断的探索中逐步建立起了一套自己独特的企业经营管理机制和发展思路,成功地引导信誉楼走上了健康、稳步发展的轨道。信誉楼的商业模式、人力资源管理、企业文化等也被写成案例,走进了商学院的课堂。事实上,信誉楼的探索不止于商业模式、企业文化等,在职工民主参与、发挥职代会作用方面,他们也进行了有益尝试,创造性地把竞争机制引进职工代表的选举。通过实行职工代表竞选制,那些有参与企业管理意愿并且具有参与管理能力的员工走上职代会的舞台,发挥出参与企业管理的作用。

工会代表和职工代表竞选产生

2007 年 5 月 16 日是黄骅信誉楼商厦工会举行第三次工会代表大会的日子。参加这一民营企业工会代表大会的 151 名会员代表是从 1500 名商厦工会会员中竞选出来的。

为了提高工会代表大会的质量,进一步发挥会员代表在企业民主管理工作中的作用,2007 年 3 月初,信誉楼商厦针对以往经推荐产生会员代表中存在的"开会时拍拍手,表决时举举手,讨论时不开口"的问题,决定实行"竞选代表"制度,让最优秀的员工成为代表。经过认真研究,制定出台了《黄骅信誉楼商厦工会关于第三次代表大会代表产生办法》,要求代表的产生必须经过组织报名、资格审查、竞选演说、投票选举等程序。

消息一发布,信誉楼商厦 1500 名工会会员就踊跃报了名,并精心准备了竞选演说。他们一致认为这是一次展示自己形象、体现自身价值的极好机会。

信誉楼商厦工会主席穆建霞说,"竞选"不但能更好地调动员工的积极性,而且还能更好地与员工沟通,让员工知情,让员工发表意见,最终统一思想,形成合力。只有这样,企业才会健康和谐地发展。以后,不管是职工代表大会还是工会代表大会都将继续采取这样的方式进行。

---

① 整理自:信誉楼 1500 人角逐 151 个会员代表名额,黄骅在线,2007 - 05 - 22;从民主评议职工代表所想到的……,沧州新闻网,2007 - 05 - 28。

职工代表述职的规定

2007年上半年,黄骅信誉楼商厦工会因换届召开了一次职工代表大会。会上,每位职工代表都对其任职期间的履职情况进行了述职。然后,每位代表还要接受职工的打分评议,那些满意票不够半数的代表被取消了资格。

原来,这是信誉楼对职代会工作的又一重要改革:职工代表不但要通过竞选的方式产生,并且规定代表每年要进行一次述职,通过职工民主评议,满意票达不到半数以上的,取消其代表资格。信誉楼期望通过实行这项规定,进一步督促当选的职工代表尽职尽责地代表员工参与管理,并接受广大职工群众对其履职情况的直接监督。

"竞选制"和"述职制"能更好发挥职工代表的作用

"竞选制"和"述职制"增强了职工代表的身份意识与责任感,从而使其更加主动地履行自己的代表职责。当选的职工代表在竞选时都立下"军令状",因而在参与审议企业重大议案时,都认真讨论,进言献策,知无不言,言无不尽,推动企业的决策实现科学化、民主化。避免了当"会前握握手,会上举举手,会后招招手"的"三手"代表。

"竞选制"和"述职制"还增强了职工代表全程履职意识。过去,职工代表仅是在职工代表大会召开时对企业评头论足,而职工代表大会一年仅召开一两次,职工代表发挥的作用是有限的。竞选的职工代表责任意识强,他们在职工代表大会闭会期间,也能主动进行单独调研或联合调研,为领导科学决策、正确决策提供依据。

信誉楼竞选出的职工代表,对企业发展关心备至,人人出点子,提建议。职工代表提出跳出黄骅发展企业的构想,被领导采纳,企业已先后在青县、泊头市等地建了信誉楼分店,推动了企业做大做强。

问　题

1. 法律规定职代会职工代表应该怎样产生?
2. 常规方式产生的职工代表可能会出现哪些问题?
3. 以竞选方式选举职工代表有哪些好处?
4. 从信誉楼职工代表的"竞选制"和"述职制"中得到哪些启示?

答案提示

1. 法律规定职代会职工代表应该怎样产生

依据1986年《全民所有制工业企业职工代表大会条例》以及国务院国资委2007年《关于建立和完善中央企业职工代表大会制度的指导意见》,全民所有制工业企业在实行厂长负责制的同时必须建立和健全职工代表大会制度和其他民主管理制度,以保障与发挥工会和职工代表在审议企业重大决策、监督行政领导、维护职工合法权益等方面的权利和作用,中央企业应根据国家有关法律法规加强民主管理、维护职工权益,坚持行使和落实职代会职权。

100人以上的大中企业应建立职代会制度,代表人数占职工总数的5%至10%,且不得少于30人,不足100人的企业应建立职工大会或职代会制度;职工代表中一线职工、科技人员和一般管理人员的比例应不低于50%,女职工代表比例一般不低于本企业女职工占全体职工人数的比例。

职代会由职工代表组成,职工代表必须由职工民主选举产生。规模较小的中央企业的职工代表选举,应以班组(科室)、工段(作业区)或者分厂(车间)为选区进行,须有本选区全体职工2/3以上参加,候选人获得应到人数过半数赞成票方可当选。其中有条件的企业,也可以按照职工自荐、竞职演说、群众信任投票和组织审定的基本程序,实行职工代表竞选制。

2. 常规方式产生的职工代表可能会出现的问题

若职工代表能够充分代表职工行使职权,必须满足两个前提条件:一是本人有当选职工代表的愿望,二是有代表职工行使职权的能力,两者缺一不可。常规的职工代表选举方法,被推举为代表的,往往容易是那些人缘好、平时活跃的人。但这些人是否一定想当职工代表呢?不一定。即使有当职工代表的意愿,是不是具有代表职工履行职责的能力呢?也不一定。对于这两者,广大职工难以做到普遍的了解。而且没有目标考核基础,是否履行职责也无法考量,所以不发挥作用的大有人在。因此,就有可能把不具备胜任职工代表条件的人选为代表。

3. 以竞选方式选举职工代表的优势

以竞选方式选举代表,就可以使广大职工较好地了解一个人愿不愿意干和能不能干好职工代表的问题。

首先,竞选是自愿的,这就保证了参选人愿意代表职工。

其次,竞选者在竞选时要把自己的履职目标、怎样实现目标的措施等发表出来,让大家了解。这样就可以较好地使大家了解其能力和素质,选择出具备能力的人担任代表。

再次,竞选者上任后,人们可以通过比较其竞选时的演说和现实行动,对其进行考量、监督。如果说的都是空话,就可以通过述职和民主评议把他淘汰。

最后,当选代表有较强的身份感、责任感和履职目标,能够更好地、主动地发挥自身作用。

4. 从信誉楼职工代表的"竞选制"和"述职制"中得到的启示

职代会制度是保障职工行使民主管理企业权利的最重要途径。而要使职代会的作用充分发挥出来,首先要做到的就是要选举出愿意代表广大职工、有能力代表广大职工的职工代表,实行竞选制是保障选出合格的职工代表的最重要、最有效的途径之一;其次,要加强对当选代表履行职责情况的监督,如定期述职、民主评议、超过半数职工不满意的终止代表资格等措施,都能够较好地监督、促进当选代表认真履职;再次,工会应通过多种形式的培训来帮助当选代表提高参与管理的素质和能力;最后,应采取一定的激励手段来激发职工代表更好地履行自己的职责,比如,对于出色履行职责的代表可以考虑给予一定的奖励,而对于不认真履职的代表可视具体情况给予一定的惩罚。

案例 16　燕山大学召开七届一次教职工代表大会暨八届一次工会会员代表大会[①]

2013 年 4 月 14 日上午,燕山大学七届一次教职工代表大会暨八届一次工会会员代表大会在西校区大学生活动中心开幕。来自学校不同工作岗位的 247 名正式代表以及列席代表、特邀代表济济一堂,共商学校改革发展大计。孟卫东、刘宏民、陈春利、盛婉玉、孔祥东、张福成、孔令富、谢延安、张景超、赵永生、王宝诚、刘爱民等校领导和其他主席团成员在主席台就座。秦皇岛市总工会常务副主席安颖欣、秦皇岛市教科文卫工会主席张文利也应邀出席了本次大会。开幕式由校党委常委、工会主席张景超主持。

秦皇岛市总工会常务副主席安颖欣为大会致辞,他赞扬了燕山大学为秦皇岛市所做的贡献,并预祝大会圆满成功。

校长刘宏民向大会做了题为《乘两会东风,谋科学发展,努力开创高水平大学建设新局面》的工作报告。报告全面回顾和总结了 2012 年学校各项事业取得的新成绩:学校教学改革进一步深化,科研能力进一步增强,学科建设进一步发展,师资结构进一步优化,学生管理工作进一步加强,国际交流进一步扩展,里仁学院发展掀开了新篇章,校园基本建设不断改善,国资管理改革进一步深入,科技产业管理进一步规范,党建工作和精神文明建设进一步加强,教职工收入待遇进一步提高。报告在肯定成绩的同时,也客观分析了学校未来发展中面临的困难和问题,包括优秀人才引进力度不够,人才培养条件还需改善,人事分配政策急需改进,内部精细化管理不到位,廉政教育、监督不到位,校园文化氛围不够浓厚,办学经费依然紧张,争取大的发展机遇力度欠缺等。这些问题都要在未来的工作中引起重视并采取措施积极解决。

报告还提出了 2013 年学校工作的指导思想和主要任务。2013 年学校工作的指导思想是:深入学习和贯彻党的十八大和两会精神,以邓小平理论、"三个代表"重要思想、科学发展观为指导,全面落实学校"十二五"规划和第三次党代会确定的任务目标,深化内涵建设,强化质量特色,优化育人环境,不断提高人才培养质量和科技创新能力,力争在核心竞争力指标、人才培养引进、办学条件保障等方面实现新的突破,更加奋发有为地推进学校高水平

---

① 整理自:燕山大学七届一次教职工代表大会暨八届一次工会会员代表大会召开,燕山大学工会网,2013 - 11 - 26。

大学建设。2013年学校的主要任务是：贯彻育人为本理念，着力提高人才培养质量；推进人才强校战略，着力提高师资队伍水平；强化重点学科建设，着力提高学科整体实力；培育重大科研成果，着力提高科学研究水平；对接社会发展需求，着力提高社会服务能力；深化国际交流合作，着力提高国际影响力；加强内部科学管理，着力提高服务保障能力；加强党建和思想政治工作，为高水平大学建设提供强大动力。

报告指出，2013年是学校贯彻落实党的十八大和学校第三次党代会精神的开局之年，也是深入实施"十二五"规划承前启后的关键一年。全校教职工应以高昂的工作热情和奋发有为的精神投入各项工作中，努力开创燕山大学高水平大学建设的新局面。

大会还书面审议了学校财务工作报告、教代会提案工作报告、工会工作报告以及工会经费审查情况报告。在分组讨论阶段，各位代表充分发挥主人翁精神，对各项报告以及学校章程进行了审议，并对第八届工会委员会委员、第八届工会经费审查委员会委员进行了分团差额预选。代表们畅所欲言，共谋发展，对学校各方面工作提出了一系列富有针对性的意见和建议。

14日下午，大会主席团召开会议，通过了第八届工会委员会正式候选人名单和第八届工会经费审查委员会正式候选人名单。之后，主席团成员听取了各代表团讨论情况的汇报，提出并通过了《校长工作报告的决议（草案）》、《2011年财务预算执行情况和2012年财务预算报告的决议（草案）》、《工会工作报告决议（草案）》、《工会经费审查情况报告决议（草案）》。

大会还分组听取了相关职能部门关于六届三次教代会提案解决落实情况和七届一次教代会提案初步答复情况的报告。

14日下午，大会闭幕式在西校区大学生活动中心举行，校党委副书记陈春利主持会议。大会通过表决一致通过了关于《校长工作报告的决议》、《2012年财务预算执行情况和2013年财务预算报告决议》、《工会工作报告决议》、《工会经费审查情况报告决议》。大会还投票选举产生了第七届教代会执行委员会委员、第八届工会委员会委员和第八届工会经费审查委员会委员。

校党委书记孟卫东在闭幕式上讲话。他说，本次大会是在全校上下深入学习贯彻党的十八大和学校第三次党代会的精神，奋发有为地推进高水平大学建设的关键时期召开的一次重要会议。会议顺利选举产生了新一届教代会执行委员会、工会委员会、工会经费审查委员会，而且会期短、内容实、效率高。代表们围绕工作报告就学校发展提出了许多建设性的意见和建议，反映出广大教职工对燕山大学的深厚感情，表达了对加快学校发展的迫切愿望和坚定信心。学校党委、行政和有关部门，要认真研究代表们的提案和意见，采取切实有效的措施一件一件加以落实。

孟卫东指出，对于燕大人来说，实现"中国梦"就是要努力实现建设特色鲜明、国内外知名高水平大学的"燕大梦"。为了实现这一目标，全体教职工应认清形势，坚定信心，凝聚力量，全力推进高水平大学建设；学校要继续加大对解决民生问题的投入，深化收入分配制度改革，优化资源配置，强化公共服务，不断改善学习和工作条件，不断提高师生的幸福指数；领导干部和机关工作人员要转变工作作风，提高执行力，狠抓落实；学校应建立完善客观公正的重大决策部署督查机制,掌握重点工作落实进度,及时反馈问题,切实抓出成效,推动各项工作的落实。

大会在雄壮的《歌唱祖国》的乐曲声中胜利闭幕。

问 题

1. 职代会举行正式会议的程序是什么?

2. 燕山大学召开的七届一次教职工代表大会暨八届一次工会会员代表大会都进行了哪些程序?

3. 这些程序中哪些属于教职工代表大会的内容?

答案提示

1. 职代会举行正式会议的程序

(1) 执行主席核实出席大会的职工代表人数。

(2) 听取厂长(经理、站长、所长、院长、校长)做工作报告。

(3) 行政有关负责人做专门议案的报告。

(4) 工会主席及职工代表大会专门小组负责人就上一次职代会会议落实情况、职工代表提案处理情况、集体合同执行情况等向大会做出报告。

(5) 工会主席就上一次职代会闭会期间,职工代表团(组)长和专门小组负责人联席会议所决定的职工代表大会职权范围内的问题,向大会做出说明,提请大会确认。

(6) 以职工代表团(组)为单位,就以上报告、议案分组进行讨论,同时对大会的各项决议草案和须经大会选举的候选人进行酝酿。大会主席团成员分别参加本代表团(组)的讨论。

(7) 各代表团(组)长向主席团汇报讨论意见。

(8) 大会发言。

(9) 选举。

(10) 讨论通过大会决议。

(11) 大会闭幕。

2. 燕山大学七届一次教职工代表大会暨八届一次工会会员代表大会所进行的程序

(1) 核实了代表人数,共有 247 名正式代表以及列席代表、特邀代表参加了会议。

(2) 秦皇岛市总工会常务副主席安颖欣为大会致辞。

(3) 校长刘宏民做题为《乘两会东风,谋科学发展,努力开创高水平大学建设新局面》的工作报告。

(4) 书面审议学校财务工作报告、教代会提案工作报告、工会工作报告以及工会经费审查情况报告。

（5）分组讨论。对各项报告以及学校章程进行审议。

（6）对第八届工会委员会委员、第八届工会经费审查委员会委员进行分团差额预选。

（7）大会主席团召开会议,通过了第八届工会委员会正式候选人名单和第八届工会经费审查委员会正式候选人名单。之后,主席团成员听取了各代表团讨论情况的汇报,提出并通过了《校长工作报告的决议（草案）》、《2011 年财务预算执行情况和 2012 年财务预算报告的决议（草案）》、《工会工作报告决议（草案）》、《工会经费审查情况报告决议（草案）》。

（8）分组听取相关职能部门关于六届三次教代会提案解决落实情况和七届一次教代会提案初步答复情况的报告。

（9）通过表决一致通过了关于《校长工作报告的决议》、《2012 年财务预算执行情况和 2013 年财务预算报告决议》、《工会工作报告决议》、《工会经费审查情况报告决议》。

（10）投票选举产生第七届教代会执行委员会委员、第八届工会委员会委员和第八届工会经费审查委员会委员。

（11）闭幕式。校党委书记孟卫东在闭幕式上讲话,大会闭幕。

3. 属于教职工代表大会内容的程序

（1）核实代表人数。

（2）秦皇岛市总工会常务副主席安颖欣为大会致辞。

（3）校长刘宏民做工作报告。

（4）书面审议学校财务工作报告、教代会提案工作报告。

（5）分组讨论。对各项报告（除工会工作报告以及工会经费审查情况报告）以及学校章程进行审议。

（6）大会主席团召开会议,主席团成员听取各代表团讨论情况的汇报,提出并通过了《校长工作报告的决议（草案）》、《2011 年财务预算执行情况和 2012 年财务预算报告的决议（草案）》。

（7）分组听取相关职能部门关于六届三次教代会提案解决落实情况和七届一次教代会提案初步答复情况的报告。

（8）通过表决一致通过了关于《校长工作报告的决议》、《2012 年财务预算执行情况和 2013 年财务预算报告决议》。

（9）投票选举产生第七届教代会执行委员会委员。

（10）闭幕式。校党委书记孟卫东在闭幕式上讲话,大会闭幕。

案例 17　黑龙江××煤矿六届一次职工代表大会筹备工作报告[①]

各位代表：

我受××煤矿六届一次职工代表大会筹备处的委托，向各位代表报告大会筹备工作。本次大会筹备工作从 2012 年 11 月 20 日开始，具体进行了以下六项工作：

一、提出了筹备工作请示

2012 年 11 月 10 日，矿工会分别向矿党委、矿区工会提出《关于筹备召开××煤矿六届一次职工代表大会的请示》。按照矿区工会和矿党委的批复，同意召开六届一次职工代表大会。2013 年 1 月 14 日，矿工会向矿党政联席会议做了筹备工作报告。矿工会主席×××两次召开筹备工作会议，安排部署各部门具体工作。

二、选举了职工代表

××煤矿五届职工代表大会代表任期已满，大会筹备处根据《黑龙江省企事业单位职工代表大会条例》规定，经民主程序，选举产生了 110 名六届职工代表大会正式代表。2013 年 1 月 16 日，大会筹备处召开两次代表资格审查会议，经审查认定，110 名职工代表的代表资格全部有效。代表的比例符合规定。110 名代表中，科级以上领导代表 57 名，工人代表 53 名，工程技术人员代表 18 名，采掘一线代表 32 名，女工代表 7 名。代表的政治素质比较高。代表中党员 78 名，先进模范 39 名。代表的年龄结构比较合理。25～35 岁代表 14 名，36～50 岁的代表 79 名，51 岁以上代表 17 名。代表的文化素质比较高，具有大专以上学历的代表 45 名，具有高中（含中专）学历的代表 38 名，具有初中学历的代表 27 名。

三、组织了职工代表视察

2012 年 12 月 6 日至 9 日，五届职代会视察工作委员会就五届三次职代会各项决议贯彻落实情况，分别对采煤区、掘进区、机电区、运输科、通风区和总务科、抽排段、煤质科进行了视察。视察工作的总体情况将向本次大会做报告。

四、征集了大会提案

2012 年 11 月 28 日，大会筹备处召开会议，对六届一次职代会的提案征集工作进行了部署，组织职工代表围绕 2013 年的各项工作，提出了意见和建议。大会筹备处共收到提案 112

[①]　整理自：××煤矿六届一次职工代表大会筹备工作报告，百度文库。

件,经认真审查、归纳,共立案 34 件。2013 年 1 月 14 日,六届职代会审理工作委员会召开会议,提出了处理意见,并将在本次职代会上进行提案解答。

五、组织了会前审议

大会筹备处于 2013 年 1 月 15 日将提交本次大会审议的《行政工作报告》发至各单位,进行了会前审议。

六、汇总意见和建议

大会秘书处汇总各单位的意见和建议。2013 年 1 月 17 日,××煤矿召开党政联席会议,对会议文件进行了进一步修改和完善,即将提请大会审议。

各位代表,在矿党委的正确领导下,在各方面的支持配合下,××煤矿六届一次职工代表大会筹备工作已经完成。至此,本次大会的组织领导工作将由大会主席团承担。

2013 年 1 月 18 日

问 题

1. 职代会正式召开前的筹备工作有哪些?
2. 黑龙江××煤矿六届一次职代会召开前做了哪些筹备工作?

答案提示

1. 职代会正式召开前的筹备工作

(1) 报请批准召开职代会。

起草召开职代会的请示报告。内容包括:会议的任务、时间、地点、代表名额,主席团成员人选和大会的主要议程。

请示报告上报行政批准。征得行政同意后,报同级党组织批准,同时报上级工会备案。

(2) 成立职代会筹备组。

成立职代会筹备领导小组,在党委统一领导下,具体负责筹备工作。下设:

①代表资格审查组:负责制定代表选举办法、填写代表资格审查表、组代表团等;

②提案工作组:负责征求职工意见、征集整理提案;

③报告起草组(秘书组):负责大会报告的起草工作;

④宣传会务组:负责大会的宣传与会务工作。

(3) 提出职代会方案。

内容包括:会议议程、会期、组织机构、会场布置、活动安排、经费预算等。

(4) 起草报告。

(5) 征集和整理大会提案。

(6) 选举代表并审查代表资格。

(7) 确定会议议程。

（8）印发工作报告（草稿），组织广大职工讨论。收集意见，并带到职代会上讨论反映。

（9）召开预备会议。

①选举主席团成员5～7人，职工代表不低于50%；

②推荐执行主席，由工会主席副主席担任；

③通过职代会议题和议程。

2. 黑龙江××煤矿六届一次职代会召开前所做的筹备工作

大会筹备工作从2012年11月20日开始至2013年1月18日止。

（1）提出了筹备工作请示。矿工会起草了召开本届职代会的请示报告，分别向矿党委、矿区工会提出召开本届职代会的请示。获批后，向矿党政联席会议做了筹备工作报告。矿工会两次召开筹备工作会议，安排部署具体工作。

（2）成立职代会筹备处（包括提案组、代表资格审查组、秘书组等），选举职工代表、审查代表资格。选举产生了110名六届职工代表大会正式代表。大会筹备处召开两次代表资格审查会议，经审查认定，110名职工代表的代表资格全部有效。代表的比例、政治文化素质、年龄学历结构比较合理。

（3）组织上届职工代表视察职代会各项决议贯彻落实情况，并将视察情况向本次大会报告。

（4）征集、整理大会提案。大会筹备处开会，部署了本次职代会的提案征集工作；组织职工代表提出提案，共收到提案112件，审查、归纳后立案34件；提案审理工作组开会提出处理意见，并将在本次职代会上进行提案解答。

（5）组织了会前审议。大会筹备处将待审议的《行政工作报告》发至各单位，进行了会前审议。

（6）汇总、完善。秘书组汇总各单位的意见和建议；××煤矿召开党政联席会议，对会议文件进行了进一步修改和完善，即将提请大会审议。

（7）召开预备会议。

案例 18 中信银行扬州分行工会奖励职代会优秀提案[①]

2013 年 2 月 22 日下午,中信银行扬州分行工会委员会按《工会法》和职代会章程,召开了分行三届四次职工代表大会。

职代会上,分行行政负责人向全体职工代表报告了 2012 年中信银行扬州分行的经营情况;会议审议通过了 2012 年中信银行扬州分行工会工作报告以及 2012 年中信银行扬州分行工会经费审查报告;工会负责人向职代会报告了 2013 年中信银行扬州分行工会工作计划;职代会专门小组负责人向大会报告了对 2012 年职代会提案的处理落实情况,并就如何提高提案质量进行了讲解。

中信银行扬州分行工会自 2010 年建立职代会制度以来,始终坚持按职代会章程办事,充分发挥职代会民主管理的职能,广泛听取职工的意见和建议,解决职工提案涉及的大小问题 20 多个,使中信银行扬州分行的政策和制度更加符合实际,赢得职工的理解和支持。职工的意见少了、干劲大了,领导和职工之间沟通渠道通了,关系也更加和谐了,这对凝聚人心,调动职工积极性,为实现中信银行扬州分行工会全年目标任务起到了积极的促进作用。

大会还为 2012 年 1 名优秀职代会提案职工代表,4 个优秀兴趣小组,19 名工会活动积极分子发放了奖金。

问 题

1. 什么是职代会提案,职代会提案工作有何重要意义?
2. 职代会提案工作的一般程序是什么?
3. 中信银行扬州分行采取了哪些措施加强职代会提案工作?
4. 你认为应怎样做好职代会提案工作?

---

① 整理自:中信银行扬州分行工会奖励职代会优秀提案,扬州市总工会网,2013 - 02 - 28。

答案提示

1. 职代会提案的概念和意义

职代会提案是指提请职代会讨论、决定、处理的方案和建议。这些方案和建议由职工代表或职工群众提出，经职代会提案审查委员会审查立案后确定为职代会提案。

职代会提案的内容涉及生产经营管理、企业改革、内部分配、规章制度、职工劳动保护、生活福利等方面需要由职代会立案处理的问题。一般要求以书面形式提出，内容包括提案的理由、依据、具体要求、解决办法，并由提案人和附议人署名。

职代会提案工作，是落实职代会职能，实现职工群众参与企业管理、推进企业民主建设的最重要途径（除此外还包括审议企业行政领导的工作报告、参加企业日常管理活动等行使职工会职权的方式）。企业要想充分行使职代会职权、发挥职代会作用，就必须做好职代会提案工作。

2. 职代会提案工作的一般程序

（1）在做出召开职代会的决定后，工会或提案委员会发出征集提案通知，发放提案征集表；

（2）职工代表在听取和收集职工意见的基础上填写提案表；

（3）各代表团（组）收集提案并送交企业工会或提案工作委员会；

（4）工会或提案工作委员会依据有关法规、政策和实施价值与可能，对提案进行审查，凡符合条件的可以立案，对不符合条件的要退回提案人并做说明；

（5）工会或提案工作委员会对已立案的提案进行分类登记，分送厂长或有关部门进行处理和实施，对有关企业重大问题的提案应提交职代会进行讨论，因条件不具备而不能落实的提案，要向提案人说明情况；

（6）工会或提案工作委员会对提案的落实情况进行检查和督促，并在下次职代会上报告提案的处理及落实情况。

3. 中信银行扬州分行采取的加强职代会提案工作的措施

（1）把提案工作建立在广泛听取职工的意见和建议基础上。

（2）重视提案的落实，自2010年建立职代会制度，至2013年2月22日本次职代会召开的两年多时间里就落实处理职代会提案涉及的大小问题20多个。

（3）充分发挥激励机制的作用，鼓励广大职工群众和职工代表提出高质量的提案。本次职代会上就为2012年1名优秀职代会提案职工代表发放了奖金。

4. 做好职代会提案工作的看法

结合中信银行扬州分行的职代会提案工作经验，做好职代会提案工作应抓好以下问题：

（1）提案工作要建立在集中广大职工智慧的基础上。做好提案工作，不能仅仅依靠少数职工代表自己提提案，而是必须使职工代表深入职工群众，听取广大职工的意见和建议，集中全体职工的智慧。

（2）立案审查时不能只挑好办的、领导关注的立案。应在充分依据有关法规、政策和实施价值与可能的基础上，重视那些涉及群众利益、群众反映强烈的问题的立案。

（3）立案后及时做好提案转办。职代会提案审理委员会讨论立项的提案，该哪个部门办理就立即转办，办理部门对交办的提案要抱着对职工代表负责的态度，高度重视，认真清点、逐件登记。凡需几个部门共同办理的提案，则可由主办部门牵头与协办部门协商处理，并要求办理部门接到提案后一个月内提出书面处理意见。

（4）认真抓好承办落实。提案办理部门受理后，由部门主要负责人召集人员组织研究，落实方案，并确定该项提案责任人、具体措施、完成时间以及所需经费、劳动力安排等，使职代会提案事事有交代，件件有回音。凡是急需而又有条件解决的提案，要集中力量在最短时间给予落实解决，赢得民心。

（5）负责提醒督促催办。在整个提案办理过程中，企业职代会提案审理委员会和工会组织应掌握提案情况和进度，负责做好必要的督促。而各相关提案处理的职能部门负责人也要及时催办，帮助协调解决具体问题，因条件暂不具备而一时不能解决的提案，要订出规划，创造条件，逐步解决。

（6）组织职工代表中期视察。组织职工代表定期对提案落实情况进行视察检查要成为一项制度。职工代表的面要广，不仅仅是职工代表中的机关管理干部，还要让更多来自一线的职工代表指出职能部门在提案处理过程中的不足，提出措施和意见建议，以此来提高职代会提案处理的质量和效率。

（7）积极办理提案答复工作。要让职工代表满意、让职工群众感到职代会是职工说话的地方，就必须在提案办理、提案答复方面做出令人心服的举动。各办理部门要积极负责提案办理，规范书面答复工作，送提案人和同级职代会工作机构，对暂时未落实的提案也要说明原因，由分管领导审定签发，在规定时间做出答复。

（8）采取必要的激励措施。为增强职工代表的参与热情和提案办理部门的责任意识，进一步规范职代会的运作程序，有必要实施其激励机制。在企业中开展"最佳职代会提案"评选，鼓励职工代表深思熟虑提出高质量提案。有条件的企业可将优秀提案编印成册，下发各分工会、工会小组，同时对提案办理落实成效显著的部门与"最佳提案人"一并奖励。

案例 19   林钢事件：改制方案必须通过职代会[①]

濮阳市林州钢铁有限公司是一家国有独资有限责任公司，成立于 1969 年，在册职工 5122 人，其中在岗职工 2995 人，注册资金 1.3 亿元，主营业务为生铁冶炼，是河南省唯一生铁名牌产品基地，全国唯一低钛生铁生产基地，曾有"一辆东风车，一吨林钢铁"的说法。

事件的经过

从 2003 年起，濮阳市就决定对林钢改制。

2008 年 8 月，经濮阳市政府批准，林钢开始进行改制。随着林钢改制工作的启动，林钢工人们开始通过多种方式反映企业的各种问题和自己的诉求。

2009 年 7 月 24 日，河南凤宝（河南凤宝钢铁有限公司，民营企业，注册资金 11 亿元，职工 2000 余人）通过拍卖程序，以 2.5999 亿元人民币的价格获得了林钢的资产处置等权益，林钢将完成国退民进的改制过程，与河南凤宝组成一个新的钢铁集团。

拍卖结束后，河南凤宝表示立即支付 1.8 亿元的资金，用于支付前期的工人补偿金等费用。但向工人兑付了 1.4 亿元的经济补偿金等费用后，尚有 4000 万元因故没有下发，双方约定在 8 月 10 日前把尾数结清。然而 8 月 10 日那天，4000 万元的尾数并没有下发。凤宝的失信在林钢引起了不小的骚动，工人们觉得自己被愚弄了，加上此前长达 6 年的改制矛盾，遂导致了后面的"围堵"事件。

2009 年 8 月 11 日上午 8 点多，林钢改制小组副组长、濮阳市国资委调研员董章印来到公司二楼会议室进行改制协调工作，并宣布相关决定，却被工人"留了下来"，同时，包括了离退休人员和家属的人群开始在林钢综合办公楼前聚集，最高峰时达到 3000 余人。

事件发生后，河南省委、省政府主要领导高度重视。至 8 月 15 日凌晨 3 点，经过四天三夜的协商，双方意见达成一致：暂停改制，工人交出董章印。

8 月 16 日，河南省委、省政府提出了尊重广大职工意愿、暂停改制工作；改制暂停后，有关企业出路和职工利益等问题，由林钢职工代表大会集体决定；在林钢改制问题没有解决之前，凤宝钢铁公司不介入林钢事务等六条意见。

---

① 整理自：孙旭阳：河南林钢事件再聚焦：濮阳女副市长王相玲已被双规，人民网，2009-08-21；林钢改制悬疑追问：凤宝发家史，王朝网络，2009-08-20；企业改制缺乏阳光操作引冲突   职代会形同虚设，胶东在线，2009-08-18；邓瑶：林钢改制叫停   濮阳国资委重新考虑让安阳钢铁接手，和讯网，2009-08-19。

工人的诉求

随着聚集人群的散去,经过调整的企业改制工作组全面展开工作。改制组分成 5 个小组,深入林钢班组,与职工进行面对面的座谈,收集到工人反映的近百条问题。经梳理,工人的意见主要集中在以下几方面。

国有资产涉嫌流失。林钢《濮阳市林州钢铁有限责任公司改制实施方案》中,林钢的资产总额为 85209.07 万元,负债总额为 54711.42 万元,净资产为 30497.65 万元。但关于林钢资产的评估报告却没有公开。工人们怀疑林钢的资产被严重低估,负债反而被高估。工人要求公布资产评估报告,如果公布了评估报告,他们将把报告上传到网上,"让全国懂行的人都评评理,看看林钢到底值多少钱"。此外,工人还对林钢竞拍的公正性表示质疑。竞拍者有林州重机和凤宝钢铁,从起拍到落锤定音,林州重机始终没有举过号码牌;竞拍时林钢的起拍价由 3.294 亿元降价至 2.5999 亿元,比最初价格低了 21.1%,连降近 7000 万元(据悉,7 月 24 日签字同意林钢降价拍卖的濮阳市副市长王相玲已被双规,但目前无法确认与林钢拍卖有关)。

改制方案没有通过职代会。2009 年 5 月 31 日下发的《濮阳市林州钢铁有限责任公司改制实施方案》将"职工强烈要求"列为改制的最大可行性。但工人们普遍反映,他们"从没同意过改制,更没同意过拍卖"。林钢职工王现民介绍,"所有关于改制的会议都是中层以上干部参加,职工代表被排除在外。会议决议后,干部强迫职工代表签字,在原材料分厂,不签字的职工代表不能休息,取消了工休。签字的可以拿 300 块钱,给三天的假期"。包括两名职代会成员在内的职工反映,现行的改制方案、职工安置方案以及拍卖活动,都没有经过职代会的批准。一位职代会成员说,2009 年 3 月,濮阳市国资委和公司领导召开职代会,这次会上,工人代表们确实批准了一份"改制方案",但上述方案并非职代会批准的方案,对涉及企业资产和职工待遇的条款非常笼统。濮阳市国资委企业改革科科长胡连选证实,有两份"改制方案",第二份拟定于 5 月 31 日的方案,是对第一份的细化。当被问起第二份方案是否经过职代会和全体工人批准时,从 3 月起一直负责林钢事务的胡连选表示,林钢当时召开过中层会讨论过,也曾将方案下发至普通工人。但多名工人否认见过第二份方案。

要求重新改选职工代表。林钢工会主席郭建军告诉记者,林钢第十届职代会选举于 2007 年,共选举产生职工代表 189 名。截至 2009 年,企业有 170 余名职工代表。"我们这批一线职工代表(占全体职工代表的)比例是正常的,是 2007 年按照有关规定选出来的。到现在为止,一些职工退休,另一些走了,可能领导层比例占得大一点。但具体多少,我不太清楚。""这些代表当初都是职工推荐选出来的,现在出了这个事,他们就这么想(职工代表不能代表工人利益),可能有点不大合适吧。"但林钢工人们对此则表示,他们在历次职工代表选举中从未有过真正的发言权。工人们普遍认为自己被排除在了决策过程之外。他们同时表示:"省里再来人,应该和真正的职工代表开会。""现在的职工代表都是科长以上的干部,不代表我们的利益。应该重新选举工人代表。"

反对由凤宝兼并林钢。工人们反映,凤宝没有工会、团委、妇联、职代会组织,不落实《劳动合同法》——工人们没有假期和公休,超负荷工作。在凤宝,请假必须找人代班,克扣工资、罚款,甚至打骂工人、随意开除工人的现象比比皆是。工人们普遍希望国有大中型钢铁企业兼并林钢,很多人提出希望由河南省安阳钢铁集团兼并林钢。

此外,工人还比较集中地提出经济补偿金偏低、工伤人员的伤残鉴定及补偿、临时工的经济补偿、拖欠社保费问题,以及企业主要领导涉嫌经济腐败,企业主要领导在生产经营中决策、提拔干部、工作作风等方面的问题。

河南省委和全国总工会的表态

"从现在开始,凡企业改制重组必须经职代会讨论和风险评估"。这是刊登在 2009 年 8 月 16 日《河南日报》头版上的一则新闻标题,而标题的内容援引 8 月 15 日河南省委书记、省人大常委会主任徐光春,在濮阳市林州钢铁有限责任公司因改制工作引发部分职工不满,发生部分职工聚集围堵改制工作人员事件的报告所做的重要批示。批示中同时强调的是国企改革的经验值得总结,但也有些企业在改制过程中民主程序不健全,没有经过职工代表大会或职工大会的充分讨论,也没有经过社会稳定风险评估,引起职工的质疑和不满,要引起各级党委、政府的高度重视。

2009 年 8 月 14 日,中华全国总工会发出通知,要求企业改制方案应提交企业职工代表大会或职工大会审议,职工的裁减和安置方案等涉及职工切身利益的重大问题,未经职工代表大会审议的不应实施,既未公开,又未经职工代表大会通过的决定视为无效。可看作是再次就企业改制中依法依规地落实职工的知情权、参与权、决策权和监督权,切实维护职工合法权益所做的强调。

问　题

1. 职代会有哪些职权?
2. 关于职工代表产生与结构的主要规定是什么?
3. 林钢改制过程中职代会的职权是否得到了充分的尊重和行使?为什么?
4. 结合林钢事件谈谈怎样才能更好地行使职代会职权。

答案提示

1. 职代会的职权

根据企业法、《全民所有制工业企业职工代表大会条例》等的规定,职代会的职权有:

知情权。即对重大事项的审议、建议权。定期听取厂长的工作报告,审议企业的经营方针、长远和年度计划、重大技术改造和技术引进计划、职工培训计划、财务预决算、自有资金分配和使用方案,提出意见和建议,并就上述方案的实施做出决议。

共决权。即对涉及职工切身利益的重大事项的审查同意或否决权。审议通过厂长提出的企业的经济责任制方案、工资调整计划、奖金分配方案、劳动保护措施方案、奖惩办法及其他重要的规章制度。

决定权。即对职工生活福利等重大事项的审议决定权。审议决定企业职工集体福利基金使用方案、职工住房分配方案和其他有关职工生活福利的重大事项。

监督权。即对领导干部的评议监督权。评议、监督各级行政领导干部,并提出奖惩和任免的建议。

选举权。即对经营者、职工董事、职工监事和集体协商代表等的选举权。依法选举和更换董事会、监事会中的职工代表。

在企业改制过程中,应充分保障职代会行使上述职权。2003年11月,国务院办公厅转发的国务院国资委《关于规范国有企业改制工作的意见》明确规定,"国有企业改制方案和国有控股企业改制为非国有的企业的方案,必须提交企业职工代表大会或职工大会审议,充分听取职工意见。其中,职工安置方案须经企业职工代表大会或职工大会审议通过后方可实施改制"。本案中林钢在改制之前,其改制方案必须经过职工代表大会审议,职工安置方案需经企业职工代表大会审议通过后才能实施改制。

2. 关于职工代表产生与结构的主要规定

依据1986年的《全民所有制工业企业职工代表大会条例》和2007年的《关于建立和完善中央企业职工代表大会制度的指导意见》,关于企业职工代表在产生和结构方面的主要规定有:

享有政治权利的企业职工,均可当选为职工代表。

职工代表的产生,应当以班组或者工段为单位,由职工直接选举。大型企业的职工代表,也可以由分厂或者车间的职工代表相互推选产生。

职工代表的结构应以一线职工(包括一线工人、技术人员和管理人员)为主体。

职工代表中应当有工人、技术人员、管理人员、领导干部和其他方面的职工。其中企业和车间、科室行政领导干部一般为职工代表总数的五分之一。青年职工和女职工应当占适当比例。为了吸收有经验的技术人员、经营管理人员参加职工代表大会,可以在企业或者车间范围内,经过民主协商,推选一部分代表。职工代表按分厂、车间、科室(或若干科室)组成代表团(组),推选团(组)长。

职工代表实行常任制,每两年改选一次,可以连选连任。职工代表对选举单位的职工负责。选举单位的职工有权监督或者撤换本单位的职工代表。

3. 林钢改制过程中职代会的职权行使情况及原因

林钢改制过程中职代会的职权没有得到充分尊重和行使。表现在:所有关于改制的会议都是中层以上干部参加,职工代表被排除在外,会议决议后,干部强迫职工代表签字;实施的改制方案、职工安置方案以及拍卖活动,都没有经过职代会的批准。

此外,林钢职代会本身也存在一些问题。按照《全民所有制工业企业职工代表大会条例》规定,职工代表中应当有工人、技术人员、管理人员、领导干部和其他方面的职工。其中企业和车间、科室行政领导干部一般为职工代表总数的五分之一。职代会是企业广大职工参与民主管理的基本形式,对管理人员所占比例的限定是保证广大职工行使民主权利的组织保证,非常重要。但林钢工会主席本身都说不清当时职代会中各类人员的比例,用他的话说"可能领导层比例占得大一点。但具体多少,我不太清楚"。此外,林钢工人普遍认为他们在历次职工代表选举中从未有过真正的发言权。正因为存在这些问题,林钢工人才认为现在的职工代表不能代表他们,要求重选职工代表。

4. 结合林钢事件谈谈如何更好地行使职代会职权

必须重视和保障职代会职权的落实,这是维护广大职工实体性权利的程序性保证,没有程序上的公平公开,广大职工的知情权、话语权缺失,应有利益就得不到保障。林钢改制过程中,就是暗箱操作,实施的改制方案、职工安置方案拒绝通过职代会民主程序,才造成国有资产流失、职工合法权益被侵害的结果,这从反面证实了落实职代会职权的重要意义,行使职代会职权绝不只是走个形式的问题,它是保障广大职工合法权益的最重要手段。

必须加强职代会本身建设。职工代表的选举,要选出愿意和能够代表广大职工意愿的人当代表;职代会的人员构成要符合法律规定,要保证一线职工、科技人员和一般管理人员的比例不低于50%,管理人员的比例不能超过20%。这样才能保障职代会真正为广大工人说话。要加强对职工代表参与管理能力的培训,职工代表懂得国家法律、法规、政策以及本企业生产经营方面的知识,才能更好地行使职权。

案例 20 工会经费花完就可以不开职代会吗?[①]

　　某公司是一家制药公司。该公司成立以后,就成立了工会,并建立起职工代表大会制度。该公司制定的《某公司职工代表大会实施细则》规定,该公司每年召开一次职工代表大会。

　　2012 年,公司生产经营状况良好。但到年终时,总经理决定当年不再召开职工代表大会,把当年的职代会与下一年的职代会合并举行。该总经理提出的依据是"本公司今年的工会经费已经全部花完了"。

问　题

　　该制药公司总经理的做法有法律依据吗?

答案提示

　　首先,根据全国总工会财务部《关于职工代表大会的费用由谁担负的通知》,职工代表大会制度是企业的一项管理制度,职工代表大会的工作是整个企业的工作,其开支费用应由企业负担(由企业管理费用列支),而不是由工会经费列支,故工会经费的结余情况根本就不能影响职代会的召开。

　　其次,职工代表大会制度是企业的一项经常性管理制度。根据 2012 年六部门《企业民主管理规定》,职工代表大会每年至少召开一次。

　　最后,职工代表大会是企业民主管理的权力机构,其依法决定的事项对企业及其全体职工具有约束力,企业及其全体职工应当严格执行,非经职工代表大会同意不得变更。该企业《职工代表大会实施细则》是经职工代表大会审议通过的事项,对企业及全体职工具有约束力,企业总经理应当严格执行《职工代表大会实施细则》中规定的"职工代表大会每年至少召开一次"的规定。

　　所以,该制药公司总经理以"本公司今年的工会经费已经全部花完了",故当年不再召开职工代表大会,把当年的职代会与下一年的职代会合并举行的决定不符合法律规定,没有法律依据。

---

　　①　整理自:职代会工作费用可否从工会经费列支?《河北工人报》,2014 - 12 - 08。

案例 21　这家企业职代会活动的程序和形式符合法律规定吗？[①]

　　某企业是珠三角的一家国有纺织企业。2012年，该企业接到大量订单，生产任务非常重。为提高工作效率，在年终召开职工代表大会会时公布了会议议题和议案，并提请职工代表以举手表决的方式一并审议通过三项涉及职工切身利益的重大事项。

问　题

　　请问该企业职代会活动的程序和形式符合法律规定吗？

答案提示

　　首先，根据六部门《企业民主管理规定》，职工代表大会议题和议案应当由企业工会听取职工意见后与企业协商确定，并在会议召开七日前以书面形式送达职工代表。该企业在召开职代会时才向职工代表公布会议的议题和方案，不符合法律规定，不利于职工代表充分听取和吸收职工的意见和建议，全面准确地表达意见。

　　其次，从表决方式看，根据六部门《企业民主管理规定》，职代会"对重要事项的表决，应当采用无记名投票的方式分项表决"。本案中审议通过的是涉及职工切身利益的重大事项，故应采取无记名投票方式而非举手表决方式。

　　最后，当职工代表大会需要对多个事项进行表决时，由于对不同事项，职工代表的意见并不一定是一致的，表决结果可能也不一样，如果采取一并表决的方式，职工代表无法准确表达意见和决定。因此，职工代表大会对重要事项的表决，应一事一议，分项表决。

　　故该企业职代会活动的上述程序和形式不符合法律规定。

---

　　① 整理自：民主管理部：民主管理案例分析，河北省总工会网，2014－06－26。

案例 22　企业总经理是职代会的当然代表吗?[①]

　　2014 年年底,某企业决定召开一年一度的职工代表大会。职工代表应为 42 人,按比例分配到各职能部门和生产车间。其中总经理所在的行政部门的代表人数应为 7 人。在选举代表时,有人提出,企业总经理负责向企业职工代表大会做企业行政的工作报告,由企业职工代表大会听取和审议,故企业总经理是职工代表大会的当然代表,无须经过选举。

问　题

　　"企业总经理是职代会的当然代表,无须经过选举"的提法正确吗?

答案提示

　　根据《全民所有制工业企业职工代表大会条例》和六部门《企业民主管理规定》,职工代表应当以班组、工段、车间、科室等为基本选举单位由职工直接选举产生,任何人不能当然成为职工代表大会的代表。故"企业总经理是职代会的当然代表,无须经过选举"的提法不正确。

---

　　①　整理自:企业能否存在当然职工代表? 中工网,2014 - 12 - 12。

案例 23　职代会决议必须经全体职工代表 过半数通过[①]

　　2014年年底某企业召开当年度的职工代表大会。本届职代会共有职工代表120名,实际参会代表为93名。

　　在本次职代会上,需要审议通过《职工公寓分配方案》草案。投票时,有55名代表投了赞成票。于是,本次职代会主持人宣布说,《职工公寓分配方案》草案获得半数以上代表投票同意,审议获得通过。

问　题

　　本次职代会的效力存在问题吗?

答案提示

　　首先,根据《全民所有制工业企业职工代表大会条例》和六部门《企业民主管理规定》,职代会召开会议必须有2/3以上的职工代表出席。该企业本届职代会共有120名代表,实际参会代表为92名,已超过2/3,符合召开会议的条件。

　　其次,根据《全民所有制工业企业职工代表大会条例》和六部门《企业民主管理规定》,职代会进行选举和做出决议,必须经全体职工代表过半数通过。特别需注意的是,不是参会代表的过半数通过,而是全体代表的过半数通过。该次职工代表大会应有60名以上代表同意方为有效,而本次只有55名代表投了赞成票,因此该企业《职工公寓分配方案》没有获得审议通过。

---

　　① 整理自:工资集体协议草案能否通过,为什么? 中工网转载《河北工人报》消息,2014-04-01。

案例 24　某高校教代会的做法符合相关法律规定吗？[①]

2012 年年底，某高校准备召开当年度的教职工代表大会。经选举产生教职工代表共 100 名，其中，校级领导和处级、副处级领导为 69 名，一线教师代表为 31 名。在召开教职工代表大会时，共有 61 名代表参加了会议。

本次大会需审议通过该校《教职工聘期绩效考核方案（审议稿）》。在校方宣读了该校《教职工聘期绩效考核方案（审议稿）》之后，即让参会代表举手表决通过该《教职工聘期绩效考核方案》。

问　题

该校教职工代表大会的做法符合相关法律规定吗？

答案提示

首先，从职工代表的构成看。根据六部门《企业民主管理规定》，单位中层以上管理人员和领导人员一般不得超过职工代表总人数的 20%。具体到该高校，就是不能超过 20 人。该校中层以上管理人员和领导人员占职工代表总数的实际比例高达 69%，属于职工代表结构不符合规定。

其次，从参会人数看。根据《全民所有制工业企业职工代表大会条例》和六部门《企业民主管理规定》，职代会召开会议必须有 2/3 以上的职工代表出席。对该高校而言，至少应有 67 名代表参加才能召开会议。而该高校此次会议实际参会教职工代表只有 61 人，未达到法定人数，不符合法律规定。

再次，从会议程序上看。根据六部门《企业民主管理规定》，职工代表大会议题和议案应当由企业工会听取职工意见后与企业协商确定，并在会议召开七日前以书面形式送达

---

①　整理自：职工代表大会代表中单位中层以上领导人员不得超过 50%，民主与法制网转载《河北工人报》消息，2014 - 03 - 29。

职工代表。该高校在召开会议时才宣读《教职工聘期绩效考核方案（审议稿）》不符合法律规定。

最后，从表决方式看。根据六部门《企业民主管理规定》，职代会审议通过重大事项应采用无记名投票表决方式，本案的《教职工聘期绩效考核方案（审议稿）》是涉及教职工切身利益的重大事项，故应采取无记名投票方式而非举手表决方式。

案例 25　是校长还是工会主席的说法正确？[①]

　　2015 年,某高校教工代表张某到了退休年龄,但其所担任的教工代表任期未满。该校工会主席告诉张某,他不能再继续担任教工代表和参加教职工代表大会的活动了。这时,该校校长说就让毕业于某名牌大学的博士李某接替张某的教职工代表吧。李某 2014 年毕业后来到该校,与该校签订了无固定期限劳动合同,一直以来业务精湛、品行良好、表现出色,深得校领导赏识。但该校工会主席说李某没资格担任教职工代表,因为李某还不是工会会员。

问　题

　　是校长还是工会主席的说法正确？

答案提示

　　首先,从工会主席的说法看。根据六部门《企业民主管理规定》,与企业签订劳动合同建立劳动关系以及与企业存在事实劳动关系的职工,有选举和被选举为职工代表大会代表的权利;依法终止或者解除劳动关系的职工代表,其代表资格自行终止。退休人员已与用人单位终止劳动关系,其代表资格自行终止。故工会主席不让张某继续担任教职工代表和参加教职工代表大会活动的做法正确。根据前述规定,依法与企业建立劳动关系的职工,均有选举和被选举为职工代表大会代表的权利,是不是工会会员不是职工代表的必要条件。故其因李某不是工会会员而不同意李某担任教职工代表的做法是没有法律依据的。

　　其次,从该校校长的说法看。根据六部门《企业民主管理规定》,"职工代表必须由职工民主选举产生",不可指定。因此,该校校长指定让某人担任代表的说法显然是不合适的。

[①]　整理自:省总民管部:谁有资格当选职工代表?《河北工人报》,2014 - 12 - 01。

案例 26　哈尔滨市南岗区荣市街道建立区域性职代会[①]

荣市街道前身为义州街道,建于1946年,1979年定名为荣市街道。荣市街道位于哈尔滨市南岗区中部,面积为2.2平方千米。

长期以来,荣市街道的工商业一直比较发达。20世纪90年代,荣市街道就有驻街商服企业680个,其中,全国唯一的人防工程地下商业街、全国最大的奋斗路副食品商场、秋林公司、哈尔滨百货大楼等都坐落在辖区内。荣市街道还有一批街道办企业。荣市街道办企业起步于1958年,先后办起服装厂、标牌厂、木型厂、电讯器材厂等一批小企业。党的十一届三中全会以后,街道工业和第三产业有了长足的发展,至1990年,就有工业厂点13家,有街道办商服企业134家,固定资产达1538万元,流动资金达2328万元,已形成誊写、标牌、晒图、描图、机械、化工、化学、工业修理等行业,主要产品有数控火焰切割机、可调红外线炉、地板胶粘剂、"散雪"化妆品和洗发护发香波等。从企业规模看,荣市街道不但有像秋林公司、哈尔滨百货大楼这样的大中型企业,更有一大批小微企业,使荣市街道成为哈尔滨市工业、商业服务企业最集中的街道之一。

建立区域性职代会的缘起

近年来,随着中华全国总工会对企业民主管理的大力推进,荣市街道内大量非公小微企业员工如何实现民主参与的问题凸显出来。按照我国法律规定,职工代表大会是企业实行民主管理的基本形式,但是,在街道工会的调研中发现,在小微企业中建立职代会存在着"三难"。

一是单独召开职代会难。由于企业规模比较小,人数少,员工流动性大,外来务工的农民工多,企业情况较为复杂。因此,企业单独召开职代会有一定的难度。

二是企业经营者的认识转变难。多数非公小微企业的经营者认为企业是自己的,企业的一切都是自己说了算,没必要召开职代会而给自己增加麻烦。

三是作为职代会办事机构的工会,在非公小微企业要么没有组建,要么工会干部因流动

① 整理自:荣市街道简介,荣市街道网;以成立街道总工会为契机,召开区域性职代会,南岗区总工会网,2010-06-10;南岗市总工会:建立区域性职代会制度　搭建街道工会维权工作新平台,百度文库。

性大、非专职、受雇等履行职责难。

面对这些困难,怎样在辖区内的非公小微企业落实职代会制度,让非公小微企业员工也享受到参与管理的权利呢? 在南岗区总工会的指导下,荣市街道开始尝试利用街道工会对辖区内企业工会的指导监督职能,以及街道工会主席为同级党委副书记、街道工会包括各企业有影响力人员,直接与小微企业接触等优势,来替代企业工会履行一部分其无法履行的职能,通过建立街道区域性职代会的形式,来实现落实员工的民主参与权利,实现小微企业民主管理。

注重四方面工作

对于荣市街道工会来说,建立区域性职代会是前所未有的事,没有可借鉴的经验,只能在依据法律、法规的前提下结合实际进行摸索。他们主要从四个方面入手开展工作。

一是抓职工代表的选举。代表选举是开好区域性职代会的关键步骤,必须严格按照职代会条例的规定选举职工代表:代表必须是通过社区和企业自下而上地选举产生;代表条件必须是政治素质好、工作能力强、有参政意识、敢讲实话、坚持正义的人;代表的构成要有广泛性,既要有企业负责人、工会干部,又要有一线员工和农民工代表,而且一线员工代表要占有一定的比例;在代表的名额分配上,根据辖区内小微企业多,但各企业人员少且分散的特点,做到既符合法律规定又切合各企业人数和人员构成实际。

二是抓职代会组织制度。严格按照职代会条例要求,召开职代会时到会人数必须达到职工代表的2/3以上方可开会;会议选举和表决必须达到代表的半数以上才有效,从而确保了区域性职代会的合法性。

三是抓职代会的内容。区域性职代会照搬独立的企业职代会的内容肯定不行,要把辖区内职工普遍关心的大事拿到职代会上,着重落实职工代表的以下几项权益:

知情权。听取办事处行政领导就街道政治经济发展形势向参会代表所做的报告,使非公小微企业的经营者和员工知区域发展之情,参区域发展之政。

审议权。主要是审议区域性集体合同文本。

监督权。通过建立区域性集体合同监督检察小组,对上一年度集体合同的执行情况进行监督,并在职代会上向职工代表进行汇报。

表决权。主要是表决通过与职工息息相关的、涉及职工切身利益的、要求全区域职工共同遵守的各项制度,如劳动安全卫生制度、开展"双爱双评"活动等。区域性职代会的其他内容可根据各街道的实际情况自行决定。

四是抓职代会的程序。召开区域性职代会要从企业的实际情况出发,在时间上既要保证会议内容的完整性,又不宜时间过长;在程序上,既要合法,又力求简便。以会前准备为主,会中进行表决,会后抓好落实。

区域性职代会建设取得的成效

荣市街道的区域性职代会制度,经过几年的发展和完善,日趋走向成熟,已成为辖区内小微企业民主管理的重要途径,非公小微企业职工参与企业管理、维护自身合法权益的载体和街道工会维权的平台,在民主管理、建设和谐企业中发挥了重要作用,为企业和员工解决了很多困难和问题。

近年来,荣市街道区域性职代会所覆盖的企业劳资关系融洽,企业之间形成了双向互动、群策群力、共谋发展的氛围,实现了劳资"双赢"。如荣市街道三姓摊区通过签订区域性集体合同,为25名农民工办理摊位实名经营手续,解决他们靠租二手摊做生意的问题,每年可少支出摊位费共50000元。

问　题

1. 结合本案例谈谈为什么要建立区域性职代会?
2. 荣市街道工会是怎样进行区域性职代会建设的?
3. 谈谈你对建立区域性职代会的看法。

答案提示

1. 结合本案例谈谈为什么要建立区域性职代会

区域性职代会是近年来我国职代会制度的一种发展创新,它主要是针对辖区内小微企业单独建立职代会存在的具体困难而采取的措施。以本案为例,荣市街道辖区内的大量小微企业,由于企业规模小、人数少、员工流动性大、工会力量薄弱、经营者观念等问题,企业单独召开职代会有一定的难度。而街道工会可利用自身优势来替代企业工会履行一部分其无法履行的职能,通过建立街道区域性职代会的形式,来实现落实员工的民主参与权利,实现小微企业民主管理。

2. 荣市街道工会进行区域性职代会建设的做法

首先,明确思路,把区域性职代会建设工作建立在有法律依据的基础上。

其次,抓职工代表的选举,为开好区域性职代会奠定组织基础。

再次,抓职代会的组织制度,确保区域性职代会的合法性。

复次,抓职代会的内容。把辖区内职工普遍关心的大事作为区域性职代会的议题,并对落实职工代表的知情权、审议权、监督权、表决权进行了结合辖区实际的诠释。

最后,抓职代会的程序。从企业的实际出发,做到既要保证会议内容的完整性,又不宜时间过长;在程序上,既要合法,又力求简便。以会前准备为主,会中进行表决,会后抓好落实。

3. 对建立区域性职代会的看法

首先,区域性职代会是实现小微企业民主管理的一种有益探索,为小微企业民主管理搭建了平台,落实了小微企业职工的民主权利,为小微企业职工以理性合法形式表达利益诉求开辟了道路;为企业开展平等协商、签订集体合同提供了程序保障;为调整劳动关系,推动企业和谐发展做出了积极的贡献。

其次,区域性职代会制度必须在党委领导、行政支持、工会具体运作、企业积极配合、职工广泛参与这一格局下才能实现。

最后,区域性职代会的推进必须扎扎实实,不能走过场,只有这样才能真正解决小微企业的民主管理问题。同时,还有很多具体问题制约区域性职代会,比如职工代表人员不稳定、区域内小微企业处于不同行业所产生的差异等。这些问题如不解决,就会影响到区域性职代会的发展。

案例 27   海德堡宜家与百福的企业委员会^①

自 1974 年瑞典宜家在德国落户以来,由于产品受到德国各阶层消费者的普遍接受,宜家在德国迅速扩张,截至 2008 年,宜家在德国已经开设了 43 家分店。

"Heidelberg Walldorf"(以下称海德堡宜家)位于德国巴登-符腾堡州的海德堡市远离城中心的地方,是德国宜家 43 家分店之一,开业于 1981 年,到 2008 年已经拥有近 30 年的历史。它的面积有 25000 平方米,客流量也比较大。

按照德国法律的要求,海德堡宜家建有企业委员会。该企业委员会完全由职工代表组成,职工代表由员工自己选举产生。海德堡宜家的大部分企业委员会成员都是工会会员。根据德国法律规定,海德堡宜家与员工密切相关的所有事项都有企业委员会的参与,大到劳资协议的签订履行、企业的裁员安排、企业发展方案、劳动争议处理、工作环境改进、员工福利决定,小到一个职工所遇到的工作时间的安排,企业委员会都享有重要的参与决定权,发挥着重要作用。可以说,企业委员会无处不在。

海德堡宜家的企业委员会在和员工利益相关的问题上总替员工说话,使得企业管理方非常烦恼,所以他们决定打击一下企业委员会。2008 年将近年底的时候,海德堡宜家的雇主宣布要解雇企业委员会的主席。实际上,企业委员会主席并不是可以随意解雇的,德国法律要求,解雇企业委员会主席必须经过企业委员会同意。海德堡宜家雇主对企业委员会和职工代表的恶劣态度以及违反法律的言行,激起了员工的极大不满。新成立的服务业工会得知此事后,决定采取行动声援一下海德堡宜家的企业委员会和员工,同时给海德堡宜家管理方施加压力,让他们知道工会的力量,促使其改变对企业委员会和工会的态度。

2008 年 12 月 6 日,服务业工会组织了十多个工会骨干来到海德堡的宜家商场。这些人都不是宜家的员工,这样做的目的是保护宜家的员工,避免影响他们的饭碗。这些工会骨干们在停车楼顶层集合,然后从一辆汽车的后备厢中拿出了事先准备好的黄色 T 恤衫,另一些人则拿出类似圣诞老人穿的红色长袍。工会骨干们分散开来去洗手间换衣服,然后约定十分钟后大家一起出现在商场的各个角落。必须要说的是,这一天是德国圣诞前的一个重要节日——尼古拉斯节。尼古拉斯就像圣诞老人一样,身着红色长袍,带着装满糖果的礼品

---

① 整理自:林燕玲、郑桥:德国工会的活动【德国工厂之旅 连载】,《中国工人》,2011(11)。

袋,四处给孩子们发放糖果。扮成尼古拉斯的工会骨干,见到带着孩子的父母,就先上前给孩子们送上五彩缤纷的糖果,与此同时,开始与父母交谈,告诉他们宜家管理方要解雇企业委员会主席的事。身穿黄色 T 恤衫的工会骨干们则手拿事先印好的传单,向顾客们发放,传单的主要内容也是告诉顾客,宜家管理方对待工会、企业委员会的恶劣行为。同时,在传单里还附着可以寄往宜家总部的明信片,宜家的顾客可以在上面发表自己的意见并把它寄往宜家总部,让总部了解海德堡商场管理方的做法是如何不得人心,促使总部也来干预这个商场的行为。

海德堡宜家的商场里,购物的人们三三两两地议论着这突如其来的事情。商场的一些领班、销售经理紧张地用对讲机与上级人员联系,通报着商场里出现了一批什么人,请示应该怎么办,等等。行动开始约十分钟后,有管理人员开始去阻拦工会行动人员,连正在德国考察的中国工会代表团,也因为和几个德国人一起在观看并议论,而被怀疑与此事有什么关联,被一名女管理人员严肃而礼貌地劝请离开商场。当向这名女管理人员问及原因的时候,她只是不停地摇着头,说没有什么原因,就是要请他们离开。

与此同时,在商场门口散发传单的工会骨干也受到阻挠。过了不久,警察出现在海德堡宜家的商场里,宜家店方叫了警察来干涉。但是,警察到达海德堡宜家商场后,发现这里并没有什么违法行为需要他们干预,所以没有采取任何行动,只是站在一边观看。

前后不到一个小时的时间,工会活动结束,所有人员同时离开了宜家。

几天之后,由服务业工会领导的这场劳资较量取得了初步成效,宜家管理方感受到了工会的压力,发现自己的恶劣表现已被公之于众,甚至还被外国人看到,脸面上着实不太好看。宜家管理方说,连中国工会的人都知晓了这件事,实在是太严重了。所以,他们的态度出现了转变,表示下一步要与企业委员会坐下来好好谈谈。这对服务业工会来说,就是取得了斗争的成效:督促管理方正确对待员工以及员工的代表企业委员会。接下来,工会要继续观察他们的实际行动,并适时地给员工以支持和援助。

百福公司是德国具有 150 年历史的生产缝纫机的老牌企业。百福缝纫机厂原来是一个颇具规模的企业,20 世纪 90 年代还有员工 11000 人,所生产的法夫牌缝纫机享誉世界。但是,近些年来,随着人们生活方式的变化,使用缝纫机的家庭越来越少,因此该厂现在已不再生产家用缝纫机,生产家用缝纫机的厂子被卖掉了,现在的企业只生产工厂用的缝纫机。市场需求下降,投资就越来越少,十几年的时间里企业规模不断压缩,从 20 世纪 80 年代开始该厂先后被卖八次,现在企业里只剩下 800 名员工。而两周之后又迎来公司再次被出售。

德国法律规定,企业如果破产,给予被裁减工人的补偿一般不超过工资的 2.5 倍。但那只是一个底线标准,企业委员会还可以通过与企业方面谈判,为工人争取尽可能好一些的补偿。而对于一些残疾工人来说,则更需要企业委员会为他们争取特别保护。另外,企业破产安置职工还有一个方式,即由企业委员会与雇主谈判设立过渡性公司,被解雇的工人可以在过渡性公司里接受相关培训,由劳动局给予补贴,一般相当于工人工资的 60%～67%。如果企业委员会有谈判实力与雇主进行谈判,还可以要求雇主再增加一些补贴,达到工人工资的

75%～80%。在过渡性公司工人最长可以接受培训一年时间,一年到期后,可以到新的公司去上班,没有找到合适的工作,就要到劳动局登记领取失业金。

百福的企业委员会长时间以来,一直在重复做着一项工作,为即将被裁减的人员争取尽可能好的补偿:与雇主谈判裁员的顺序,尽量优先保护那些年龄偏大、再就业能力不强的工人;对于即将被裁的员工,要努力争取把他们纳入过渡性公司,接受新的培训,为这些员工寻找新工作创造条件,同时,为过渡公司中的员工争取更高比例的补偿;为丧失工作岗位的员工谈判争取好一些的补偿,尽可能减少他们的损失。百福企业委员会之所以一直坚持为工人争取保护和权益,很重要的一点是因为工人对他们的信任与支持。

当然,百福企业委员会自己的前景也不乐观,如果这个工厂彻底关闭了,那么企业委员会也就将宣布解散。

问 题

1. 德国通过哪些基本制度实现"劳资共决制"?
2. 谈谈德国企业委员会的目标、产生与构成。
3. 本案例中海德堡宜家和百福的企业委员会是否行使了自己的职权?
4. 结合本案例谈谈德国工会与企业委员会的关系。
5. 德国"劳资共决制"有哪些优点?
6. 德国职工参与企业管理的效果怎样?

答案提示

1. 构成德国"劳资共决制"的基本制度

"劳资共决制"在德国是指"雇员或其代表对企业或法定企业决策过程的法定参与。""劳资共决"的广义是指工人直接参与企业、经济乃至其他社会领域的决策和管理的思想与制度;狭义是指工人在企业决策中拥有平等的、数量上对等的份额,即对等共决。1919年《魏玛宪法》规定,"劳动者及受雇者均得平等地与雇主共同制定工资、劳动条件及生产力总体经济发展的规章",使"劳资共决制"具有了宪法依据。

构成"劳资共决制"的基本制度主要包括:

监事会制度。根据德国法律规定,企业建立监事会(其职能相当于美国公司的董事会,企业经营中的重大问题都由监事会决定)。监事会是一个劳资共决的机构。其特点是:第一,企业监事会由劳资双方对等的代表组成。法律规定,煤炭钢铁以及2000人以上的大企业的监事会,劳资双方的代表人数对等;而在2000人以下的其他企业的监事会,职工代表占1/3;第二,职工代表与股东代表享有相同的权利。

企业委员会制度。根据德国有关法律,企业必须建立企业委员会,企业委员会享有广泛的共决权。企业委员会可以作为雇员方的代表签订具体在本企业落实行业集体合同的企业协议;在劳动及休息时间、休假、工伤事故防范、福利政策、劳动争议处理、职业培训方面不经企业委员会同意,企业方不能做出决定。如劳资无法协商一致,由州劳动局出面调解;企业委员会可参与企业人力资源政策尤其是工资、雇佣、解聘政策的制定。

德国法律规定的这些"共决"制度,在一定程度上保障了企业员工对企业的民主管理权,从而能够较好地保障员工的利益。

2. 谈谈德国企业委员会的目标、产生、构成

1952年通过经1972年修订后一直沿用至今的《德国宪章法》规定,在雇员超过20人的企业里都要设立由全体雇员选举产生的企业委员会,由年满18岁的非高级职员(雇员)代表选举产生并代表全体职工(雇员)利益(同时企业委员会也应支持雇主实现企业的经济目标);凡在本企业工作过6个月以上者均可当选。企业主必须对企业委员会的工作予以支持。

3. 本案例中海德堡宜家和百福的企业委员会行使职权的情况

本案例中海德堡宜家和百福的企业委员会都忠实地履行着代表全体职工代表参与企业管理,维护职工权益的职责。

在海德堡宜家,与员工密切相关的所有事项都有企业委员会的参与,大到劳资协议的签订履行、企业裁员的安排、企业发展方案、劳动争议处理、工作环境改进、员工福利决定,小到一个职工所遇到的工作时间的安排,企业委员会都享有重要的参与决定权,发挥着重要作用。可以说,企业委员会无处不在。正因为海德堡宜家的企业委员会在和员工利益相关的问题上总替员工说话,才导致了企业管理方做出决定要打击企业委员会,解雇企业委员会的主席。

百福的企业委员会长时间以来,一直坚持为工人争取保护和权益,为即将被裁减的人员争取尽可能好的补偿:与雇主谈判裁员的顺序,尽量优先保护那些年龄偏大、再就业能力不强的工人;对于即将被裁的员工,要努力争取把他们纳入过渡性公司,接受新的培训,为这些员工寻找新工作创造条件,同时,为过渡公司中的员工争取更高比例的补偿;为丧失工作岗位的员工谈判争取好一些的补偿,尽可能减少他们的损失。

4. 结合本案例谈谈德国工会与企业委员会的关系

在德国,企业委员会与工会既是有区别的,又是密切联系的。

从构成上看,企业委员会由企业全体职工选举产生,不论是不是工会会员都可当选,是一个在企业内代表职工利益的独立机构;工会当然全部由工会成员构成,是社会团体。

从组织上看,由于工会是个强大的社会团体,单个企业雇主势单力孤。为了保持劳资力量的平衡,德国法律规定:职工的利益在企业内由企业委员会来代表;工会不得与企业委员会发生组织上的联系;工会也不得在企业内建组织,只能有工会联系人;工会对企业委员会的影响仅仅限于咨询和支持,不得干预其工作。但事实上,工会与企业委员会在人事上存在着密切的交集,3/4以上的企业委员会委员和4/5的企业委员会主席由工会会员担任。所以,企业委员会仍脱离不了工会的影响。

从职能上看,产业工会负责与产业雇主组织进行集体谈判,签订的集体合同自动覆盖产业所有企业。在产业级别的劳资谈判过程中,如果谈判破裂,调解又不成功,工会便可以组织罢工,给资方施加压力,促其重回谈判桌。工会可以组织罢工,德国法律规定,工会是唯一可以组织罢工的组织。在产业所属的企业里,企业委员会则要围绕产业级别的集体合同,与企业雇主进行谈判和协商,目的是把适用于全产业的集体合同条款企业化,让它符合企业的特点。企业委员会与企业雇主签订的文件被称为劳资协议。但企业委员会与雇主协商不成时,不能举行罢工,可以由州劳动局出面调解。企业委员会所享有的是协商权、参与权。当然,企业委员会可以寻求工会的咨询和支持。

本案例中,当海德堡宜家的雇主宣布要解雇企业委员会的主席时,新成立的服务业工会得知此事后,决定采取行动支持海德堡宜家的企业委员会和员工,同时给海德堡宜家管理方施加压力,让他们知道工会的力量,促使其改变对企业委员会和工会的态度。

通过服务业工会的行动,迫使宜家管理方态度出现了转变,并表示下一步要与企业委员会坐下来好好谈谈。服务业工会则要继续观察宜家管理方的实际行动,并适时地给企业委员会和员工以支持和援助。

工会发挥的作用是在法律允许的限度内的(企业委员会可以寻求工会的咨询和支持)。通过这次活动,可以看出企业委员会与工会的关系,即受到法律限制,职能上有所区别,又密切联系,彼此不可能完全独立。从行动结果上,也实现了企业委员会和服务业工会的双赢,不仅迫使雇主转变了对企业委员会的态度,服务业工会本身也提高了威望。这从另一个侧面说明了企业委员会与工会的无法割断的联系。

5. 德国"劳资共决制"的主要优点

"劳资共决制"是德国企业发展、社会稳定和经济繁荣的保证。

一是职工与公司形成休戚相关的事业共同体,减少劳资双方的摩擦与对立。

二是职工对公司的长期发展给予更多的关注,不再盲目追求公司短期利润,企业资产配置更趋优化与合理。

三是职工和高级经理人员选举的职工代表进入监事会,使公司决策比较公开化,因而更利于监督,减少代理成本。

四是职工在监事会中占有席位,在一定程度上降低了公司被兼并接管的可能性,有利于管理层稳定生存,从而在管理中能够从长远考虑做出决定。

6. 德国职工参与企业管理的效果十分明显

一是劳资双方关系相对比较融洽。企业中的重大事项必须有职工参与,这样就保证了管理阶层与员工之间的经常沟通,从而能使双方增进理解,达成共识。因此,企业监事会中企业主代表提出的方案,一般都能得到职工代表的支持和赞同。

二是劳动生产率大大提高。据统计,1995—1999 年,德国实行"职工参与管理"的企业每个工人的产值每年提高 8%,而同期美国企业每个工人每年的产值只增长 3.5%。在西方国家,德国的工业劳动率居第一位。

三是可以从职工中汲取许多改进企业经营管理方面的建议。由于员工参与管理的权利得到切实落实,所以,在德国,员工对企业的责任意识特别强。在西方国家中,德国企业员工关于企业经营管理方面的合理化建议是提得最多的。不仅如此,在产品开发过程中,企业员工以主人的姿态参加,使产品在速度、质量方面得到有效保证,有困难也会群策群力地克服。

可以说,德国是西方国家中实行职工参与企业管理制度最好的一个国家,这也是二战后德国经济发展较快的一个主要原因。有人曾将英国与德国进行比较,认为二战后英国经济的发展落后于德国,主要原因就是英国没有德国那样比较成功的职工参与企业管理制度。

第三编

集体协商与集体合同部分

案例1　唐山贝氏体钢铁(集团)有限公司工资集体协商现场实录①

　　主持人(企业工会副主席)：刘总、书记、肖处长、于处长、各位代表,下午好！根据工会与公司的决定,今天很高兴我们坐在一起进行本年度的工资集体协商。在谈判之前,由双方把各自参加谈判的人员介绍一下。下面先由我介绍工会方的代表。这是工会方首席代表、公司党委书记、工会主席张××同志,这是工会女工委主任焦××同志,右边那两位是职工协商代表习××、巩××同志,这是咱们职工代表李××同志。下面咱们请肖处长把行政方的领导、代表介绍一下。

　　企业方代表(企业方主要谈判人、公司财务劳资处处长)：各位代表,大家好！下面由我介绍一下行政方的主要谈判人员。在我左手边的,是本次谈判的首席代表,也是我们常务副总经理刘××同志,其次是我们的车间主任董××同志和我们的办公室主任郑××同志;在我右手边的,是我们的销售处长于××同志,其次是我们的劳资科科长李××同志。本人肖伟,现担任公司财务劳资处处长。今天,我受总经理的委托,作为本次谈判的主要谈判人,来参加公司这次集体协商会议,谢谢大家。

　　工会副主席(工会方主要谈判人、主持人)：刚才双方把各自的职务都介绍了一下。我呢,是工会副主席,今天也是受(工会)主席委托作为主要谈判人参加这次协商。首先感谢大家在百忙中来参加这次谈判。今天谈判的主要议题是本年度工资增长幅度。为保障谈判的顺利进行,前段时间工会和劳资准备了一些相关的外部资料和内部资料。外部资料是：河北省劳动和社会保障厅、省总工会、省企业家协会2005年《关于转发劳动和社会保障部、中华全国总工会、中华企业家联合会/企业家协会〈关于进一步推动工资集体协商工作的通知〉的通知》,省劳动和社会保障厅2006年第46号文件关于调整最低工资标准的通知,今年我省劳动和社会保障厅企业工资指导线的通知,我区同行业相应工资水平和增长情况及生活消费水平情况;内部资料是：上年度公司生产经营情况,本年度利润预测,本年度职工工资总额,人均工资水平,不同岗位的工资状况,企业成本费用总额,人工费用总额,职工人数、分类、文化程度,职工对工资增长幅度的意见。不知这些材料各位代

---

　　① 整理自：唐山贝氏体钢铁(集团)有限公司"工资集体协商现场模拟"DVD视频,复制于河北省总工会民主管理和集体合同办公室。

表是否都收到和看到了？

众代表：收到、看到了。

主持人：如果大家都收到和看到这些准备的相关材料了，我们就进行谈判。刘总和肖处长有什么意见？

刘总、肖处长：没有。

工会副主席：先由我代表工会把工资增长幅度的意见向刘总及各位代表做一下汇报。根据省、市有关规定，全日制最低工资标准执行每月 580 元，而省 2006 年规定企业职工平均工资增长线上线为 18％，中线为 7.5％，下线为 4.5％。今年企业职线平均工资增长线上线为 20％，中线为 14％，下线为 4.5％。从这组数字可以看出，今年的工资指导线和去年相比，上线和中线分别高于去年 2％和 2.5％（计算有误，应为 6.5％）。公司领导为了让全体员工享受企业经济发展的成果，2006 年年初也就是去年年初，根据公司的实际情况，经双方协商，公司对月工资低于 800 元的岗位进行了工资上调，10 月又对低于 1000 元的岗位进行了调整，2006 年全公司人均月工资是 1900 元，与 2005 年的人均月工资 1600 元相比，增长幅度为 18.8％，高于 2005 年工资指导线下线 2.7％，低于 2005 年工资指导线中线 6.8％。据我们了解，与我镇同行业基本相同。按岗位说，有的一线岗位工资还高于同行业相同岗位工资。据我们的调查，员工对本岗位工资水平的满意度为 98％。这儿我就想问一下各位代表是不是这个情况，周工？

周工：是。

工会副主席：×××？

代表：是。

工会副主席：这说明我们这个调查还是符合实际的。借此机会我代表公司全体员工再次感谢公司领导多年来对员工工资、福利的高度重视和对工会工作的大力支持。刘总、肖处长和各位代表，根据省今年的企业工资指导线、周边同行业工资水平增长的幅度、我区生活消费水平、今年企业效益预测、发展投资需求和职工对工资增长指数的期望，会前我们工会和职工代表、协商代表议了一下，我们的意见是今年工资增长幅度定在 6％。请刘总、肖处长和各位代表给予讨论。

企业方首席代表：各位工会代表，总经理收到工会关于集体协商的要约后，就把要约书转到我们几个手里，让我们做些准备。今天受公司总经理和董事会的委托，参加公司工资集体谈判。下面请公司财务劳资处处长肖伟把公司的意见说一下。

企业方代表（企业方主要谈判人、财务劳资处处长）：主席、副主席、各位代表，收到协商要约书后，总经理非常重视，也召开了专门的专题会议，认真学习了上级有关规定，以及结合我们公司自己的实际情况和工会的意见，我们也进行了研究和讨论。在这里我们认为公司领导一直十分重视我们员工的工资待遇问题，哪怕就是在公司十分困难的时候，也千方百计地想办法保证工人工资的发放。近几年来，随着咱们企业的不断壮大，为了让员工享受公司发展的成果，从 2003 年以来，先后对员工工资进行了四次大调整，职工的人均月工资从 2003 年的 1285 块钱，增加到去年的 1600 块钱，增长幅度达到了 24.5％。特别是去年以来，公司又制定了政策,除试用期人员以外各岗位的工资都达到了 1000 元以上:机关处室人员的工资也有 1434 块钱,炼铁厂人员的工资达到 1772 块钱,炼钢厂人员的工资是 1606 块钱,轧钢厂人员的工资是 1853 块钱,氧气厂作为一个辅助部门人员工资也有 1468 块钱,机修分厂人员工资也达到了 1621 块钱,每年工资都在不同程度地增长,得到了员工和社会的双认可。刚才工会提到了今年工资的增长幅度定在 6%,虽然这个 6% 居省工资指导线的中线和下线之间,但我们认为这 6% 从企业角度来说还是有些偏高。主要原因有三点:第一点,现在大家也都知道吧,国家的宏观调控政策对市场的影响很大,导致钢材市场的价格波动也很大,各种原、辅材料一直走高。它严重地增加了我们企业的产品成本,我们的利润空间也正在缩小。年初我们定的这些目标也好,利润效益也好,预测在本年度实现有些困难。第二呢,虽然说这几年咱们企业从生产上、经营上、管理上都取得了一定的效益,可从 2004 年以来,我们上缴的税金就达 6.73 亿元之多,我们实现的利润也达 9.06 亿元,但用于企业发展的投资资金呢,12 亿元也不止。而且企业下一步发展也需要大量资金,需要很大的资金积累。第三呢,这几年我们每年都对员工工资进行了上调,工资的基数越来越高,上调所需要的经费越来越多。咱们打一个比方,就是现在拿人均工资 1000 元来算,如果按您刚才提出的 6% 的上调比例,人均月增长工资得达到 60 块钱,那我们全厂 5000 多个工人,我们全年用于工资支付这一部分达到 384 万元之多。咱们再打个比方,如果按照咱们现在人均工资 1800 元算,那人均月增长工资就达到 108 块钱,全年需要的工资支出经费也要增加 692 万元。综合以上三个因素,我们认为,6% 的工资增长幅度定下来企业的担子有点重,就是定下来企业也难以兑现。所以说呢,我们协商了一下,我们认为 3%~4% 比较适宜,我们请各位代表予以考虑。看看工会方有什么意见?

工会方代表(职工):刘总、肖处长,你们好!各位代表,你们好!近年来公司几次为我们调整工资,很多人在城里买了房或自己盖了房,我们从心里面都很感谢公司领导。但因为物价上涨很快、供房需要还银行贷款、子女上学结婚,等等,经济压力非常大,所以从我们工人的角度说,很希望工资按 6% 增长。

工会副主席:刘总、肖处长,这个 4% 的增长幅度和我们开始时的预期还有一定的差距,刚才我们的协商代表也说了一下。现在,我们考虑到企业的实际情况,刘总、肖处长,我们几个出去一起协商协商。

(工会代表离席到一旁与工会方代表商量。)

(工会代表离席商量完毕回到座位。)

工会副主席:刘总、肖处长,刚才我们几个在一块儿议了一下,讨论的结果是,考虑到公司目前的实际情况,考虑到市场物价上涨得比较快,原材料价格一天一个样,企业下一步也需要投资,也考虑到企业的利益,我们考虑定在 4%。你们看看怎么样?肖处长、于处长有啥意见?

企业方代表(刘总、肖处长):你们商量了,那我们也商量商量。

(企业方代表离席到一旁商量。)

(企业方代表商量完毕回到座位。)

企业方代表(主要谈判人)：刚才呢，我们几位代表议了一下，我们同意你们的意见，那咱们就把工资上调的比例定在 4%。但是有一点，我们刚才商量的时候，觉得还是需要说明一下，就是企业如果遇到不可抗力因素，严重影响到企业的生产，影响到企业的效益的时候，我们觉得工资的增长幅度应该随机下调，以保障咱们生产经费的需要和咱们企业抵御市场风险的能力。我希望请各位代表在这方面予以理解，并协助咱们企业把这些工作做到员工中间去，对这方面展开一个正确认识。希望各位代表予以审议。

工会副主席、主持人：按照相关规定和咱们往年签订的集体协议，如果企业遇到不可抗拒的一些因素，咱们可以降低工资增长比例，这一点我们可以尊重企业意见。这样的话，咱们就按 4% 进行工资增长。今天很高兴咱们双方达成共识。对于刚才行政方提出的企业困难时协助做好职工工作，作为工会来讲，我们一定积极协助党委做好职工的工作，让广大职工为企业分忧，在各自的岗位上做好自己的工作。这样的话，咱们记录员把今天协商的记录宣读一下。

记录员：按照国家、省、市关于职工工资集体协商的有关规定，结合公司生产经营的实际情况，经甲乙双方协商谈判，达成 2007 年度工资增长幅度 4% 的一致意见。

主持人：下面请公司党委书记张书记做总结性讲话。

张书记(工会主席、工会方首席代表)：刚才各位代表就公司本年度的工资增长幅度进行了协商，在协商过程中本着公平、公正的态度，就工资增长的幅度达成了共识。在这里我代表公司党委表示祝贺。会议结束后，由工会负责，依据工资增长幅度达成的意见，对 2006 年的工资专项集体合同进行修订，在企业里提交企业工会代表大会讨论通过，双方代表签字后，报丰南区劳动和社会保障局备案，并向全体员工公布。副主席、刘总、肖处长、各位代表，还有什么意见？

众代表：没有。

主持人：刘总、肖处长，集体合同就按刚才记录员宣读的这么签，是否符合咱们刚才所议的内容？

(肖处长等点头同意。)

主持人：我看咱们就这么办吧。双方握握手，祝贺这次工资集体协商取得成功。本次工资集体协商会议结束。

问 题

1. 关于集体协商代表资格的主要规定是什么？本案例中协商代表资格是否符合法律规定？
2. 集体协商的程序是什么？本案例是否符合集体协商的程序？
3. 工资集体协商的主要内容有哪些？
4. 协商确定年度工资水平和增长幅度的主要参考因素有哪些？本案例在确定年度工资增长幅度时是否充分考虑了这些因素？

答案提示

1. 关于集体协商代表资格的主要规定及本案例中协商代表资格是否符合规定

集体协商代表是指按照法定程序产生并有权代表本方利益进行集体协商的人员。关于集体协商代表资格，根据《集体合同规定》的规定：

双方的代表人数应当对等，每方至少3人，并各确定1名首席代表。

职工一方的协商代表由本单位工会选派。未建立工会的，由本单位职工民主推荐，并经本单位半数以上职工同意。职工一方的首席代表由本单位工会主席担任。工会主席可以书面委托其他协商代表代理首席代表。工会主席空缺的，首席代表由工会主要负责人担任。未建立工会的，职工一方的首席代表从协商代表中民主推举产生。

用人单位一方的协商代表，由用人单位法定代表人指派，首席代表由单位法定代表人担任或由其书面委托的其他管理人员担任。

集体协商双方首席代表可以书面委托本单位以外的专业人员作为本方协商代表，委托人数不得超过本方代表的1/3。但首席代表不得由非本单位人员担任。

用人单位协商代表与职工协商代表不得相互兼任。

本案例中用人单位方和工会方的代表人数各为6名，符合规定；职工方的协商代表由单位工会选派，符合规定，但用人单位方代表在案例中似乎显示由总经理指派，如果总经理就是法人代表则符合规定；工会方首席代表由工会主席担任，符合相关规定。法律规定，用人单位方首席代表应由法人代表担任，或由法人代表书面委托其他管理人员担任。本案例中首席代表由公司常务副总经理担任但并未显示法人代表的委托书，只是由企业方首席代表口头宣布了一下受总经理和董事会委托，是否有书面委托书不详；双方均未委托单位外人员担任协商代表，也不存在企业方和工会代表互相兼任的情况。所以，本案例中协商代表资格从总体看基本符合法律规定。

2. 集体协商的程序及本案例是否符合集体协商的程序

集体协商程序程序如下：

第一步：提出。双方均可就签订集体合同或专项集体合同及相关事宜，以书面形式向对方提出要求；另一方20日内应书面回应，无正当理由不得拒绝。

第二步：准备。协商代表在协商前应进行相关的准备工作。包括：熟悉有关法律法规、了解协商内容的有关情况、收集用人单位和职工意见、拟定集体协商的议题、确定集体协商的时间与地点等。

第三步：进行。集体协商采用协商会议的形式进行；双方首席代表轮流主持；一方首席代表提出协商内容及要求，另一方首席代表就此回应；双方就商谈事项发表意见，开展充分的讨论。充分讨论后，双方首席代表归纳本方讨论意见。

第四步：协商结果。达成一致的形成集体合同草案，提交职代会或全体职工讨论，半数以上同意通过，双方首席代表签字；未达成一致或出现未预料问题的，经协商一致可终止协商,终止期限及下次协商时间由双方商定;协商中发生争议不能解决的,可申请到劳动行政部门调处。

第五步:合同审查公布。集体合同必须报送劳动部门,劳动部门自收到集体合同文本15日内未提出异议的,集体合同即生效;生效的合同应自生效之日起由协商代表及时向本方全体人员公布。

本案例中由工会方提出协商要约,企业方及时做出了答复;在协商前双方都进行了准备,比如召开会议研究讨论,准备了相关的内外部资料,对工资的期望进行了调查等;协商以会议形式进行,就协商议题——2007年度工资增长幅度进行了讨论;最后达成了一致;并决定把形成结果交工会代表大会讨论,通过后按此修订工资集体合同,然后报劳动部门备案。所以程序上基本符合法律规定,只是集体协商的结果不应交工会代表大会,而是应提交企业职工大会或职工代表大会讨论通过。另外,集体合同获得通过后要报劳动部门批准而不只是备案,劳动部门15日内无异议后,双方协商代表还要把集体合同内容向各自方人员公布。

3. 工资集体协商的主要内容

根据《工资集体协商试行办法》的规定,工资集体协商的内容主要包括:

(1) 工资协议的期限;

(2) 工资分配制度、工资标准和工资分配形式;

(3) 职工年度平均工资水平及调整幅度;

(4) 奖金、津贴、补贴等分配办法;

(5) 工资支付办法;

(6) 变更、解除工资协议的程序;

(7) 工资协议的终止条件;

(8) 工资协议的违约责任;

(9) 双方认为应该约定的其他内容。

4. 协商确定年度工资水平和增长幅度的主要参考因素及本案例在确定年度工资增长幅度时是否充分考虑了这些因素

根据《工资集体协商试行办法》等规定,协商确定年度工资水平和增长幅度的参考因素包括:

(1) 国家有关工资分配的宏观调控政策;

(2) 地区、行业、企业的人工成本水平;

(3) 地区、行业的职工平均工资水平;

(4) 当地政府发布的工资指导线、劳动力市场工资指导价位;

(5) 本地区城镇居民消费价格指数;

(6) 企业劳动生产率和经济效益;

(7) 国有资产保值增值;

(8) 上年度职工工资总额和职工平均工资水平;

(9) 企业与工资集体协商有关的情况。

　　本案例在协商确定 2007 年度工资增长幅度时比较全面地考虑到了上述影响因素,双方提出的增长幅度基本是以上述情况为依据的,双方对此也在准备阶段做了比较充分的准备工作。略显不足的是,此次协商的结果,2007 年度工资增幅为 4％,低于省工资指导线的下线 4.5％。政府工资指导线不是随意确定的,而是综合考虑了多种影响因素之后计算出来的,所以,该企业最后确定的工资增幅连下线都达不到,不但可能使工人分享不到企业发展成果,甚至可能无法抵御物价上涨因素,造成工人实际工资水平下降的后果。另外,对于本次谈判,工会方的准备与企业方相比显得不太充分,工会方对市场物价上涨对工人实际工资水平的影响缺乏精确的计算和强调。事实上,如果市场物价上涨过快,超过了工资增长速度,则工人的实际工资不仅不能上涨相反还会下降,这也就谈不上什么分享企业发展的成果了。与此相对照,企业方在谈判中就充分强调了原材料价格上涨对企业造成的影响。此外,工会方对 2006 年和 2007 年省工资增长指导线中线比较结果计算的也有误差。事前充分的准备对协商结果的影响是十分巨大的,协商代表应予以充分重视,以争取更好的协商结果。

案例2　南京市六合区服装行业的工资集体协商与工资专项合同①

六合区是南京市有名的服装之乡,有一定规模的民营服装加工企业120多家,职工2.6万多人。长期以来,这些企业大多采取计件工资制,由于劳动定额标准的不确定或不合理,计件单价偏低,不同程度地侵犯了员工的合法权益。2005年,六合区总工会在调研中发现,从本区员工的工资收入水平来看,服装企业员工的工资看似较高,实际是以员工加班加点,甚至放弃国家法定的休假日超时劳动所取得的。职工与企业信息不对称,缺乏话语权,与企业进行工资谈判时只能依据其他企业的工资情况来协商,缺乏科学性和有效性。就劳资双方而言,都需要有统一的服装行业的工时工价定额标准。工资报酬的标准问题是服装行业广大员工关注的热点和企业劳动关系的焦点,六合区总工会决定抓住这个热点和焦点开展行业工资集体协商,以维护服装行业员工工资权益。

建立协商的组织基础

六合区成立了区服装行业工会联合会,作为服装行业工资集体谈判的主体。六合区较早就成立了服装商会,共有会员单位44家,员工15000多人,覆盖了区域内服装加工的骨干企业。服装商会具备了代表行业行政一方协商主体的资格,而代表员工一方的协商主体却是缺位的。为此,六合区在坚持工会组织以块为主的管理基础上,以服装商会所辖成员单位为主体,筹备成立了区服装行业工会联合会,同时建立了区服装行业员工代表大会,制定了《六合区服装行业工会联合会章程》,确定了行业工会的主要任务之一是代表员工进行行业工资协商。在此基础上,2005年区服装行业工会正式向区服装商会提出了协商行业工时工价定额指导标准的书面要约,得到了区服装商会的积极响应。

谈判前进行充分准备

服装行业工资集体协商的核心是工时工价定额标准。对此,行业工资集体协商之前,服装行业工会进行了充分准备。他们首先以生产量较大且具代表性的羽绒服、牛仔裤和女式风衣

---

① 整理自:工会工资集体协商工作指导与借鉴:开展行业工资标准协商　实现工资集体协商领域新的突破(南京市六合区总工会),河北省总工会民主管理和集体合同办公室内部资料。

为基本款式,分列出 192 道生产工序,然后在相关规模的企业组织不同操作熟练程度的职工进行计时操作,初步计算出 192 道工序的用时标准,再参照原企业完成工时的工价,结合每道工序的技术含量高低和本地区服装企业职工的工资收入水平,制定 192 道工序的工时价格标准草案。

劳资双方反复协商达成共识

2005 年,六合区服装行业工会和服装商会进行了首次工资集体协商。工资集体协商的核心内容是工时工价的劳动定额标准。此外,协商议题还包括:劳动定额确定后,员工在法定工作时间内的超出部分,企业按何种标准支付报酬;在法定工作时间外的超出部分,企业如何按加班加点支付工资;企业支付员工工资的形式和办法;企业员工工资的增长机制如何确定……

在历经四个多月多轮次的协商过程中,双方遵循合法、公平的原则,在权利与义务相统一、平等合作和实事求是的基础上,达成了共识,经行业员工代表大会审议通过后,双方正式签订了《南京市六合区服装行业工时工价定额指导标准集体合同》,并向职工进行了公布。这是江苏省第一份以协商劳动定额为主要内容的工资集体合同,在全省率先形成了工资协商"计时工资、计件工资协商并举,工资分配制度、劳动定额协商并重"的协商工作格局。

随后,六合区的服装企业按照这个行业集体合同的要求,陆续开展了本企业的工时工价劳动定额集体协商工作。例如:南京苏美达金源制衣有限公司、南京汇弘集团、南京金斯服装制衣有限公司等多家服装企业相继签订了与本企业相适应的工时工价定额标准集体合同。

六合区服装行业在 2005 年工资集体协商的基础上,每年及时组织行业内各企业开展新一轮协商,对出现的新情况、新问题适时调研和调整。如羽绒服工时工价定额指导标准中,跑修帽棉这道工序单价 2005 年仅 0.106 元,到 2012 年增加到 0.267 元,增幅达 151.89%。2013 年度的《六合区服装行业工资集体合同》,确定本行业各企业根据经营状况上调职工工资幅度为 12%～16%。

构建区域立体化、多层次的集体协商网络

六合区努力巩固扩大服装行业集体协商成果,逐步将工时工价劳动定额标准拓展到服装、机械、雨花石等 10 多种行业,职工近 10 万人。

以服装行业集体协商探索为基础,六合区逐步搭建起了一个由区域最低工资标准协商、行业工资标准协商和企业工资标准协商的立体化、多层次的集体协商网络。首先,六合区围绕地区最低工资标准协商,保障岗位工资托底收入;其次,六合区围绕行业工时工价定额标准开展协商,体现出不同行业工资标准的行业特征;最后,区内各企业在区域和行业标准的基础上,围绕本企业的经济效益等实际情况进行协商,确保各企业合理适度的年度工资增长幅度,保障了企业发展与职工收入同步增长。这种因地、因企制宜,分别确定不同行业、不同企业的工资增幅,在行业和企业间不搞一刀切的做法,比较准确地反映了区域、行业、企业发展状况和劳动力市场的供求关系变化。目前,六合区已经形成了以区域最低工资标准为基

础,以本行业、同岗位90％以上的劳动者在法定工作时间内、正常劳动条件下能完成为基准,结合本行业实际情况,制定工时工价劳动定额指导标准,以此为依据签订行业工资集体合同,企业再根据自己的实际情况签订不低于行业指导标准的企业工资集体合同与单个企业集体协商相结合的工资协商机制。

产生影响

六合区服装行业工时工价定额指导标准的制定与推广,获江苏省及南京市工会创新创优成果奖,入选全国总工会民主管理培训教材,并通过省市和国家级媒体特别是央视新闻联播的报道,在江苏省乃至全国产生了广泛的影响,先后五次在全国总工会和全国产业工会工作会议上做经验介绍,还在中美工会集体谈判工作研讨会上,受到美国工会代表团和全国产业工会领导的好评。

在六合区,工时工价定额指导标准的推行,实现了行业、企业、职工的共赢,保证了职工收入的合理增长。2004年该区开展服装行业工资集体协商前,六合区服装企业在岗职工平均工资为11854元,2005年开展行业性工资集体协商后,这一数字增长到13290元,至2011年度增长到34257元,年均增长16.37％。

附：南京市六合区服装行业工时工价定额指导标准集体合同

2005年5月31日南京市六合区服装行业第一次工会会员暨员工代表大会通过

为协调企业劳资关系,维护员工合法权益,促进企业健康有序发展,根据《中华人民共和国劳动法》《江苏省集体合同条例》和《江苏省工资支付条例》等法律、法规,区工商联服装商会(以下简称甲方)代表所属企业业主,区服装行业工会联合会(以下简称乙方)代表所属企业员工,在双方平等自愿、协商一致的基础上签订六合区服装行业工序用时(以下简称工时)、工序单价(以下简称工价)定额指导标准集体合同。

(一)本合同确定了羽绒服、牛仔裤、女式风衣三种基本款式共计192道生产工序的工时工价定额指导标准,其他服装品种及款式的生产工序工时工价定额标准可参照执行。

(二)行业内各企业应以区服装行业工时工价定额指导标准为依据,结合本企业的实际,由企业业主与企业工会协商确定本企业具体的工时工价定额标准,签订工资集体协议。员工在法定工作时间内完成每月劳动定额任务后所得工资不得低于政府规定的本地区最低工资标准。

(三)甲方在员工按规定的数量、质量指标完成每日生产(工作)任务后,支付的工资定额标准应严格执行企业确定的工时工价定额标准。

(四)员工在完成定额任务后,在法定工作时间内的超出部分,甲方须按企业工时工价定额标准支付报酬,在法定工作时间外的超出部分,按加班加点工资支付。

(五)当月工资结算后于次月发放。如确因经营困难,甲方经与工会协商,并征得大多数员工的同意,可根据国家有关法律、法规的规定,适当推迟支付时间。

· 162 ·

（六）如遇政府调整本地区最低工资标准,各企业须按本协议第二条的规定,调整本企业的工时工价定额标准。

（七）如遇政府制定的本地区企业工资指导线提高,各企业应适时提高本企业的工时工价定额标准。

（八）本合同自 2005 年 6 月 1 日起至 2007 年 5 月 31 日止,期限为贰年。

（九）本合同签订后对行业内企业和员工具有约束力,双方必须严格执行。

（十）本合同在履行中发生争议,甲乙双方应协商解决,协商不成,可向劳动争议调解（仲裁）委员会申请调解（仲裁）。对仲裁不服的可以向人民法院起诉。

（十一）本合同一式肆份,甲乙双方和各自上级部门各执壹份。

附:羽绒服、牛仔裤、女式风衣三种基本款式生产工序工时工价定额指导标准

甲方:六合区工商联服装商会　　　　　乙方:六合区服装行业工会联合会
　会长(签字):　　　　　　　　　　　　主席(签字):

签订日期:2005 年 5 月 31 日

问　题

1. 集体协商与集体合同的关系是怎样?
2. 结合本案例谈谈集体合同的内容是什么?
3. 签订集体合同的程序是什么?
4. 怎样理解集体合同的效力?
5. 结合本案例谈谈行业性工资集体协商的主体是谁。
6. 南京市六合区服装行业工资集体协商为我们提供了哪些值得借鉴的经验?

答案提示

1. 集体协商与集体合同的关系

集体协商是工会或职工代表与用人单位以签订集体合同为目的进行商谈的行为。集体合同是用人单位与本单位职工根据法律规定,就劳动报酬、工作时间、休息休假、劳动安全卫生、职业培训、保险福利等事项,通过集体协商签订的书面协议。

集体协商与集体合同具有密切联系,两者是同一事件不可分离的两个部分,集体协商是签订集体合同的手段和过程,没有集体协商就不会有集体合同的签订;集体合同是集体协商所要实现的目的和结果。

2. 集体合同的内容

集体协商的目的在于签订集体合同,集体合同是集体协商的结果。所以,集体合同的内

容与集体协商的内容一致,也就是说,集体协商谈什么,集体合同写什么。以本案例为例,2005 年南京市六合区服装行业工资集体协商的核心内容是工时工价的劳动定额标准,此外,协商议题还包括:劳动定额确定后,员工在法定工作时间内的超出部分,企业按何种标准支付报酬;在法定工作时间外的超出部分,企业如何按加班加点支付工资;企业支付员工工资的形式和办法;企业员工工资的增长机制如何确定……这些内容都体现在其所签订的《南京市六合区服装行业工时工价定额指导标准集体合同》及其附件《羽绒服、牛仔裤、女式风衣三种基本款式生产工序工时工价定额指导标准》中。

3. 签订集体合同的程序

因为集体合同是集体协商活动所产生的结果,所以,集体合同的签订程序与集体协商活动的程序是一致的,即:

第一步,要约。劳资双方均可就签订集体合同或专项集体合同及相关事宜,以书面形式向对方提出要求;另一方 20 日内应书面回应,无正当理由不得拒绝。

第二步,准备。协商代表在协商前应进行相关准备工作。包括:熟悉有关法律法规、了解协商内容的有关情况、收集用人单位和职工意见、拟定集体协商的议题、确定集体协商的时间与地点等。

第三步,协商。集体协商采用协商会议的形式进行,双方协商代表就商谈事项发表意见,开展充分的讨论。充分讨论后,双方首席代表归纳本方讨论意见。

第四步,签订集体合同。协商达成一致的形成集体合同草案,提交职代会或全体职工讨论,半数以上同意通过,双方首席代表签字;未达成一致或出现未预料问题的,经协商一致可终止协商,终止期限及下次协商时间由双方商定;协商中发生争议不能解决的,可申请到劳动行政部门调处。

第五步,审查公布。集体合同必须报送劳动部门,劳动部门自收到集体合同文本 15 日内未提出异议的,集体合同即生效;生效的合同应自生效之日起由协商代表及时向本方全体人员公布。

4. 集体合同的效力

集体合同的效力指集体合同发生作用的范围,包括对人的效力、时间效力和对劳动合同的效力。包括:

(1) 对人的效力

《劳动合同法》第 54 条规定,"依法订立的集体合同对用人单位和劳动者具有约束力。行业性、区域性集体合同对当地本行业、本区域的用人单位和劳动者具有约束力";集体合同对工会会员、非工会会员一律适用;集体合同生效后被企业录用的职工,也要受其约束;企业法人代表的变动不影响集体合同的效力。

(2) 时间效力

通常以其存续时间为标准。生效时间一般指集体合同报批 15 日内劳动部门若未提出异议即行生效,如当事人另有约定的,应在集体合同中明确规定。集体合同的期限届满,其效力自行终止。

（3）对劳动合同的效力

集体合同对本企业全部劳动合同都具有约束力；集体合同的内容劳动合同中未涉及的，都应按照集体合同的规定执行；劳动合同的标准不能低于集体合同规定的标准，否则应确认为无效；集体合同规定的标准依法变更后，劳动合同的标准也应随之变更；集体合同中劳动报酬和劳动条件等标准不得低于当地人民政府规定的最低标准。

5. 行业性工资集体协商的主体

行业性工资集体协商的主体是一定行业的行业性工会联合会与相应行业内的企业组织。关于本案例中南京市六合区服装行业 2005 年工资集体协商的主体，工人方是六合区服装行业工会，企业方是六合区服装商会。

6. 南京市六合区服装行业工资集体协商的经验

南京市六合区服装行业工资集体协商为我们提供了一些可资借鉴的经验：

首先，工资集体协商要想取得成功，完善、健全的协商主体是必备的组织条件。南京市六合区成立了六合区服装行业工会和六合区服装商会，作为劳资双方谈判主体代表本方进行协商。

其次，要想争取到好的协商结果，必须事前做足功课。这一点六合区行业工会表现得十分突出。由于该区 2005 年服装行业工资集体协商的核心是确定工时工价定额标准，对此，行业工资集体协商之前，服装行业工会进行了充分准备。他们通过在企业进行实际试验来确定出各种款式服装、各道工序的用时标准，再参照原企业完成工时的工价，结合每道工序的技术含量高低和本地区服装企业职工的工资收入水平，制定 192 道工序的工时价格标准草案。在做足了功课以后，他们与对方协商，提出的条件是符合实际的，这使他们在谈判中能够有理有据地争取自己的利益。这提示我们，只有在谈判之前做好充分的准备工作，才能为自己争取到较好的谈判结果。

最后，六合区构建的区域立体化、多层次的集体协商网络值得借鉴。在服装行业集体协商探索的基础上，六合区搭建起了一个由区域最低工资标准协商、行业工资标准协商和企业工资标准协商的立体化、多层次的集体协商网络，形成了以区域最低工资标准为基础，以本行业、同岗位 90％以上的劳动者在法定工作时间内、正常劳动条件下能完成为基准，结合本行业实际情况，制定工时工价劳动定额指导标准，以此为依据签订行业工资集体合同，企业再根据自己的实际情况签订不低于行业指导标准的企业工资集体合同与单个企业集体协商相结合的工资协商机制。这种因地、因企制宜，分别确定不同行业、不同企业的工资增幅，在行业和企业间不搞一刀切的做法，既保障了区域内职工工资托底收入，又比较准确地反映了行业、企业实际情况，值得各地在工资集体协商中借鉴与学习。

案例3　湖北活力美洁时公司的集体协商与集体合同①

　　湖北活力美洁时洗涤用品有限公司是 1996 年 6 月由湖北活力 28 集团与德国美洁时公司共同组建的一家中外合资公司,主要生产家用清洁洗涤用品。合资公司由德方控股,德方有完全经营权,公司管理层的总经理及高层管理人员由德方选派聘用。公司于 1996 年 8 月组建了工会,下设女职工委员会、劳动争议调解委员会等。

　　1996 年 8 月,公司工会刚刚组建,就与合资公司管理方就制定公司第一部规章制度即员工手册开展了集体协商。依据《劳动法》和《工会法》以及相关政策法规,结合公司实际情况,经过工会与公司管理方近一年的平等协商、讨论,七易其稿,最终制定了活力美洁时公司第一部规章制度即员工手册,其内容包括工作时间、休息休假、福利津贴、工资奖金、培训发展、计划生育、行为规范、奖惩处罚等。

　　1997 年 8 月 7 日,举行了隆重的合资公司第一部集体合同的签字仪式,签订了公司第一份集体合同。工会主席和合资公司总经理当场签字,劳动部门负责人当场盖章,宣布集体合同有效。

　　这份集体合同规定,每年年初公司将根据个人的工作表现和工资福利行情调查及公司实际经营业绩,对员工工资进行调整。在以后的修订中,仍然明确写明了:公司将根据上年经营状况、劳动力市场价格以及消费指数的变化,对员工工资进行回顾,并确定公司的调整预算。每位员工工资的调整比例取决于其上年度的个人业绩表现。集体合同还明确规定:每年公司工资调整前,要知会工会,履行平等协商程序。由于在员工手册和集体合同中对工资协商做出了明文规定,公司每年的工资调整协商有了依据,尽管总经理等公司高层变动非常频繁,但工资平等协商制度始终得以坚持下去。

　　公司工会比较重视工资集体协商工作,把工资调整作为每年工会会员代表大会的重要任务来完成,并把完成情况和结果向会员代表做出报告。每年的 12 月工会委员会要讨论新一年工资调整的意见,根据本地区经济发展水平、物价指数、居民收入、本公司生产经营情况,以及北京、上海、广州、荆州等地职工工资的平均数,提出合理的增长幅度。工会主席每

---

　　①　整理自:工会工资集体协商工作指导与借鉴:坚持平等协商　建立正常的工资调整机制(湖北活力美洁时洗涤用品有限公司),河北省总工会民主管理和集体合同办公室内部资料。

年为此专程到北京总部一趟,与行政方平等协商,确定新一年工资是否调整和调整幅度以及具体实施方案。

公司每年的工资调整都是与员工年终业绩评估挂钩的。个人工资的增长幅度是不一样的,要由本人评价及业绩考核确定。从 1996 年以来,员工工资年年有增长,1996 年平均增长12%,1997 年平均增长 10%,1998 年平均增长 8%,1999 年至 2001 年每年增长 7%,以后每年都保持在 6% 的幅度。截至 2005 年,员工工资与合资初相比,已翻了一番。主管级与经理级工资增幅更大,使公司员工收入在该地区的工业企业中名列前茅。

问　题

1. 结合本案例谈谈集体协商的内容有哪些?
2. 本案例中湖北活力美洁时公司工资调整的具体做法是否规范?

答案提示

1. 集体协商的内容

根据《集体合同规定》,集体协商双方可以就下列多项或某项内容进行集体协商,签订集体合同或专项集体合同:

(1) 劳动报酬;

(2) 工作时间;

(3) 休息休假;

(4) 劳动安全与卫生;

(5) 补充保险和福利;

(6) 女职工和未成年工特殊保护;

(7) 职业技能培训;

(8) 劳动合同管理;

(9) 奖惩;

(10) 裁员;

(11) 集体合同期限;

(12) 变更、解除集体合同的程序;

(13) 履行集体合同发生争议时的协商处理办法;

(14) 违反集体合同的责任;

(15) 双方认为应当协商的其他内容。

本案例中湖北活力美洁时公司从 1996 年 8 月开始,历时将近一年,就公司的第一部规章制度即员工手册的制定开展了协商,最后达成协议,形成了公司员工手册,并签订了公司第一部集体合同。员工手册及集体合同的内容涉及多方面内容,主要包括工作时间、休息休假、福利津贴、工资奖金、工资调整、培训发展、计划生育、行为规范、奖惩处罚、集体协商等。所以,该公司第一次集体协商与签订的集体合同属于涉及多方面内容的综合性集体协商与集体合同。而后来该公司工会每年一次单就工资与行政方平等协商,确定新一年工资是否调整和调整幅度以及具体实施方案,就属于工资专项集体协商与集体合同。

2. 本案例中湖北活力美洁时公司工资调整的具体做法是否规范

该公司在工资调整中积极开展工资集体协商和签订集体合同的做法值得肯定。但是,某些做法的规范性还值得进一步商榷。

首先,《集体合同规定》中对集体协商和集体合同的代表产生、协商程序等做出了规定,要求"集体协商双方的代表人数应当对等,每方至少3人,并各确定1名首席代表";集体协商一般以协商会议形式进行,"集体协商会议由双方首席代表轮流主持,并按下列程序进行:宣布议程和会议纪律;一方首席代表提出协商的具体内容和要求,另一方首席代表就对方的要求做出回应;协商双方就商谈事项发表各自意见,开展充分讨论;双方首席代表归纳意见。达成一致的,应当形成集体合同草案或专项集体合同草案,由双方首席代表签字"。本案例中提到,"工会主席每年为此专程到北京总部一趟,与行政方平等协商,确定新一年工资是否调整和调整幅度以及具体实施方案"。这似乎显示该公司每年一度的工资协商是工会主席一个人与行政方进行协商并签订工资集体合同。这在协商代表人数和协商程序上与《集体合同规定》的要求并不一致。

其次,该公司对集体合同与员工个人劳动合同关系的处理也值得商榷。本案例有这样的话:"公司每年的工资调整都是与员工年终业绩评估挂钩的。个人工资的增长幅度是不一样的,要由本人评价及业绩考核确定。从1996年以来,员工工资年年有增长,1996年平均增长12%,1997年平均增长10%,1998年平均增长8%,1999年至2001年每年增长7%,以后每年都保持在6%的幅度。"

根据《劳动法》的规定,劳动合同是用人单位与劳动者确立劳动关系、明确双方权利和义务的协议。集体合同是用人单位与本单位职工根据法律、法规、规章的规定,就劳动报酬、工作时间、休息休假、劳动安全卫生、职业培训、保险福利等事项,通过集体协商签订的书面协议。集体合同对用人单位和全体职工均具有法律效力。集体合同的目的是为全体职工在劳动报酬、劳动条件和福利待遇等方面设置一道保障线。劳动者个人签订的劳动合同所确定的劳动条件不得低于集体合同所确定的标准。具体到本案例中,该公司每年都就工资增幅问题进行集体协商,从而就必然产生一个工资增幅标准。这个增幅标准就是一个底线,每个员工的工资增幅都不应低于此线,在此线基础上可以根据个人业绩等实际情况确定具体增幅。但本案例只提到工资与员工个人业绩挂钩,其工资增幅不同,而没有提到把集体合同确定的工资平均增幅作为底线保障。其所提到的员工工资年度平均增幅似乎是没有在集体合同工资平均增幅底线保障前提下的个人工资平均增幅。如果实际情况如此,那么则是对集体合同与劳动合同关系的一种扭曲。

案例4　上海市静安区的工资集体协商指导员和工作室①

　　静安区地处上海中心城区,商业、商贸、现代服务业等楼宇经济是该区的支柱产业,有大批非公企业落户在社区中,入驻在楼宇里。

　　在静安区,有这样一群人,每天奔走在区内各家企业间,穿梭在街道楼宇里,凭借自己以往所积累的专业技能,为实现工资集体协商的"提质扩覆"而默默地付出着。他们,就是上海市静安区总工会工资集体协商专职指导员。

　　2011年9月,上海市静安区总工会根据上海市总工会的统一部署,建立了区总工会工资集体协商专职指导员队伍,并为区内街道、乡镇、园区配备了工资集体协商专职指导员,来帮助指导区内基层工会组织开展集体协商工作。

　　工资集体协商专职指导员实行聘任制,一年一聘。经费由市、区总工会专项划拨。

　　工资集体协商专职指导员的主要任务包括建立区工资集体协商工作档案,指导、帮助、督促基层工会组织开展工资集体协商,直接参与重点企业、行业和区域的工资集体协商工作,受聘担任职工方工资集体协商顾问或协商代表等。

　　静安区总工会制定了专职指导员工作责任制,为其划定包干片区,使其定期走访企业,通过现场指导、合同审查、培训授课等方式规范企业工资集体协商程序和结果,促进工资集体协商质量不断提高,把工资集体协商专职指导员工作真正落到实处。

　　在区总工会的积极推进和工资集体协商专职指导员的密切配合下,静安区集体协商工作取得了积极进展。据统计,截至2014年10月底,全区集体协商、集体合同覆盖企业6000余家,覆盖职工11万余人,实现了区属世界500强企业工资集体协商100%签约。

　　2015年,静安区总工会为了进一步加强对基层集体协商工作的指导,在原工资集体协商专职指导员队伍的基础上,吸收了一批热忱参与该工作的法律人士,包括区总工会法律顾问团成员律师、职工法律援助中心工作人员以及工会工作经验丰富的党群工作者等,成立了由区总工会工资集体协商指导员办公室负责人贾洪祥领导的工资集体协商工作室。

　　2015年5月11日,上海首家工资集体协商工作室——"老贾工作室"正式揭牌。"老贾

---

①　整理自:刑蓓琳:静安区工资集体协商专职指导员贾洪祥:这块"硬骨头"越啃越带劲,东方网,2015-08-19;上海市首个工资集体协商工作室在静安区揭牌,人民网,2015-05-13。

工作室"立足于协商、咨询、指导、服务、评估、推广之功能,旨在"面向基层企业、指导集体协商、推进扩覆提质",同时凸显"两个维护"职能,一是在参与协商中维护职工的合法权益,二是在咨询评估中维护企业的发展环境。情系职工,服务企业,提供工资集体协商法律咨询,加强集体合同履约争议调解,促进企业、职工双赢。当然,成立"老贾工作室"还有一个目的,就是希望通过贾洪祥的示范引领,培育出更多的集体协商人才。

"老贾工作室"采取多种形式,如开设热线电话、微信号和窗口接待等,形成线上线下有效互动,为企业和职工提供更加便捷高效的指导服务。以后,上海静安区的企业和职工,如果在工资集体协商上有任何的疑问或求助,都可以打电话或直接到"老贾工作室",在那里获得专业人士的指导和帮助。

问 题

1. 建立工资集体协商专职指导员队伍可以起到什么作用?
2. 静安区工资集体协商专职指导员的主要任务是什么?
3. 静安区工资集体协商工作室的基本功能定位是什么?
4. 怎样才能成为一名合格的工资集体协商专职指导员?

答案提示

1. 建立工资集体协商专职指导员队伍可起到的作用

建立工资集体协商专职指导员队伍有助于解决企业工会对工资集体协商"不敢谈、不会谈"的问题。

从集体协商专职指导员与企业的关系看,集体协商专职指导员由市、区总工会聘任,与企业没有人事上的隶属关系;集体协商专职指导员的工资由市、区总工会划拨专项经费,与企业没有经济上的依赖关系;集体协商专职指导员日常管理和工作考核由市、区总工会负责,他们的工作目标和工作绩效是推进工资集体协商"提质扩覆"。因此,相比于企业工会工作人员,他们具有较大独立性,这使得他们更具有积极推进集体协商工作的意愿,敢于积极大胆地开展集体协商工作,可以解决企业工会对工资集体协商"不敢谈"的问题。

从集体协商专职指导员本身的素质看,他们热爱工会工作,掌握劳动法律法规和政策规定,熟悉企业人力资源管理、财务制度、劳动工资和社会保障等方面的基础知识;多数具有工会或人事管理、劳动保障、司法、律师等相关工作经验,具有较强的组织协调、语言表达、分析思辨和处理问题能力。这使得他们具有做好集体协商工作的素质条件,很大程度上避免了企业工会对工资集体协商"不会谈"的问题。

2. 静安区工资集体协商专职指导员的主要任务

静安区工资集体协商专职指导员的主要任务包括建立区工资集体协商工作档案;指导、帮助、督促基层工会组织开展工资集体协商;直接参与重点企业、行业和区域的工资集体协商工作;受聘担任职工方工资集体协商顾问或协商代表等。

3. 静安区工资集体协商工作室的基本功能定位

静安区工资集体协商工作室的基本功能定位是参与企业、行业和区域的工资集体协商工作;帮助指导企业和基层工会组织开展工资集体协商;为企业和职工提供工资集体协商法律咨询和评估服务;进行集体合同履约争议调解;通过示范引领,培育出更多的集体协商人才。

4. 如何成为一名合格的工资集体协商专职指导员

一是努力提升业务素质。工资集体协商是一项政策性、专业性很强的工作,作为专职指导员不仅要熟悉有关法律法规和政策要求,还要懂得劳动工资、财务管理、企业生产经营等业务知识。工资集体协商也是一项与人打交道的工作,了解一些心理学知识,更好地把握谈判目标与底线的关系也很有必要。工资集体协商还是一项实践性很强的工作,大家除了熟练掌握相关理论知识外,还要在实践中不断探索协商技巧,注意归纳总结经验,逐步形成适合自己的工作方式,成为名副其实的工资集体协商专家。

二是切实履行工作职责。要成为一名合格的专职指导员,应把工作重点放在指导和参与协商上,积极指导、帮助基层工会收集资料、拟定方案、规范程序、起草文本,为开展协商提供智力支持,并作为职工方协商代表直接参加工资集体协商,对协商过程中发生的重大问题,及时向上级工会报告。同时,要认真开展培训,协助区、县总工会培训企业职工方协商代表,着力提高职工方开展工资集体协商、代表和维护职工合法权益的能力水平。注重宣传指导,为企业和职工答疑解惑,提供政策法律咨询。

三是热爱工会工作。要有积极推进集体协商工作的意愿,大胆地、开拓性地开展集体协商工作。作为工资集体协商专职指导员,在工作中不可避免地会遇到门难进、脸难看、话难听、事难办的情况,可能会受到各种委屈和苦楚,应树恒心,怀热心,有耐心,信心坚定,以饱满的精神状态投身工资集体协商工作。

案例5 14省份公布2015年企业工资指导线[①]

中国新闻网2015年8月17日发布消息,根据中国新闻网记者的不完全统计,截至2015年8月16日,全国共有北京、天津、山东、山西、陕西、内蒙古、新疆、四川、福建、青海、上海、河南、河北、辽宁等14个省份公布了2015年企业工资指导线(见14省份2015年企业工资指导线表)。

14省份2015年企业工资指导线

省　份	基准线	上　线	下　线
新　疆	12%	15%	3%
河　南	12%	18%	3%
四　川	11%	17%	4%
河　北	11%	18%	4%
北　京	10.5%	16%	3.5%
内蒙古	10.1%	14.5%	3%
山　东	10%	18%	4%
山　西	10%	18%	4%
陕　西	10%	15%	5%
天　津	10%	18%	3%
上　海	10%	16%	4%
福　建	10%	15%	2%
青　海	9%	16%	4%
辽　宁	8%	12%	3%

与2014年相比,这些省份的工资指导线均无上调,涨幅持平或下降。在这14个省份中,新疆、河南的基准线最高,为12%;辽宁的基准线最低,为8%。在工资增长上线方面,天津、山西、山东、河北、河南均为18%,并列第一;辽宁最低,为12%。在工资增长的下线方

---

① 整理自:李金磊:14省份2015年企业工资指导线出炉　涨幅均无上调,中新网,2015-08-17。

面,陕西最高,为 5%;福建最低,仅为 2%。

中国新闻网记者通过梳理发现,与 2014 年相比,上述 14 个省份 2015 年的企业工资指导线涨幅无一增长,均为持平或下调。

在基准线方面,除四川与 2014 年持平外,其余 13 个省份的基准线均出现下降。其中,辽宁从 2014 年的 12% 下调至 2015 年的 8%,降幅最大。

在上线方面,北京、上海与 2014 年持平,河南、福建由 2014 年的"不设上线"改为设定上线 18%、15%,其余省份的上线均出现下调,其中,辽宁从 2014 年的 17% 下调至 2015 年的 12%,降幅最大。

在下线方面,四川、山东、山西、青海与 2014 年持平,其余省份的下线均出现下调,辽宁、河北、新疆均下调了 2%,降幅最大。

问　题

1. 什么是企业工资指导线?
2. 企业工资指导线对工资集体协商有什么作用?
3. 企业工资指导线的调整受哪些因素的影响?

答案提示

1. 企业工资指导线的含义

企业工资指导线是政府根据当年经济发展调控目标,向企业发布的年度工资增长水平的建议,是市场经济条件下政府宏观调控国民收入分配的一种基本方式。企业工资指导线由基准线(中线)、上线(又称为预警线)和下线构成。

2. 企业工资指导线对工资集体协商的作用

工资指导线只是企业决定工资的参照系,对企业并没有强制约束力。其作用是为企业与工会开展工资集体协商及确定工资增长水平提供重要依据,同时也是对国有企业实现工资总额管理的重要手段。

3. 企业工资指导线调整的影响因素

企业工资指导线的测算受地区生产总值、经济增速、企业用工成本和利润空间、居民消费价格指数、年末城镇登记失业率等因素的影响。以 2015 年 14 省份企业工资指导线无一增长为例,就是在一定程度上反映出当前经济下行压力加大、增速放缓,企业发展面临用工成本上升和利润空间缩小等压力的现状。

案例6　某钢铁厂的集体合同争议^①

　　某钢铁厂本来是集体企业,由于年年亏损,后卖给了私人。作为收购条件之一,新工厂同意全部接收原厂老职工,并与原厂的职工签订了一份专项集体合同。工会要求在集体合同中约定职工的月工资不得低于1600元,双方为此发生分歧。私人老板为了尽快顺利地收购钢铁厂,最终勉强答应了该要求。但正式接管工厂后,私人老板便以效益不好为由,拒不履行集体合同的约定,且让职工重新签订个人劳动合同,给付职工的月工资大多只有1300~1400元。于是,工会找到老板,要求为职工增加工资。老板回答说,集体合同约定的1600元的最低工资只是象征性的,具体到每个工人,则有高有低,且工厂经营困难,能解决职工的就业问题就不错了,因此拒绝了工会的要求。双方遂为此产生纠纷。

问　题

　　请问工会该怎么办?

答案提示

　　根据《劳动合同法》和《集体合同规定》,企业职工一方与用人单位可以订立劳动安全卫生、女职工权益保护、工资调整机制等专项集体合同。

　　集体合同由工会代表企业职工一方与用人单位订立;尚未建立工会的用人单位,由上级工会指导劳动者推举的代表与用人单位订立。

　　依法订立的集体合同对用人单位和劳动者具有约束力。行业性、区域性的集体合同对当地本行业、本区域的用人单位和劳动者具有约束力。

　　集体合同中的劳动报酬和劳动条件等标准不得低于当地人民政府规定的最低标准;用人单位与劳动者订立的劳动合同中劳动报酬和劳动条件等标准不得低于集体合同规定的标准。

　　有下列情形之一的,可以变更或解除集体合同或专项集体合同:(1)用人单位因被兼

---

① 整理自:发生集体合同争议应如何解决,中工网,2010-06-22。

并、解散、破产等,致使集体合同或专项集体合同无法履行的;(2)因不可抗力等致使集体合同或专项集体合同无法履行或部分无法履行的;(3)集体合同或专项集体合同约定的变更或解除条件出现的;(4)法律、法规、规章规定的其他情形。

用人单位违反集体合同,侵犯职工劳动权益的,工会可以依法要求用人单位承担责任;因履行集体合同发生争议,经协商解决不成的,工会可以依法申请仲裁,提起诉讼。

本案属于履行集体合同发生的争议。本案中,老板违反了工会与企业方签订的工资专项集体合同中关于职工的月工资不得低于1600元,以及用人单位与劳动者订立的劳动合同中劳动报酬和劳动条件等标准不得低于集体合同标准的规定,以效益不好为由,拒不履行集体合同的约定,且让职工重新签订个人劳动合同,给付职工的月工资大多只有1300~1400元。在工会依法要求其为职工增加工资时,又遭到拒绝。根据《劳动合同法》和《集体合同规定》,用人单位违反集体合同,侵犯职工劳动权益的,工会可以依法要求用人单位承担责任;因履行集体合同发生争议,经协商解决不成的,工会可以依法申请仲裁,提起诉讼。

案例 7　北京市餐饮行业部分连锁企业和特色 美食街区工资集体协商纪实①

2013 年 11 月,北京市召开了"市商业服务业协调劳动关系三方机制会议",讨论通过了《餐饮连锁企业和特色美食街区工资集体协商工作推进方案》,明确了 2014 年在北京市餐饮行业开展工资集体协商工作。

在历时 9 个月之久,先后 6 次修改行业工资集体合同文本,经过"马拉松式"的协商过程之后,2014 年 9 月 1 日,甲方由北京市服务工会出面,代表 21701 名餐饮职工;乙方由北京市餐饮协会出面,代表北京市 22 家餐饮连锁企业、12 个特色美食街区的 569 个企业老板。甲乙双方正式签订了《北京市餐饮行业部分连锁企业和特色美食街区工资协商专项集体合同》、《北京市餐饮行业部分连锁企业和特色美食街区女职工权益保护专项集体合同》两个文本。根据合同,北京餐饮行业部分企业最低工资标准高于本市最低工资标准 28.2%,也就是说,2014 年的月最低工资标准不低于 2000 元。

来之不易的合同

"这两年,很多餐饮企业的日子不好过,对于员工的工资水平也不愿意多谈。"西城区德胜街道总工会服务站负责人于淑梅介绍说,2014 年 8 月,正值北京最热的那几天,她和同事到该地区的餐饮企业摸底调查职工工资状况,却遭遇连番"尴尬"。

"我们现在的经营状况确实困难,您说我们该怎么办?""利润总是上不来,怎么给职工涨工资啊?""我们想尽了各种促销方法,客流量就是上不来,能帮我们想想法子吗?"一个个问题扑面而来,让于淑梅瞬间也有点"晕"。

于淑梅介绍说,近几年行业工会联合会每年都会开展工资集体协商工作,原本以为这次协商工作也会一帆风顺,没想到在摸底调查职工工资的阶段,就遇到了这么多难以回答的问题。

"有些企业确实有困难,所以我只能先听他们诉完苦,发完牢骚,再给他们做工作。"于淑梅说。德胜餐饮行业持续开展工资集体协商,克服了行业成员单位动态变化和人员变

---

① 整理自:白莹、陈曦、余翠平:北京市餐饮行业部分连锁企业和特色美食街区工资集体协商纪实,中工网,2014 - 09 - 04。

更、调整等诸多困难,及时指导行业工会联合会完成了换届工作,巩固了职工方的协商主体资格。

"9个月的历程中,经历了确定协商主体、选定协商企业、发出要约与回复要约、举办培训班、确定双方协商代表、专题调研、起草文本初稿并征求意见、召开协商会议等,这期间,作为职工方代表的工会工作者们倾注了无数汗水和心血。单从征求对文本初稿的意见和建议中就可得到佐证。"市服务工会主席王丽明如是说。

——6月6日,召开职工方代表第一次会议,通报工作进展情况,研讨协商文本初稿,代表们结合工作实际,提出自己的修改意见;

——6月11日,召开第二次工作组会议,汇报了前期工作情况并研究了下一阶段工作任务,重点就两个协商文本进行研究讨论,工作组中的各方成员提出了相应的修改意见;

——6月18日,召开与有关区总工会的第二次协调会,部署下一步工作,同时向有关区总工会征求意见;

——6月20日,召开第二次职工方代表会,综合考虑各方提出的意见和建议,进一步研究文本条款内容;

——6月27日,召开由市餐饮行业部分企业行政方领导参加的工资和女职工权益保护集体协商沟通会,与会企业代表研究讨论了协商文本并提出了修改意见;

——8月5日,双方协商代表参加的正式协商会议,在北京职工服务中心召开,双方代表就工资和女职工权益保护两份文本协商稿中的分歧点展开了"真枪实弹"的协商。

终于,第一批签订专项集体合同确认书的企业劳资双方点头同意,并在合同上签字。约定部分企业最低工资标准不低于每月2000元,且对具有餐饮行业职业特点的多个岗位的最低工资标准进行了逐一规定。

同时,还对餐饮行业职工加班工资计算的基数、工资增长幅度、工龄工资标准、职工用餐和住宿标准、工资支付保障、职工劳动时间、休息休假、社会保险缴纳等与职工切身利益相关的条款进行了规定。

"集体协商本质上是一种劳资利益博弈的机制,职工是集体协商的真正主体。但不少企业不同程度地存在协商程序不规范、集体协商走形式等问题。由工会主席个人与企业有关部门负责人凭关系交涉解决,而没有通过规范的集体协商程序来处理,这样的现象并不鲜见。"王丽明说。

针对这些现象,此次协商明确了十项主要工作内容,即明确协商企业、进行专题调研、举办培训班、选派协商代表、确定协商内容和起草协商文本、发出要约与回复要约、行业协商与签订协议、企业进行二次协商、监督履行情况和加强与部分区总工会合作等,以落实职工集体协商的知情权、参与权、共决权和监督权,使职工真正从集体协商中得到实惠,对集体协商的过程和结果感到满意。

有商有量　互利双赢

为了让职工代表与企业管理层坐到一张桌前,北京市服务工会采取不同形式做工作:

对老板,反复宣传工资集体协商的好处;对职工,多次开展培训讲解,消除不敢谈、谈不好的顾虑。

这次全市的合同文本中提出,最低工资标准参考北京市 2014 年调整的最低工资标准幅度,结合餐饮连锁企业和特色美食街区调查问卷统计情况,文本规定本市餐饮行业月最低工资标准不低于 2000 元,较北京市 2014 年最低工资标准(1560 元)高 28.2%。

为什么合同将最低工资标准确定为 2000 元?在协商中,企业老板有疑问,工会相关负责人做了解答:这个标准是前期工会对 50 家餐饮企业和部分美食街街区共 1445 家门店、60975 名餐饮业员工开展了调研,并参照北京市年度企业工资指导线、北京市劳动力市场工资指导价位以及北京市物价消费指数,最终与企业、职工代表协商确定的。

"刚开始谈起工资协商,公司领导有很大顾虑,觉得涨不涨工资不是放在大会上说的事,该涨自然就涨了。"北京和合谷餐饮管理有限公司工会主席梁帆介绍说,但是通过工资集体协商,让职工清楚了企业的经营状况,企业也了解了职工的心声,工资涨幅大家监督,公司和职工双方共同受益,其实是件大好事。

北京市餐饮协会会长汤庆顺表示,截至 2014 年,本市拥有餐饮企业门店 6 万余家,2013 年普遍的工资水平为 1800 元。此次专项集体合同的签订,让员工也能参与到企业的民主管理中,对于企业的发展很有好处。今后,他们将继续大力推进,争取让更多的餐饮企业加入签订专项集体合同的行列。

在工会看来,开展工资集体谈判不仅畅通了普通职工利益诉求的表达渠道,而且对稳定职工队伍,避免频繁流动,激发职工的创造活力,实现企业可持续发展,构建和谐劳动关系起到了积极的作用。

不仅在薪酬上有保障,合同文本中还对激励员工素质提升进行了规定。"因为我们在前期调研中发现,餐饮行业常年处于用工荒,除了工资待遇难留人以外,职业晋升空间狭窄也让年轻人感到无望。"北京市服务工会有关负责人介绍说,所以他们在文本中特别规定了对获得职业资格证书的职工,企业可参照以下标准给予相应的奖励,获得国家一级职业资格(高级技师)证书的,奖励 2000 元;获得国家二级职业资格(技师)证书的,奖励 1000 元;获得其他职业资格证书的,企业可通过集体协商确定奖励标准。

企业应支持和鼓励职工开展菜品的创新工作,对创新且为企业带来经济效益的职工,企业应给予一次性奖励或晋级。

"我们企业本身也有技能性涨薪制度,不过要经过严格的考核。"和合谷公司行政方代表、总经理助理兼人力资源总监李秀莲介绍说,"以前考核还包括理论考试,现在则注重实操,以及平日表现。考核考察的是职工的综合素质。拿服务操作标准来说,就包含了出餐速度、食品重量等一系列内容。"

"我觉得,经过严格考核的涨薪,不仅仅是让员工的钱包更鼓了,享受了企业发展的成果,更重要的是还可以提高他们的技能。每次,我们都会提前公布技能性涨薪计划,员工会为此加紧苦练服务技能,在企业内营造出了良好的学习氛围。"李秀莲说,"我发现,这次签订的工资专项集体合同,也包含人才培养、技能提升方面的内容,我觉得很好。"

探索新机制　实现新突破

"集中协商、二次确认、分别通过、属地备案",这是北京市总工会在实践中探索出的工资集体协商工作新机制。

集中协商,即由行业工会联合会与行业协会集中协商,广泛征求意见后形成工资集体协议草案;二次确认,即在上级工会的指导下,由企业工会与企业法定代表人就行业工资集体协议草案内容协调沟通,完全一致的,起草工资集体协议企业认可书,提交本企业职代会审议,超出标准和范围的按照工资集体协商、征求意见、召开职代会等民主程序,组织企业二次协商;分别通过,即各企业分别组织召开本企业职代会或全体职工大会,审议通过正式的工资集体协议和企业认可书,并由企业法定代表人和工会负责人在企业认可书上签字;属地备案,即企业经民主程序后签订的企业集体合同,按照管辖权限,到企业注册地人力社保部门备案。

近年来,北京市各级工会在建筑、建材、商贸、百货、餐饮、旅游、影楼、保安、家政、护工、美容美发、印刷装订等43个行业开展了工资集体协商,取得了明显效果。尤其是在北京汽车零部件行业工会建立后,采取"集中协商、二次确认、分别通过、属地备案"的方法,开展行业工资集体协商,分布在9个区县的110余家企业签订工资协商专项协议,探索出了一条市级行业工资集体协商的新途径。

2014年9月1日签订的《北京市餐饮行业部分连锁企业和特色美食街区工资协商专项集体合同》、《北京市餐饮行业部分连锁企业和特色美食街区女职工权益保护专项集体合同》只是集中协商过程的完成。市服务工会的有关负责人介绍说,"我们还将以此合同为基础框架,在餐饮行业部分连锁企业和特色美食街区开展'二次确认、分别通过、属地备案'"。具体来说就是,这两份专项合同将为已签订集体合同确认书的企业开展二次协商工作提供基础框架与最低标准,个别企业的劳资双方将根据这两份专项合同制定的原则和标准,结合本企业的实际开展进一步协商,并签订本企业专项集体合同。同时,企业最终签订的集体合同,各项标准不能低于本次签订的两份专项集体合同的标准。

"我们餐饮行业工会联合会的成员单位共有100多家,此次,签订工资专项集体合同的企业有22家,覆盖800多名职工。"西城区德胜街道总工会服务站的负责人于淑梅说,最近几年,行业工会联合会一直在开展工资集体协商工作。2013年,行业工会与成员单位企业方代表进行协商,最终商定,地区餐饮行业专业技术职工、非技术职工月最低工资收入水平分别为1800元和1500元,较上年度增长22%和7%,均为保底不封顶的地区行业标准。另外,合同条款还规定,成员单位在确保执行本合同规定的同时,可结合单位经济效益情况,就有关岗位工资的具体量化细化事项进行二次协商,以实现职工权益的最大化。

便宜坊烤鸭集团有限公司工会主席王久洪介绍了他们企业二次协商的具体做法:"刚开始协商时,我们先跟东城区的工资集体协商指导员沟通,结合我们公司的实际情况,决定工资集体协商主要围绕最低工资标准、加班工资、工资涨幅三个方面展开协商。"

对这三个方面,便宜坊烤鸭集团有限公司职工方代表和行政方代表经过研究,初步确定了数值。在与集团人力资源部门沟通后，根据双方意见，起草了工资集体协商协议书。此后，召开工资集体协商会议，并邀请东城区工资集体协商指导员参与。

多轮协商后，职工方与行政方就工资最低标准、加班工资、工资涨幅三方面内容达成一致意见，最终在职工代表大会上讨论通过，工资集体协商协议书备案后正式生效。

探索的过程当然也会有收获。"对国企来说，如何能让企业发展好，如何能将职工利益维护好是公司行政领导最关注的事情。工资集体协商为企业和职工提供了一个很好的沟通协商平台。"北京便宜坊烤鸭集团有限公司总经理赵育贤说，"通过合同的形式保证职工的权益。职工队伍稳定了，又能更好地促进企业的发展。工资集体协商，让企业和职工实现了双赢。"

赵育贤口中的双赢是实实在在的。这一点和合谷公司工会主席梁帆也有同感。"很多人认为工资协商是让职工和老板对着干，其实这种想法不准确，经过这几年从事工资协商的相关工作，我感受到，这是一件双赢的事情。既能维护职工的权益，又能提升企业的管理水平。"梁帆告诉记者。

"此次活动，我还参与了前期的试点考察工作，与几位工会方代表到企业，找一线职工座谈。"梁帆说，"为了听到这些职工内心的真实想法，我们还专门'清场'，在没有企业领导参与的情况下，与职工近距离对话，收获确实很大。"

"现在，餐饮行业的职工，尤其是一线职工，虽然非常看重工资高低，但这并不是他们唯一看重的，像福利待遇、职业发展前景、企业人文关怀等越来越受到职工的重视了。"梁帆说，她现在更关注的是这样一份全市性的行业工资专项集体合同带来的意义，"可以帮助餐饮行业统一标准，规范行业制度。"

问　题

1. 本案例中的集体协商属于哪种类型？

2. 本案例中的集体协商主体是谁？

3. 本案例中的集体协商经历了哪些阶段？

4. 本案例中的集体合同依据什么将北京市餐饮行业部分企业的月最低工资标准定为不低于 2000 元？

5. 本案例中北京市餐饮行业部分连锁企业的工资集体协商给餐饮企业带来了什么好处？

6. 什么是"集中协商、二次确认、分别通过、属地备案"？

答案提示

1. 本案例中集体协商的类型

按照内容划分，集体协商可分为专项集体协商和综合性集体协商。前者是就劳动报酬、某项劳动条件，或某类员工进行集体协商，如工资调整机制、女职工权益保护、安全卫生。后者指涉及诸多内容的集体协商。

按照行政管理级别划分,集体协商可分为企业集体协商(协商主体为企业工会与企业主)、区域性集体合同(在一定区域内如社区、镇、街道、县、市、省域内,由区域性工会与相应经济组织或区域内企业协商)、国家级集体协商(协商主体是国家级工会与企业组织)。

按企业归属行业划分,集体协商可分为不同行业的集体协商,如建筑业、餐饮业的集体协商等。协商主体是行业性工会联合会与相应行业内的企业组织代表。

本案例中的集体协商在内容上属于专项集体协商,按照行政管理级别属于区域性集体协商,按企业归属行业属于餐饮行业的集体协商。

2. 本案例中集体协商的主体

行业集体协商的双方主体是行业工会与行业雇主组织,具体说来是,甲方由北京市服务工会出面,代表 21701 名餐饮职工;乙方由北京市餐饮协会出头,代表北京市 22 家餐饮连锁企业、12 个特色美食街区的 569 个企业老板。

3. 本案例中的集体协商经历的阶段

在历时 9 个月之久,经历了确定协商主体、选定协商企业、发出要约与回复要约、举办培训班、确定双方协商代表、专题调研、起草文本初稿并征求意见、召开协商会议等。

2014 年 6 月 6 日,召开职工方代表第一次会议,通报工作进展情况,研讨协商文本初稿,代表们结合工作实际,提出自己的修改意见。

2014 年 6 月 11 日,召开第二次工作组会议,汇报了前期工作情况并研究了下一阶段工作任务,重点就两个协商文本进行研究讨论,工作组中的各方成员提出了相应的修改意见。

2014 年 6 月 18 日,召开与有关区总工会的第二次协调会,部署下一步工作,同时向有关区总工会征求意见。

2014 年 6 月 20 日,召开第二次职工方代表会,综合考虑各方提出的意见和建议,进一步研究文本条款内容。

2014 年 6 月 27 日,召开由市餐饮行业部分企业行政方领导参加的工资和女工集体协商沟通会,与会企业代表研究讨论了协商文本并提出了修改意见。

2014 年 8 月 5 日,双方协商代表参加的正式协商会议,在北京职工服务中心召开,双方代表就工资和女职工权益保护两份文本协商稿中的分歧点展开了"真枪实弹"的协商。

2014 年 9 月 1 日,由北京市服务工会代表北京市 22 家餐饮连锁企业、12 个特色美食街区的 569 个企业的 21701 名餐饮职工;由北京市餐饮协会代表北京市 22 家餐饮连锁企业、12 个特色美食街区的 569 个企业老板,双方正式签订了《北京市餐饮行业部分连锁企业和特色美食街区工资协商专项集体合同》、《北京市餐饮行业部分连锁企业和特色美食街区女职工权益保护专项集体合同》两个文本。

4. 本案例中确定北京市餐饮行业部分企业月最低工资标准的依据

2014 年《北京市餐饮行业部分连锁企业和特色美食街区工资协商专项集体合同》的文本中规定,本市餐饮行业部分企业的月最低工资标准不低于 2000 元,较北京市 2014 年最低工资标准(1560 元)高出 28.2%。

为什么合同文本将最低标准确定为 2000 元?工会相关负责人指出,这个最低工资标准是参考北京市 2014 年调整的最低工资标准幅度,同时结合前期工会对 50 家餐饮和部分美食街区共 1445 家门店、60975 名餐饮业员工开展的调研,并参照北京市年度企业工资指导线、北京市劳动力市场工资指导价位以及北京市物价消费指数,最终与企业、职工代表协商确定的。

5. 本案例中北京市餐饮行业部分连锁企业工资集体协商给餐饮企业带来的好处

北京市服务工会在前期调研中发现,餐饮行业常年处于用工荒,原因主要有两个:一是工资待遇难留人,二是职业晋升空间狭窄让年轻人感到无望。通过工资集体协商,确定北京市餐饮行业部分企业的月最低工资标准不低于 2000 元,较北京市 2014 年最低工资标准(1560 元)高出 28.2%,从工资方面增加了餐饮企业对员工的吸引力。在此次签订的集体合同文本中还特别规定了对获得职业资格证书的职工,企业可参照以下标准给予相应的奖励:获得国家一级职业资格(高级技师)证书的,奖励 2000 元;获得国家二级职业资格(技师)证书的,奖励 1000 元;获得其他职业资格证书的,企业可通过集体协商确定奖励标准。企业应支持和鼓励职工开展菜品的创新工作,对创新且为企业带来经济效益的职工,企业应给予一次性奖励或晋级。这些规定使年轻员工有了更多的职业发展空间,并激励员工不断提升职业技能,在企业内营造出良好的学习氛围。所以,通过工资集体协商,在一定程度上有助于降低餐饮行业人员流动性、稳定职工队伍,使用工荒问题得到一定的缓解。对企业来说,留住了人才,企业老板才能腾出更多精力去经营企业,从而提高企业的经济效益。

通过工资集体协商,不仅畅通了普通职工利益诉求的表达渠道,还可以让职工清楚企业的经营状况,企业也了解职工的心声,工资涨幅大家监督,使得公司和职工间的沟通渠道更加畅通,增进了劳资双方的相互了解和彼此理解。

通过工资集体协商,让员工也能参与到企业的民主管理中,可以调动员工积极性,提升企业效益;还可以激励员工不断提升职业技能,在企业内营造出良好的学习氛围。

通过工资集体协商,不仅畅通了普通职工利益诉求的表达渠道,而且对稳定职工队伍、避免频繁流动,实现企业可持续发展,构建和谐劳动关系起到了积极的作用。

6. "集中协商、二次确认、分别通过、属地备案"的含义

"集中协商、二次确认、分别通过、属地备案",这是北京市总工会在实践中探索出的工资集体协商工作新机制。

集中协商是由行业工会联合会与行业协会集中协商,广泛征求意见后形成行业工资集体协议草案;二次确认,即在上级工会的指导下,由企业工会与企业法定代表人就行业工资集体协议草案内容协调沟通,完全一致的,起草工资集体协议企业认可书,提交本企业职代会审议,超出标准和范围的按照工资集体协商、征求意见、召开职代会等民主程序,组织企业二次协商;分别通过,即各企业分别组织召开本企业职代会或全体职工大会,审议通过正式的工资集体协议和企业认可书,并由企业法定代表人和工会负责人在企业认可书上签字;属地备案,即企业经民主程序后签订的企业集体合同,按照管辖权限,到企业注册地人力社保部门备案。

案例 8　营口市虎庄镇的工资集体协商^①

虎庄镇位于辽宁省营口市大石桥北部。凭借靠近海城市西柳服装大市场的得天独厚的地理位置,虎庄镇的服装加工业得到迅速发展。2009 年,全镇共有规模不等的服装加工企业 101 家,职工 4000 余人。服装加工业职工数占非农产业用工的 50% 以上,成为虎庄镇容纳剩余劳动力,使群众脱贫致富和增加财政税收的重要支柱产业之一。

但是,自 2006 年以来,中小企业众多的虎庄镇,出现了发展中的烦恼:职工工资、待遇较低,经常加班不加薪;员工队伍不稳定,频频跳槽。由于工资标准不一,熟练工人短缺,职工频频跳槽,职工流动率高达 40%。虎庄服装行业 4000 多名农民工至少有 1/3 流动过;企业老板为了留住人,普遍采取工资一年一结算的办法,一些企业还采取职工交抵押金或扣身份证的办法,有些效益不好的老板则选择赖账、拖欠工资。老板经常拖欠、克扣职工工资,导致职工到镇上、市里上访的事时有发生,劳资纠纷明显增多。

怎样解决这些发展中的问题? 2007 年,营口市总工会来到虎庄镇进行调研。他们发现,这里的企业老板多为当地富裕起来的农民,工人也是刚卷起裤腿儿进厂的农民。由于劳资双方对相关法律法规掌握不多,协商能力差,一旦出现工资争议,结果往往是不欢而散,工人跳槽,老板一筹莫展,不仅无法保障职工权益,也影响了企业发展。许多因劳动关系紧张和劳动力无序流动而蒙受经济损失的服装企业,自发萌生了与职工协商对话的强烈愿望,有的主动提出要与职工共同商定整个行业的劳动标准等劳动待遇问题,希望通过协商与对话,沟通双方的意愿与要求,改善相互关系,达成一个双方都能接受又对整个行业都有约束作用的协议,实现劳动标准的统一和劳动关系的稳定。

结束调研后,营口市总工会就开始琢磨:服装加工行业带有鲜明的行业性特点,能不能让全行业的老板和工人坐下来心平气和地进行工资协商,制定出行业工资的指导价? 他们决定在虎庄试点行业性工资集体协商,以此来达到保护数量众多且分散的中小企业职工利益、稳定职工队伍、和谐劳动关系的目的。

党委重视、政府支持为开展行业工资集体协商提供保证

谁来推动工资协商最有力度呢? 虎庄镇的经验说明,党委和政府的重视是工资集体协

---

① 整理自:辽宁虎庄镇服装业靠升级赢市场,《辽宁日报》,2015-06-10;何扬:营口:工资集体协商企业职工双赢,《人民日报》,2010-11-17。

商成功推进的重要因素。

自 2007 年开始，虎庄镇党委对以辖区服装加工行业的工资集体协商为重点的行业集体协商进行了研究部署，为工会组织在行业集体协商中更好地发挥作用创造条件，形成了党委领导、政府主导、工会运作、经营者支持、劳动者认可的工作格局。

在虎庄镇，每年开展工资协商时，镇党委、政府的领导也都和工会领导一起，下到基层进行调查摸底，随时解决协商过程中遇到的困难。

针对部分企业经营者不愿谈的问题，党政主要领导分别深入这些企业，面对面地进行沟通交流，向他们宣传接受要约、开展工资集体协商是企业应当履行的法定义务，是解决劳资矛盾、稳定职工队伍、促进企业发展的有效途径，从而使所有服装加工企业的经营者，都能参与到工资集体协商之中，认真听取工会和职工的意见，协商解决工资和其他方面的矛盾和问题。

组建"劳动定额指导委员会"、"工资集体协商指导团"等破解四难

行业性工资集体协商，存在"四难"：制定劳动定额难、制定工资标准难、开展平等协商难、协议履约难。针对这"四难"，在开展工资集体协商的过程中，虎庄镇通过建立"劳动定额指导委员会"、"工资集体协商指导团"、"职工代表监督员制度"等办法，破解了"四难"。

建立劳动定额指导委员会。虎庄镇建立起劳动定额指导委员会，镇工会主席孙清河担任指导委员会主任，成员由乡企服务中心、企业经营者代表和技术工人组成，负责研究、拟定行业劳动定额，组织测算不同工序的工时工价行业标准，为开展工资集体协商提供客观依据。委员会邀请了有代表性的 12 家企业的技术人员和工人进行座谈，首先统一工序名称，并将裤子生产细化为 33 道工序；接着将 12 家企业分成 3 个组，每组确定 4 家企业为测算点，在每个测算点选出 33 名中下等技术水平的职工参加测试，12 家企业共有 396 名职工参加测试，测试时由劳动定额指导委员会人员掐表计算；定额初步确定后，又在 6 家非测试企业进行检验，然后进行了微调；定额确定后，劳动定额指导委员会将 33 道工序的工时定价制作成软件，职工只要输入自己的姓名和工作量，就可知道自己当天的工资数。

建立工资集体协商指导团。为了推进工资集体协商，虎庄镇成立了"工资集体协商指导团"。指导团由镇党委副书记任团长，镇工会主席、分管副镇长任副团长，劳动、工商、税务、财政、审计等企业主管部门负责人为成员。工资集体协商指导团负责提供劳动法律法规、工资政策、福利待遇等方面的咨询、服务和指导，在确定协商议题、规范程序、强化监督等方面发挥了重要作用，成为劳动法律政策的宣传员、工资集体协商的指导员、处理协商矛盾的调解员、协议履行的监督员，较好地解决了劳资双方"不愿谈"、"不会谈"的难题。

镇工会主席孙清河说："指导团有两大优点：一是了解法律法规，二是知晓企业底细，工资协商时不会被蒙骗。"比如，虎庄镇服装行业在工资集体协商时，职工方提出最低工资标准为每月 1200 元，企业方只接受每月 800 元，当时行业最低工资标准为每月 700 元，营口市政府确定的地区最低工资标准仅为每月 586 元。面对这样的局面，"我们结合企业经营状况进

行分析,认为职工要求超过了企业承受能力,但企业方提出的工资标准也没有反映企业真实的经营情况。经进一步协商,大家同意将最低工资标准确定为每月1000元。"孙清河回忆当时的情景时说。

建立职工代表监督员制度,突破履约难、监督难问题。已签订的工资集体协商协议,如何能保证落实到位?针对存在工资集体协商协议的履约难、监督难等问题,虎庄镇推出了职工代表监督员制度,每个企业都聘请了监督员,协议能不能落实,都有监督员反馈结果。不能落实的,劳动部门将去检查,并给予处罚,确保了工资集体协商协议落到实处。

工资集体协商促劳、资、政三方共赢

通过两年多的行业性工资集体协商,虎庄镇收到了三方共赢的效果——工人涨了工资,企业稳定了职工队伍,同时也为政府减少了因劳资纠纷而起的社会维稳压力。

2006年,虎庄镇服装行业职工月平均工资为700元,实行工资定额标准后,2008年其职工月平均工资增长到1200元,2014年又增至2000元。工人的利益得到了维护,劳资纠纷也大大减少。

行业性工资集体协商也有效解决了职工频繁流动影响企业发展的问题。由于加强行业自律,相对统一了工时工价标准和福利待遇,职工感到无论在哪个企业工作,都没有明显差别,虎庄镇服装行业职工流动量由2006年的30%,下降到2008年的5%。谈起虎庄镇的工资集体协商,营口市圣兰祥服饰有限公司老板姚兰英就赞不绝口:"职工不再频繁跳槽了,干活儿时责任心强了,产量质量都提高了。"

行业性工资集体协商还调动了职工的积极性和创造性,推进了行业经济的平稳较快发展。开展行业工资集体协商使职工的根本权益得到有效维护,从而激发了广大职工的劳动热情和聪明才智,使企业效益不断增长,服装加工行业产值从2006年的4亿元,增加到2008年的5亿元。

问 题

虎庄镇服装行业成功开展工资集体协商带给我们哪些启示?

答案提示

启示至少有三点。

启示之一:开展工资集体协商必须建立在企业需要的基础之上。虎庄镇地处营口市大石桥北部,是辽南地区的一个经济强镇,毗邻海城西柳市场,服装加工业占有较大比重,无论是企业的数量,还是其从业人数均已达到或超过全镇企业及职工总数的50%,堪称当地的一个支柱性产业。多年来,各家服装企业在经营上各自为战,无序竞争,互挖墙脚,造成劳动力在企业间的随意流动,企业的生产经营形势不稳,同时也加大了生产成本,扰乱了市场秩序,

各种劳资矛盾日显突出,企业经营者为此叫苦不迭,对地区经济发展和社会安定也带来诸多不利影响。为了建立和谐稳定的劳动关系,保持员工队伍的相对稳定,促进地方经济的快速发展,当地党委、政府、工会多次进行研究,积极寻求解决问题的出路和办法。他们通过召开座谈会,深入企业调查研究,广泛征求意见,基本摸清了企业的情况,掌握了企业经营者和员工的心态和想法,据此做出了在该行业开展工资集体协商的决定。经过一番艰苦细致的工作和坚持不懈的努力,其协商工作进展顺利,并最终取得成功。总结虎庄镇的经验,我们不难发现,其成功的因素固然是多方面的,但是作为协商的主体——服装企业本身对协商工作的认知和在协商中表现出来的积极态度不能不说是其中的重要原因。在企业的实际生产经营过程中,许多因劳动关系紧张和劳动力无序流动而蒙受经济损失的服装企业,自发萌生了与职工协商对话的强烈愿望,有的主动提出要与职工共同商定整个行业的劳动标准等劳动待遇问题,希望通过协商与对话,沟通双方的意愿与要求,改善相互关系,达成一个双方都能接受又对整个行业都有约束作用的协议,实现劳动标准的统一和劳动关系的稳定。正是基于企业的这种需求和主动态度,才构成了开展协商工作的有利条件。虎庄镇党委、政府、工会自觉地顺应企业的这种需要,及时抓住有利契机,因势利导,终于促成了不同企业老板与员工代表之间进行的行业工资集体协商活动。

启示之二:行业性工资集体协商有独特优势。不同的行业有着不同的劳动方式和劳动标准,职工的职业需求差异也较大。而相同行业职工的劳动对象、劳动条件、劳动时间、作业方式以及劳动报酬等大体相同,职工的利益需求也比较接近,企业间具有较强的可比性,因此,相对地域而言,开展行业性工资集体协商更为有利。单个的企业工会受制于企业,企业工会缺少足够的力量与手段,从客观上说,企业工会与企业本身的主体地位不对等,难以与之抗衡,因此,两者之间的集体协商就很难开展,尤其是涉及员工核心利益的工资集体协商就更难以进行,有的即使是开展了,往往也是形式重于内容。而由行业工会或行业员工代表与企业主代表或能够代表企业利益的行业协会之间进行的行业工资集体协商,由于其协商主体置身于企业之外,不受企业的制约,所协商的内容也不是针对某一个企业,这样在他们之间的协商工作才比较容易进行,这样的协商才能真正建立在彼此平等、相互尊重的基础之上,其协商的结果才更有意义。虎庄镇开展的工资集体协商工作具有鲜明的行业特性,协商代表与具体企业没有利害关系,两者的主体地位完全平等,这样员工方才敢于争取自己的利益,敢于直言表达,据理力争,从而保证了协商的深度和有效性。

启示之三:党委重视、政府支持是开展工资集体协商的重要保证。虎庄镇的工资集体协商,始终都是在党委领导、政府主导和工会的积极运作下进行的。地方党委和政府对协商工作给予足够重视和大力支持,保证了协商工作的有序开展和顺利实施。特别是由地税、工商、财政、劳动、审计和乡企服务中心等相关部门人员组成的工资协商指导团更是在关键时刻发挥了不可替代的作用,在协商中既提供信息服务和技术指导,又进行各种法律法规政策权威解答,为协商工作的顺利有效开展提供了有力的支持和保障。当然在整个协商过程中,工会是理所当然的主要角色,责无旁贷地做了大量具体繁杂的工作。在协商前期,积极开展调研,多方征求意见,确定协商的重点和主攻方向,并对各企业推选的职工代表进行专门培训,帮助他们掌握相关的知识和技巧。在协商过程中,工会主席作为协商谈判的组织者,引导和协调整个协商活动的实施和开展。协商后期,工会还负责组织乡企服务中心、企业经营者代表和职工代表,对劳动定额进行研究拟定,对协商结果的落实情况进行监督检查,确保各项工作落在实处。正是各方的协调配合和共同努力,才使虎庄镇的行业工资集体协商工作取得积极的进展和良好的效果。

案例9 上海环卫行业的四次工资集体协商^①

环卫工,是城市正常运营最不可或缺的职业之一。然而,多年来,他们的收入和福利待遇却一直处于较低水平。

2010 年,上海市绿化市容局会同市有关部门对全市环卫职工的收入状况进行了一次深入调研,结果显示全市环卫从业人员收入水平相对较低且增长较慢,员工收入满意度低,流动率高。2009 年,沪籍和非沪籍一线环卫职工对收入不满意的比例分别由 2005 年的 22.8% 和 30%,上升到当年的 65.8% 和 64.2%。高达 6 成的收入不满意度又导致了员工的高流动率。2010 年,环卫职工的流动率达到 20.5% 的高点。与此同时,全市 4.9 万名环卫一线职工中,非沪籍职工超过 2.1 万人,但其中从事环卫工作时间不足 3 年的近 60%,更有逾 2 成职工的工作时间不到 1 年。与此同时,环卫职工的福利待遇也相对较差,早晚班津贴、职工健康体检、疗休养制度等福利制度都没有建立起来。

一位在某区环卫公司从事清道工作已 19 年的顾姓女清道班副班长坦言,自己和工友干着又脏又累的活。上早班的时候,她需要 3 点半就起床,从太阳还没有升起的清晨 5 点一直忙到中午。如果不算加班费等津贴,每月只有 1000 多元的微薄工资,所以,自己和工友,都或多或少带着一些不满情绪。

2011 年,对于上海市环卫职工来说,这是迎来转机的一年。当年 4 月,市绿化市容局、市总工会、市发改委、市财政局、市人社局、市建交委等联合下发《关于本市建立环卫职工收入正常增长机制提高城市环境卫生保障水平的若干意见》,针对环卫一线职工较为恶劣的作业环境和明显较低的收入待遇水平,明确提出:要建立环卫作业经费正常保障机制,确保环卫作业经费投入足额到位;建立环卫职工收入正常增长机制,确保环卫一线职工收入增长幅度不低于全市平均增长水平;建立环卫职工工资集体协商机制;规范环卫企业收入分配制度,一线职工收入的正常增长应作为经营者薪酬考核的重要指标;落实环卫一线职工的社会保障权益,规范企业用工行为;改善环卫一线职工的作息环境,强化作息场所的规范化建设。

市绿化市容行业工会与市市容环境卫生行业协会旋即于 2011 年 4 月建立了市级环卫行业工资集体协商制度,当年 4 月 28 日,全市第一份环卫行业职工工资集体协议出炉,并形成了行业指导意见,其中明确了三件事:一是建立上海环卫行业最低工资标准,即在本市最

---

① 整理自:上海 5 万环卫卫职工收入三年涨 非沪籍职工超 2.1 万人,新浪上海,2013-12-03。

低工资标准的基础上增加 5%,使 41879 名包括农民工、劳务派遣工在内的环卫一线职工受益;二是建立环卫职工健康体检制度和疗休养制度,使 38768 名环卫职工得到疗休养,42219 名环卫职工得到体检;三是建立环卫一线职工岗位津贴制度,使 48405 名环卫一线职工享受岗位津贴,不同工种按照每天 15 元、12 元、10 元的标准发放。

工资集体协商给环卫工带来了看得见、摸得着的实惠:2011 年,沪籍环卫一线职工的人均收入比 2010 年的增长 12.1%,农民工、劳务派遣工的收入在上海市最低工资标准的基础上增长了 30%。

各项收入、福利政策的实行,提高了环卫职工对工资收入待遇的满意度。沪籍一线环卫职工的收入满意度比例由 2009 年的 34.2% 上升至 2011 年的 56.1%;非沪籍环卫职工的收入满意度比例由 2009 年的 35.8% 上升到 2011 年的 71.8%。由此提高了环卫工人对工作的积极性。2012 年春节,95% 以上的非沪籍环卫一线职工自愿留在上海坚守岗位。同时,环卫一线职工年流动率由 2010 年的 20.5% 下降至 2011 年年底的 13.5%,2012 年又降至 9.87%。

2012 年,市绿化市容行业工会就环卫职工的最低工资标准、收入正常增长、互助互济保障机制等问题向市容环境卫生行业协会发出第二次集体协商邀约,收到对方的积极回应。

在经过两次 4 轮的集体协商之后,市绿化市容行业工会与市市容环境卫生行业协会就 2012 年环卫行业最低工资标准、建立环卫职工收入正常增长机制、建立上海环卫行业职工互助互济保障工作机制等事项签订新一轮集体协议。协议规定:环卫行业月最低工资标准由 2011 年的 1345 元调整为 2012 年的 1525 元;职工平均工资低于 2011 年上海市职工平均工资的企业,职工平均工资增长幅度可在 2012 年上海市企业工资增长指导线的平均线的基础上再增加 2%～4%。新行业月最低工资标准与上海市调整最低工资同步实施。

协商还首次明确,建立上海环卫行业职工互助互济保障工作机制,扩大互助互济保障覆盖面,切实提高全体环卫从业人员风险保障力度。

2012 年的工资集体协商,使环卫职工的收入和待遇在 2011 年的基础上得到进一步提高:2012 年,环卫从业人员平均月工资比上年平均月工资增长了 12%;环卫一线职工享受的岗位津贴,在原根据不同工种分别为每天 15 元、12 元、10 元的基础上每档分别提升了 3 元;为 81% 的劳务派遣工(非沪籍职工)缴纳了城镇保险;参加健康体检和职工疗休养的环卫职工总数分别达到 51270 人和 45994 人。

2013 年 4 月 10 日,市绿化市容行业工会和市市容环境卫生行业协会就 2013 年上海市环卫行业月最低工资标准、实施上海市环卫行业早晚班津贴制度、建立沪籍职工工资增长机制、上海环卫行业职工团体互助保障计划、执行环卫职工工资单制度、严格规范社保费缴纳制度等事项集体协商,签订了《上海市环卫行业第三次工资集体协商协议》。

《上海市环卫行业第三次工资集体协商协议》规定,上海市环卫行业 2013 年月最低工资标准,由 2012 年的 1525 元调整为 1705 元,执行时间与市调整最低工资时间同步;从 2013 年起,实施上海市环卫行业早晚班津贴制度,环卫职工早晨 5 点(含 5 点)前上班或 22 点(含 22 点)后下班的,依据劳动者的实际工作天数,按每人每天 6 元的标准发放津贴,执行时间与本市调整最低工资时间同步；环卫职工月平均工资低于 2012 年度上海市社会平均工资的企业，职工工资增长幅度在 2013 年度上海市企业工资增长指导线平均线的基础上再增加 2%～4%。

2014 年 4 月 8 日，上海市绿化市容行业工会和上海市市容环境卫生行业协会举行了第四次上海市环卫行业工资集体协商会议，会议形成了《2014 年上海环卫行业工资福利待遇工作指导意见》，并签订《2014 年上海市环卫行业工资集体协商协议》。

《2014 年上海环卫行业工资福利待遇工作指导意见》和《2014 年上海市环卫行业工资集体协商协议》明确，市环卫行业月最低工资标准由 2013 年的 1705 元调整为 2014 年的 1915 元，执行时间与市调整最低工资时间同步。完善环卫职工收入正常增长机制。职工月平均工资超过 2013 年度市社会平均工资的，2014 年工资的平均增长幅度不低于市上年社会平均工资的增长幅度。职工月平均工资低于 2013 年度市社会平均工资的，2014 年工资的平均增长幅度可在上年市社会平均工资增长幅度的基础上再增加 2%。一线职工工资不增长的，企业经营者和中高层管理人员的工资不宜增长。建立环卫一线职工技能等级津贴制度。具体津贴标准为，初级工每人每月 50 元，中级工每人每月 100 元，高级工每人每月 150 元，技师每人每月 200 元，高级技师每人每月 250 元。此项列入企业薪酬体系。2014 年获得技师和高级技师证书的，除执行上海市总工会奖励的规定外，市绿化市容行业工会再分别一次性给予 500 元和 1000 元的奖励。

问　题

1. 谁是上海市环卫行业工资集体协商的主体？
2. 上海市环卫行业开展工资集体协商对本行业的职工和企业产生了怎样的影响？
3. 上海市环卫行业的工资集体协商有什么特点？

答案提示

1. 上海市环卫行业工资集体协商的主体

集体协商的主体，一方是工会，另一方是雇主或雇主组织。在行业性集体协商中，主体是行业工会与行业协会。本案例中上海市环卫行业工资集体协商的主体是上海市绿化市容行业工会与上海市市容环境卫生行业协会。

上海市市容环境卫生行业工会成立于 2005 年 5 月 18 日，2012 年 6 月 8 日更名为上海市绿化市容行业工会，隶属上海市总工会和中共上海市绿化和市容管理局党组领导，是具有产业工会属性和职能的行业性工会组织。截至 2013 年，全行业约有 25 万名职工。其工作范围涵盖绿化、林业、市容、环卫、城管执法等五大板块，主要职责是：调查研究和反映本行业改革发展与职工特殊利益问题，注重源头参与，维护本行业职工合法权益；指导基层工会建立健全以职工代表大会为基本形式的企事业单位厂务公开民主管理制度，推动建立行业的科学劳动标准,完善行业工资集体协商制度,构建和谐的劳动关系;围绕行业管理目标,组织开展具有行业特点的劳动竞赛、技能比武、安全生产等建功立业活动,提高职工队伍素质,参与推荐和评选本行业的先进典型和劳动模范;调查研究、总结经验、推广典型,指导所属行业单位工会工作;培训行业工会干部,提高工会干部的能力和水平。

上海市市容环境卫生协会成立于 1991 年 7 月,于 2004 年 9 月 16 日更名为上海市市容环境卫生行业协会,现有会员单位 1000 多家,主要由上海市从事废弃物收集、运输、处置及资源回收利用,环境保洁,建(构)筑物清洗保洁,机动车车容保洁,市容环卫设施设备生产、经营、维修,市容景观建设、维护和市容环境卫生管理的企事业单位以及与市容环境卫生相关的科研、设计、教育、卫生等单位依法自愿联合组成,是实行行业服务和自律管理的非营利性的行业性社会团体法人。其服务宗旨是遵守宪法和有关法律、法规,贯彻执行政府有关市容环境卫生的方针、政策;为会员提供服务,维护会员的合法权益;沟通和增进全市市容环境卫生行业内部以及本行业与社会之间的广泛联系,在政府部门与企事业单位之间起桥梁纽带作用;改善行业管理,培育、规范、发展市容环卫市场,促进经济、技术水平不断提高和本市市容环境卫生事业不断发展,为建设整洁、优美、文明的现代化城市服务。其任务包括:开展行业培训,参与制定行业标准,开展行业统计和职业技能鉴定,培育和规范市容环卫作业(服务)市场,组织市场拓展,提供咨询服务;代表本行业向政府主管部门反映涉及行业利益的事项,据会员要求,代表本行业参与行业性集体谈判,制定本行业行规行约等。

2. 上海市环卫行业开展行业工资集体协商对本行业的职工和企业产生的影响

上海市环卫行业开展行业工资集体协商对本行业职工的最主要影响是环卫行业工资集体协商让职工的收入增长有了机制保障,助推职工收入"四连涨",使职工的收入满意度大幅提升。

2011 年第一次工资集体协商,建立上海环卫行业最低工资标准,即在本市最低工资标准的基础上增加 5%,达 1345 元;2012 年第二次工资集体协商,市环卫行业月最低工资标准调整为 1525 元;2013 年第三次工资集体协商,市环卫行业月最低工资标准调整为 1705 元;2014 年第四次工资集体协商,市环卫行业月最低工资标准调整为 1915 元。集体协商建立了职工收入的增长机制,四次协商使环卫职工的工资实现"四连涨"。

通过环卫行业工资集体协商还建立起一系列职工福利制度,如建立了环卫职工健康体检制度和疗休养制度,建立了环卫一线职工的岗位津贴制度,使数万名环卫职工得到疗休养以及享受岗位津贴;建立了环卫行业早晚班津贴制度、沪籍职工工资增长机制、环卫行业职工团体互助保障计划,执行了环卫职工工资单制度,严格规范了社保费缴纳制度;建立起环卫一线职工技能等级津贴制度等。

各项收入、福利政策的实行,提高了环卫职工对工资收入和福利待遇的满意度,其变化在工资集体协商的第一年就开始显现出来:沪籍一线环卫职工的收入满意度比例由 2009年的 34.2% 上升至 2011 年的 56.1%;非沪籍环卫职工的收入满意度比例由 2009 年的 35.8% 上升到 2011 年的 71.8%。

环卫行业工资集体协商对企业的最大影响是员工流动率的下降和职业忠诚度的提高。

职工满意度高了,对于行业发展最大的利好就是职工队伍的日趋稳定。自从建立工资集体协商机制以来,环卫一线职工的年流动率逐年下降,由 2010 年的 20.5％下降至 2011 年年底的 13.5％,2012 年又降至 9.87％。而更可喜的是,新招录沪籍一线职工的比例则在上升,仅 2012 年新招收的沪籍一线职工就达 1430 人,截至 2012 年年底,这批职工中仍有 93.4％的人在岗,使一线环卫职工以非沪籍职工为主的情况大有改观。

3. 上海市环卫行业的工资集体协商的特点

环卫行业属财政全额拨款的事业单位,故其员工工资是通过国家财政拨款来发放的,其员工工资的增长所需费用,也是由财政承担的,企业本身并不需要对此付出额外代价。所以环卫行业工资集体协商的最大特点,就体现在企业方和员工方在利益上不存在此消彼长的关系,所以在工资集体协商中更容易达成一致。这与其他由自己承担增加工资的成本的企业显然有很大不同。

案例 10　深圳某日资企业集体协商的启示[①]

　　深圳某日资企业,成立于 2000 年,到 2010 年企业年产值约 3 亿元,生产订单饱满,经济效益良好。然而,这家企业却一直参照最低工资标准来确定员工的基本工资,员工加薪的范围窄、人数少、幅度低、不透明。员工们对公司的工资增长机制有看法,尤其是那些对公司贡献大的老员工,更觉得公司的加薪机会少、加薪数额低。2008 年,曾有一个班组的 20 多名员工向企业提出涨工资,结果被集体辞退。

　　2009 年 3 月,企业新一届工会委员会经民主选举产生。5 个月后,该企业员工就高温补贴问题提出异议,员工在工会的协调下成功争取到了高温补贴。同年 11 月,企业工会主动向公司发出工资集体协商要约。

　　该公司工会王主席告诉《工人日报》记者,此次工资集体协商,劳资双方共进行了八轮谈判。

　　"万事开头难。我们的谈判,最为艰难、最为难忘的要数开始的食补问题了。"王主席说,"公司一直不肯让步,我们花了好多时间搜集资料并在会议上一一提出,据理力争。"

　　该公司以前曾开设过食堂,但后来因员工不满意而解散。后来,公司给予在职员工每人每月 310 元的伙食补贴。但近几年物价上涨,有员工反映,这样的补贴标准跟不上上涨的食品价格,由此员工对增加伙食补贴的呼声一年高过一年。但是,公司迟迟未做出回应。

　　工会意识到该问题的重要性,便决定在集体协商会议中再次代表员工提出诉求。但董事长依然以国际金融危机蔓延、公司销售业绩下滑等为由拒绝上调伙食补贴。

　　一位已在企业工作 6 年之久的员工代表提出,有同行在同样的职位工作,人家连房子都有了,"为什么公司要纠缠相差不到几十元的食补?"

　　没想到,董事长以一句"你们有权利选择去别的公司发展"回应。

　　"当时,整个谈判陷入了僵局。"王主席说。工会副主席忍不住当面谴责:正是因为董事长的这种心态,才造成公司人心不稳的状态。

　　此后,工会与员工代表一起努力,搜集了相关的资料,在第四次谈判中列出了公司 2008 年、2009 年两年的工资总额,以此来证明效益提升但工资增长幅度却不大等问题。最终,公司同意将伙食补贴由 310 元/月增加到 350 元/月,夜班津贴也由原来的 3 元/晚涨至 5 元/

---

① 整理自:深圳工会推进工资集体协商:真谈 实谈 细谈,中工网,2010 - 10 - 25。

晚。此外,调整后,将基本工资、岗位工资、绩效工资三项(伙食补贴与住房补贴不包括在内)列入加班工资计算基数。

王主席还介绍了高温补贴的争取细节。

在此次集体协商中,劳资双方在高温补贴的发放问题上各持己见、僵持不下。之前,在高温补贴的问题上,经工会协调,公司已按国家规定标准发放。但公司为一份广东省人力资源和社会保障厅的复函,在第六次谈判中重提此问题。

公司方认为,按复函内容,公司只需向在温度35℃以上环境中作业的员工发放高温补贴,而公司室内厂房均有空调,大部分车间员工均不符合"在高温下作业"的条件,所以无须发放高温补贴。

而员工方认为,公司在厂房安装空调只能算是改善劳动条件,这是公司的义务,不属于员工福利范围。另外,复函不能成为不支付高温补贴的依据。员工还坚持如果把"35℃以下作业员工"的高温补贴定性为福利,则要民主协商确定,特别是去年公司已经对员工发放了高温补贴,此事不必再议。

"在谈判过程中,我们就是这样全力为员工争取应有的福利。"王主席说道。

在进行了八轮艰苦细致的谈判之后,劳资双方终于消弭了分歧、化解了摩擦,达成了共识。双方确定:入职6个月以上的一线员工基本工资增长10%,入职6个月以下的一线员工和入职6个月以上的非一线员工基本工资增长8%。在最后一次谈判时,劳资双方当场签订了集体合同。

问 题

这家日资企业的集体协商带给我们什么启示?

答案提示

这家日资企业的集体协商带给我们的启示

这家日资企业的集体协商,其最大亮点是企业工会敢于代表和维护职工的合法权益,与企业进行"真谈、实谈",而不是形式化、走过场。比如关于职工的伙食补贴和高温补贴,双方为此进行了八轮谈判,甚至陷入僵局。这恰恰反映出真正的集体协商是双方利益的切割与博弈,往往难以你好我好、一团和气。该企业工会尽职尽责为员工争取权益的行动值得称许,为我们提供了一个比较典型的"集体协商"样本,值得推广、借鉴。

这家日资企业集体协商一波三折、迂回曲折的谈判过程最终取得成功的案例启示我们,要发挥集体协商与集体合同制度的作用,真正实现协商共赢,需要具备如下要素:

首先,基层工会敢于作为、善于作为。凡是集体协商取得成功的企业,都是工会工作得力的企业,这是集体协商成功的关键之一。比如这家日资企业,经民主选举产生的新一届工会委员会在强烈的维权意识和责任心驱使下,上任刚5个月,就为员工争取到了高温补贴,并于当年向公司发出工资集体协商要约。在集体协商之前,工会为集体协商做了大量准备工作,广泛了解职工的愿望和要求,把职工最关心的工资增长、伙食补贴、高温补贴等问题列为集体协商议题。通过搜集资料、研究情况、掌握法律,从而能够在谈判中做到有理有据、以理服人、取舍有度。在谈判中,工会代表不怕得罪企业管理方,积极为职工争取利益,经过艰苦的协商过程,最终取得了良好的协商结果。相反,有些企业的集体协商形式化、走过场,虽然有种种客观因素的制约,但工会工作不得力,不敢谈或不会谈则是无法回避的主观原因。

其次,企业方对法律的尊重,对待集体协商认真、积极的态度,也是取得集体协商成功的重要原因。比如,本案例中的日资企业外籍管理人员,与企业工会开展了八轮谈判,最终才签下集体合同。

再次,上级工会对集体协商工作的积极推动,为企业工会起到撑腰打气的作用。比如本案例中自2009年开始,深圳市总工会将工作重点放在推动企业开展工资集体协商方面,并着力在150家企业(其中大部分是世界500强企业)推行,这为这家日资企业提供了重要的行动依据。从实际情况看,中国企业工会作为基层工会力量相对弱小,但各级总工会的力量则比较强大,有了总工会的支持和帮助,基层工会的集体协商工作才能有底气在胸。

最后,集体协商(也包括工会等调整集体劳动关系方面)的相关法律法规明确、具体、健全、完善,是决定集体协商能否取得良好效果的关键因素。

案例11 集体合同签订后新招的分厂员工适用集体合同吗？[①]

　　某公司是一家家电企业。2009年2月1日，公司工会与管理方经集体协商签订了集体合同，并上报劳动行政部门获得了批准。该集体合同的主要内容包括：（1）工作时间。职工工作时间为每天8小时，每周40小时，周六、周日为公休日。如果在周六、周日安排职工加班，便在加班后的一周内安排补休；在上午和下午连续工作4个小时期内安排工间休息各一次，每次时间为20分钟，此20分钟计入工作时间之内。（2）工资福利。职工的工资报酬不低于每月1100元，加班加点的工资及其他补贴和实物性福利不包括在内；工资于每月6日前支付；每月有120元的交通补贴，夏季7月、8月、9月三个月的高温补贴为每月100元，未婚者每月有350元的住房补贴，另外还有大病医疗补充保险。（3）集体合同期限。集体合同有效期自2009年2月15日至2010年2月15日。

　　2009年5月，该公司新开发的一项产品投入生产，并为此新建了一家生产新开发产品的分厂。2009年5月6日，该公司从劳动力市场上招聘了一批新工人到新建分厂工作。当日，该家电公司与这批新工人分别签订了为期一年的劳动合同。劳动合同的主要内容是：（1）工作时间。工人的工作时间为，每天8小时，每周40小时，上午、下午各4小时，没有工间休息时间。（2）工资福利。工人每月工资为1100元至1300元（不等），其中不含加班加点工资等；工资于每月5日发放；没有交通补贴、夏季高温补贴、未婚者住房补贴，也没有大病医疗补充保险。

　　后来，这批新工人得知了企业工会与管理方曾经签订集体合同一事，于是，他们找到企业领导，要求享受集体合同中规定的待遇，具体说就是享受上午、下午各一次20分钟的工间休息以及交通补贴、夏季高温补贴、未婚者住房补贴、大病医疗补充保险。

　　公司领导的答复是，在上班时间不休息是劳动合同中已经规定了的，要按劳动合同履行；集体合同中规定的各项补贴和福利，是针对签订集体合同时在公司的"老人"，签订集体合同以后招进来的"新人"，不能享受"老人"的待遇，这是实行"老人"老办法，"新人"新办法。况且，公司工会与公司签订集体合同时，公司分厂还没有设立，因此集体合同只对公司总部的职工有效，分厂职工不适用集体合同。

---

　　① 整理自：集体合同有什么法律效力，劳动法律网，2016-01-13。

问 题

1. 劳动合同与集体合同之间是什么关系？

2. 怎样理解集体合同的效力？在劳动合同与集体合同约定不一致的情况下，应该以哪个合同为准？

3. 本案例中某家电公司的集体合同对其新建家电分厂的工人是否有效？

4. 某家电公司和其分厂工人订立的劳动合同有哪些内容无效？应怎样处理才符合法律规定？

答案提示

1. 劳动合同与集体合同之间的关系

集体合同和劳动合同作为《劳动法》中规定的两种合同形式，既存在着联系也有着明显的区别。

从区别看，根据《劳动法》和《集体合同规定》，劳动合同是劳动者与用工单位之间确立劳动关系，明确双方权利和义务的协议。集体合同是工会或劳动者代表与用人单位或用人单位团体之间签订的以改进劳动组织、改善劳动条件和生活条件、协调劳动关系为主要内容的协议。

集体合同与劳动合同的区别具体表现在如下方面：

合同当事人不同。劳动合同的双方当事人为劳动者个人与用人单位，集体合同的双方当事人为以工会为代表的全体劳动者与用人单位。

合同内容不同。劳动合同内容较为单一，主要涉及劳动者与用人单位之间的权利与义务，如劳动者承担的工种、岗位或职务工作，应遵守的内部劳动规则和其他规章制度，用人单位提供的劳动报酬和必要的劳动条件，劳动者享有劳动保护及社会保险、福利等；集体合同内容复杂，除涉及劳动报酬、工作时间、休息休假、劳动安全卫生、补充保险和福利、女职工和未成年工特殊保护、职业技能培训、劳动合同管理之外，还涉及改进劳动组织、改善劳动条件、提高福利及程序性规定，如劳动纪律、考核奖惩制度、奖惩程序、裁员方案、程序、实施办法、补偿标准，集体合同期限、变更解除程序、履行时争议协商处理办法、违反责任。

合同作用不同。劳动合同的作用主要是建立劳动关系，集体合同的作用主要是调整劳动关系。

合同产生时间不同。劳动合同产生在劳动关系建立之前，集体合同产生在劳动关系进行之中。

签订合同的方式不同。劳动合同只要内容不违反法律规定，一般劳资双方协商一致即告成立，通常不需劳动行政部门批准（有的地区需备案）。集体合同必须经过工会与企业方的集体协商，集体合同草案必须经职代会讨论通过才成立，集体合同必须上报劳动行政部门批准、备案。

合同发生效力的时间不同。集体合同需劳动部门批准后才生效,劳动合同一经签订即生效。

合同效力不同。劳动合同只对双方当事人有效,集体合同对用人单位和全体职工都有效;集体合同的效力高于劳动合同的效力。

合同期限不同。集体合同期限一般为1~3年,劳动合同则分为不同期限的合同。

从联系看,集体合同是在劳动合同的基础上产生和发展起来的,它是对劳动合同不足的补充。从现实程序看,也只有在劳动合同确立了用人单位与劳动者之间的劳动法律关系之后,才会进一步签订集体协议。

2. 怎样理解集体合同的效力?在劳动合同与集体合同约定不一致的情况下,应该以哪个合同为准?

集体合同的效力指集体合同发生作用的范围,包括对人的效力、时间效力和对劳动合同的效力。

(1)对人的效力

《劳动法》第35条规定,依法鉴定的集体合同对本企业和企业全体职工具有约束力。

《劳动合同法》第54条规定,"依法订立的集体合同对用人单位和劳动者具有约束力。行业性、区域性集体合同对当地本行业、本区域的用人单位和劳动者具有约束力"。

《集体合同规定》第6条规定,符合本规定的集体合同或专项集体合同,对用人单位和本单位的全体职工具有法律约束力。

这些规定说明,集体合同对企业方和职工方同样适用,对工会会员和非工会会员同样适用,对集体合同生效前后被企业录用的职工同样适用,企业法人代表的变动也不影响集体合同的效力。

(2)时间效力

集体合同的时间效力通常以其存续时间为标准,一般是集体合同报批15日内劳动部门无异议即生效;如当事人另有约定的,应在集体合同中明确规定;集体合同的期限届满,其效力自行终止。

(3)对劳动合同的效力

集体合同对本企业全部劳动合同都具有约束力;集体合同的内容劳动合同中未涉及的,都应按照集体合同的规定执行;劳动合同的标准不能低于集体合同规定的标准,否则应确认为无效;集体合同规定的标准依法变更后,劳动合同的标准也应随之变更;集体合同中劳动报酬和劳动条件等标准不得低于当地人民政府规定的最低标准。

在劳动合同与集体合同约定不一致的情况下,原则上应以集体合同为准,但劳动合同约定的劳动条件和劳动报酬等标准高于集体合同的,则以劳动合同为准。

具体来说,对于签订了集体合同的企业来说,集体合同对于本企业全部劳动合同都具有约束力,或者称为基准作用。这表现在以下两个方面:

第一,补充性效力,即集体合同所规定的标准在一定条件下可以成为劳动合同的补充。

集体合同中有的内容是单个劳动合同未涉及的,这些内容对劳动者和企业也是有约束力的,即都应当按照集体合同的规定执行。

　　第二,不可贬低性效力,即集体合同所规定的标准在其效力范围内是劳动者利益的最低标准,劳动合同中关于劳动者利益的规定可以高于但不得低于这些标准,若低于这些标准就由集体合同的规定取而代之。劳动合同中的劳动条件和劳动报酬等标准低于集体合同规定标准的,确认为无效;集体合同规定的标准变更的,劳动合同中相关内容的标准也要变更,以使其不低于集体合同规定的标准。

　　3. 本案例中某家电公司的集体合同对其新建家电分厂的工人是否有效?

　　根据《劳动法》、《劳动合同法》和《集体合同规定》的规定,依法签订的集体合同对企业和企业的全体职工都有约束力。只要属于企业的职工,不管其是在集体合同签订前还是签订后进入企业的,不管其是在总部还是在分厂工作,均应受集体合同约定的劳动条件和劳动报酬等的保护。

　　本案例中,某家电公司新招的分厂员工,虽然是在集体合同签订后被公司招用的,且在公司的分厂工作,但都改变不了一个事实,就是他们是某家电公司的员工。既然是某家电公司的员工,就应适用家电公司的集体合同,受集体合同约定的劳动条件和劳动报酬等的保护。

　　4. 某家电公司和其分厂工人订立的劳动合同有哪些内容无效? 应怎样处理才符合法律规定?

　　集体合同对劳动合同具有约束力,对于签订了集体合同的企业来说,集体合同对于本企业全部劳动合同起着基准作用。一方面,集体合同所规定的标准在一定条件下可以成为劳动合同的补充。集体合同中有的内容是单个劳动合同未涉及的,这些内容对劳动者和企业也是有约束力的,即都应当按照集体合同的规定执行。另一方面,集体合同所规定的标准在其效力范围内是劳动者利益的最低标准,劳动合同中关于劳动者利益的规定可以高于但不得低于这些标准,若低于这些标准就由集体合同的规定取而代之。劳动合同中的劳动条件和劳动报酬等标准低于集体合同规定标准的,确认为无效;集体合同规定的标准变更的,劳动合同中相关内容的标准也要变更,以使其不低于集体合同规定的标准。

　　据此,本案例中家电公司的集体合同中规定,职工上午、下午各有一次 20 分钟的工间休息,且职工享有交通补贴、夏季高温补贴、未婚者住房补贴和大病医疗补充保险等福利,而分厂新招收工人的劳动合同中则不享受这些待遇,这违反了集体合同对劳动合同的基准作用——补充性效力和不可贬低性效力。故应按该家电公司的集体合同规定,为家电公司分厂新招员工发放交通补贴、夏季高温补贴、未婚者住房补贴、缴纳大病医疗补充保险,并补发和补缴以前所欠部分。

案例 12 王某等与公司的争议是集体合同争议吗?[①]

　　2009 年,王某来到某纺织公司工作。一年后,王某被选为该公司的工会主席。2011 年 3 月,该公司工会与管理方决定就职工的工资增长问题开展集体协商,王某与另外两名职工被选为职工方协商代表,王某作为该公司工会主席还担任了职工方的首席协商代表。在与企业代表进行协商时,双方就工资年增长幅度产生了巨大分歧——王某等结合企业效益、物价水平、本企业职工现在的工资水平等,提出职工年工资增幅为 12%;而企业方以企业发展需要大量资金等理由,只接受年 4%的工资增幅。双方均不肯让步,协商陷入僵局。

　　王某等协商代表认为,他们与纺织公司发生的争议,虽然发生在集体合同的签订过程中,但是,符合劳动者一方当事人在 10 人以上,且以共同理由与用人单位发生劳动争议的集体争议的特征,故可通过劳动争议仲裁来解决争议。于是,向劳动争议仲裁委员会提出仲裁申请,要求裁决该纺织公司按照王某等协商代表提出的职工工资年增幅签订集体合同。

　　劳动争议仲裁委员会驳回了王某等协商代表的仲裁申请,认为王某等与纺织公司的争议属于(签订)集体合同争议,不适用仲裁处理程序。

问　题

1. 集体合同争议与集体争议的区别是什么?
2. 我国集体合同争议处理的基本原则是什么?
3. 本案例是集体合同争议吗? 应该怎样处理?

答案提示

1. 集体合同争议与集体争议的区别

　　集体争议是指职工一方当事人为 10 人以上,有共同理由的劳动争议。集体合同争议,是指集体合同当事人因签订或履行集体合同而发生的争议。集体合同争议不同于集体争

　　[①] 整理自:集体合同争议可否申请劳动仲裁,《人力资源》,2006(12)。

议,其区别在于:

(1)当事人不同。集体合同争议当事人,一方是工会或职工推举的代表和企业的全体职工,另一方是用人单位;集体争议当事人,一方是多个有相同利益诉求的职工,另一方为用人单位。集体争议不过是多个个别劳动争议的集合,其实质仍然为个别劳动争议。

(2)争议的标的不同。集体合同争议的标的是工会所代表的全体劳动者的共同劳动权利、义务;集体争议的标的是用人单位部分特定劳动者的劳动权利、义务。

(3)处理程序不同。集体争议处理时,劳动者一方应推举代表参加;其处理与个别劳动争议一样适用仲裁、诉讼程序。根据我国劳动法律、法规的规定,劳动者一方当事人在 30 人以上的集体劳动争议,适用劳动争议处理的特别程序,即仲裁庭必须由 3 人以上组成,在 3 日内做出是否受理的决定,并需在 15 日内做出仲裁决定,如案情复杂最长可延长 15 日结案。

我国将集体合同争议分为两类:一类是因签订集体合同发生的争议,是在签订集体合同的过程中,当事人双方就如何确定合同条款所发生的争议,是因待定权利、义务发生的利益争议;另一类是因履行集体合同发生的争议,是在履行集体合同的过程中,当事双方就如何将合同条款付诸实现所发生的争议,是对集体合同中已经设定的权利、义务发生的利益争议。

对于这两种集体合同争议的处理,《集体合同规定》第 49 条规定:"集体协商过程中发生争议,双方当事人不能协商解决的,当事人一方或双方可以书面向劳动保障行政部门提出协调处理申请;未提出申请的,劳动保障行政部门认为必要时也可以进行协调处理。"第 51 条规定:"集体协商争议处理实行属地管辖,具体管辖范围由省级劳动保障行政部门规定。中央管辖的企业以及跨省、自治区、直辖市用人单位因集体协商发生的争议,由劳动保障部指定的省级劳动保障行政部门组织同级工会和企业组织等三方面的人员协调处理,必要时,劳动保障部也可以组织有关方面协调处理。"第 55 条规定:"因履行集体合同发生的争议,当事人协商解决不成的,可以依法向劳动争议仲裁委员会申请仲裁。"《工会法》第 20 条规定:"企业违反集体合同,侵犯职工劳动权益的,工会可以依法要求企业承担责任;因履行集体合同发生争议,经协商解决不成的,工会可以向劳动争议仲裁机构提请仲裁,仲裁机构不予受理或者对仲裁裁决不服的,可以向人民法院提起诉讼。"

对于集体协商、签订集体合同过程中发生的争议,规定只能通过协商或行政协调处理,而不能调解、仲裁或诉讼。规定不能调解,是因为我国企业劳动争议调解委员会是由企业工会主持的,再由其调解有其不当之处;规定不得仲裁或诉讼,是因为我国法律未规定职工有罢工、用人单位有关闭厂的权利。集体协商是和平协商,双方不得采取过激手段,在发生争议时由劳动行政部门进行协调处理,有利于争议的及时解决。而对于因履行集体合同而发生的争议,《集体合同规定》第 55 条明确规定当事人协商不成,可以仲裁,因为这是对集体合同中已经设定的权利、义务发生的争议,并且该集体合同已经过劳动行政部门的备案审查,权利、义务应该已经十分明确,劳动争议仲裁委员会可以据此做出准确的判断。

2. 我国集体合同争议处理的基本原则

第一，集体合同争议处理是劳动争议处理法律制度中的重要组成部分，其基本职能就是通过法定机构和法定程序，妥善处理企业职工与企业之间发生的争议，促进劳动关系的稳定。

第二，合法、公平、及时处理争议。合法是指，要严格依照法律规定的程序和手段进行处理，这样才能使处理结论得到当事人的有效执行。公平是指，对集体合同争议进行公正处理，使争议当事人对处理结果服气。及时是指，迅速处理集体合同争议，特别是对那些有可能涉及社会公众利益的集体合同争议，更应在尽量短的时间内加以妥善解决。

第三，保障社会公众的整体利益。集体合同争议区别于其他劳动争议的特点是，它涉及面广，影响广泛，特别是那些与公共利益有关的企业或行业因集体合同发生争议，将会在一定程度上影响社会公众的利益。所以，处理集体合同争议时，要通过各种必要的手段制止或限制发生此类集体合同争议。即使发生了此类争议，政府劳动行政主管部门应发挥不可替代的作用，及时、妥善地解决那些涉及面广的集体合同争议。

3. 本案例是集体合同争议吗？应该怎样处理？

本案例中，王某等人是工会推举的、代表着企业全体职工的集体协商代表；王某等人与其企业争议的标的是工会所代表的全体劳动者的共同劳动权利、义务——全体职工的工资年增长幅度。所以，属于集体合同争议。又因为其与公司的争议是在签订集体合同过程中发生的，双方并未进入到履行集体合同的阶段。因此，这样的争议可以经双方协商或通过劳动行政部门解决，但不能通过劳动仲裁来解决。劳动争议仲裁委员会认为王某等与纺织公司的争议属于（签订）集体合同争议，不适用仲裁处理程序，驳回了王某等协商代表的仲裁申请的做法是正确的。

案例 13 包工头李某代签的是不是集体合同？[①]

两年前，张某等 23 名农民工跟随同乡的包工头李某外出打工，他们未直接与建筑公司签订劳动合同而是由李某一人代签。

张某等人工作了一段时间后发现，工作非常辛苦，但公司发的工资却远低于包工头李某代签合同中约定的数额，甚至比当地政府规定的最低工资标准还少 100 元，加班也没有加班费。

2012 年春节后，当李某再一次代张某等 23 名农民工与这家建筑公司代签劳动合同后，张某等人提出由于自己的工资低、工作辛苦、经常加班，称要么增加工资，要么就离开李某自己单干。

随着张某等人与李某的纠纷升级，李某逃之夭夭不见踪影。张某等人遂找到李某代签劳动合同的建筑公司谈判。建筑公司认为，《劳动合同法》第 54 条规定："依法订立的集体合同对用人单位和劳动者具有约束力。行业性、区域性集体合同对当地本行业、本区域的用人单位和劳动者具有约束力。"包工头李某为张某等人代签的劳动合同属于集体合同，对张某等人具有约束力，张某等必须履行合同，否则就要承担相应的法律责任。张某等人无言以对，但总觉得好像哪里不对劲儿。

问 题

1. 我国法律对签订集体合同有哪些程序要求？
2. 包工头李某代签的劳动合同是集体合同吗？对张某等人是否具有法律约束力？

答案提示

1. 我国法律对签订集体合同的程序要求

《劳动合同法》第 51 条规定，企业职工一方与用人单位通过平等协商，可以就劳动报酬、工作时间、休息休假、劳动安全卫生、保险福利等事项订立集体合同。集体合同草案应当提

---

① 整理自：程成：包工头代签的合同与集体合同不是一回事，《检察日报》，2012-06-02。

交职工代表大会或者全体职工讨论通过。集体合同由工会代表企业职工一方与用人单位订立；尚未建立工会的用人单位，由上级工会指导劳动者推举的代表与用人单位订立。

《劳动合同法》第 54 条规定，集体合同订立后，应当报送劳动行政部门；劳动行政部门自收到集体合同文本之日起 15 日内未提出异议的，集体合同即行生效。

《集体合同规定》第 4 条规定，用人单位与本单位职工签订集体合同或专项集体合同，以及确定相关事宜，应当采取集体协商的方式。集体协商主要采取协商会议的形式。

《集体合同规定》第 6 条规定，符合本规定的集体合同或专项集体合同，对用人单位和本单位的全体职工具有法律约束力。

《集体合同规定》第 19 条规定，本规定所称集体协商代表，是指按照法定程序产生并有权代表本方利益进行集体协商的人员。集体协商双方的代表人数应当对等，每方至少 3 人，并各确定一名首席代表。

《集体合同规定》第 36 条规定，经双方协商代表协商一致的集体合同草案或专项集体合同草案应当提交职工代表大会或者全体职工讨论。

职工代表大会或者全体职工讨论集体合同草案或专项集体合同草案，应当有 2/3 以上的职工代表或者职工出席，且须经全体职工代表半数以上或者全体职工半数以上同意，集体合同草案或专项集体合同草案方获通过。

《集体合同规定》第 37 条规定，集体合同草案或专项集体合同草案经职工代表大会或者职工大会通过后，由集体协商双方首席代表签字。

《集体合同规定》第 42 条规定，集体合同或专项集体合同签订或变更后，应当自双方首席代表签字之日起 10 日内，由用人单位一方将文本一式三份报送劳动保障行政部门审查。劳动保障行政部门对报送的集体合同或专项集体合同应当办理登记手续。

《集体合同规定》第 47 条规定，劳动保障行政部门自收到文本之日起 15 日内未提出异议的，集体合同或专项集体合同即行生效。

《集体合同规定》第 48 条规定，生效的集体合同或专项集体合同，应当自其生效之日起由协商代表及时以适当的形式向本方全体人员公布。

2. 包工头李某代签的劳动合同是否属于集体合同，对张某等人是否具有法律约束力

综合上述《劳动合同法》和《集体合同规定》的相关规定，我国法律对签订集体合同的程序要求主要是：订立集体合同必须经过集体协商；集体协商和订立集体合同的代表不能少于 3 人；集体合同由工会或劳动者推举的代表与用人单位订立；集体合同草案应当提交职工代表大会或者全体职工讨论通过；集体合同文本要报送劳动保障行政部门审查，劳动保障行政部门 15 日内无异议才生效，并应自其生效之日起由协商代表及时以适当的形式向本方全体人员公布。只有符合上述程序要求才对用人单位和本单位的全体职工具有法律约束力。

本案例中李某虽然是在征得张某等人同意的情况下与建筑公司代签合同，但不符合集体协商签订合同代表人数的规定，也没有经过集体协商，合同草案没有经过职代会讨论通过，没有上报劳动行政部门审批，故从程序上不符合订立集体合同的规定，其与建筑公司签订的合同不属于集体合同，对张某等人不具有集体合同的约束力。

另外,《劳动合同法》第 16 条规定,劳动合同由用人单位与劳动者协商一致,并经用人单位与劳动者在劳动合同文本上签字或者盖章生效。第 26 条规定,违反法律、行政法规强制性规定的劳动合同无效。第 20 条规定,劳动者在试用期的工资不得低于用人单位所在地的最低工资标准。第 85 条规定,劳动报酬低于当地最低工资标准的,应当支付其差额部分;逾期不支付的,劳动行政部门责令用人单位按应付金额 50％以上、100％以下的标准向劳动者加付赔偿金。综合这些规定,即使李某代替张某等人签订的是劳动合同,也有内容和程序上的不合法之处,故属于违反法律规定的劳动合同,对张某等农民工是没有法律约束力的。

案例 14 集体合同可以变更、解除吗?[①]

2009年,某机械公司工会与管理方经集体协商签订了内容为职工工资增长与福利、补充保险的集体合同,经职代会审议通过,并上报劳动行政部门批准后生效。集体合同期限为三年。

2010年,该公司进行了一系列兼并活动,使得尚未完全履行的集体合同无法继续履行下去了。这时,某机械公司向工会提出解除集体合同的协商请求,遭到工会严词拒绝,理由是该集体合同是经职代会审议通过的,且已报送劳动行政部门审查、备案,对企业和全体职工都具有法律约束力,不能予以解除。某机械公司在与工会协商不成的情况下,向劳动仲裁委员会提出仲裁申请,要求解除集体合同。

问 题

1. 集体合同可以变更、解除吗?
2. 集体合同变更和解除的条件是什么?
3. 集体合同变更和解除的程序是什么?
4. 集体合同变更和解除后应承担的法律责任是什么?
5. 本案例中的集体合同可以解除吗?

答案提示

1. 集体合同是否可以变更、解除

集体合同与劳动合同一样可以变更、解除。集体合同的变更,主要指双方于合同签订后履行完毕之前,因订立合同条件发生变化依法对合同部分内容进行修改、补充的法律行为。集体合同的解除是指在集体合同签订后未履行完毕前,某原因致使一方或双方提前终止合同的法律行为。

---

① 整理自:田文荟:集体合同不能由多数职工"说了算",中国劳动保障新闻网转载《扬州日报》消息,2012 - 09 - 17。

按照《集体合同规定》，集体合同的期限为一至三年。在集体合同规定的期限内，合同双方当事人可以对合同履行情况进行检查，对一些不适应形势发展、变化的条款，任何一方的当事人均可提出变更的要求，另一方应给予答复，并在七日内双方进行协商，经协商一致可以进行变更。具体程序由集体合同约定。

在集体合同期限内，签订集体合同的环境和条件发生变化，致使集体合同难以履行时，任何一方当事人均可提出解除合同的要求，经双方协商一致可以解除或修订集体合同。具体程序由集体合同约定。

集体合同期限届满或双方约定的终止条件出现，集体合同即行终止。根据双方当事人的意愿，可由双方代表进行新的集体协商，签订新的集体合同。具体程序由集体合同约定。

2. 集体合同变更和解除的条件

集体合同的变更和解除需要具备一定的条件，只有符合这些条件，才可以变更或解除。

（1）当事人双方经过协商同意，并且在不因此损害国家利益和社会利益的前提下，可以变更和解除集体合同。

（2）根据《集体合同规定》第 40 条，有下列情形之一的，可以变更或解除集体合同或专项集体合同：

①用人单位因被兼并、解散、破产等，致使集体合同或专项集体合同无法履行的；

②因不可抗力等致使集体合同或专项集体合同无法履行或部分无法履行的；

③集体合同或专项集体合同约定的变更或解除条件出现的；

④法律、法规、规章规定的其他情形。

3. 集体合同变更和解除的程序

《集体合同规定》第 41 条规定，变更或解除集体合同或专项集体合同适用集体协商程序。

（1）双方协议变更或解除集体合同的程序

一方提出变更或解除集体合同的建议，向对方说明需要或解除的集体合同条款，变更或解除合同的条件与理由。

双方协议。如果一方提出变更或解除的集体合同条款，当事人双方达成的书面协议，实际上是一个新的集体合同或原合同的一个组成部分。

协议书应提交职工代表大会通过，并应报集体合同登记机关登记备案。

协议成立，原订集体合同或原合同中有关的条款即行失效。在协议书即新合同或原订集体合同修正案尚未正式生效前，原集体合同仍然有效。

（2）单方变更和解除集体合同的程序

集体合同依法订立后，一般情况下不允许一方当事人变更或解除集体合同。但在某些特殊情况下，如企业破产、不可抗力现象发生等，使原订集体合同无法继续履行等，法律并不完全禁止一方当事人变更或解除集体合同。基于上述事由而获得变更或解除权的一方当事人，可以直接行使变更或解除权。但在变更或解除集体合同时，仍应区别不同情况，分别履行法定的手续：

①企业破产，应提供人民法院宣告企业破产的裁定书副本；

②当事人因不可抗力现象发生而需要变更或解除集体合同，应提供有关部门的证明；

③依据集体合同或专项集体合同约定的变更或解除条件而变更或解除的，需提供集体合同。

4. 集体合同变更和解除后应承担的法律责任

集体合同变更和解除后应承担法律责任。

集体合同的变更或解除，只是当事人双方所确立的集体合同法律关系的变化或终止，并不是说当事人之间原先存在的一切权利与义务关系都随之一笔勾销，解除集体合同并不等于解除责任。

一般来说，集体合同解除后，不履行义务的一方（通常是提出变更或解除集体合同的一方）原则上是要承担责任的。如企业破产，破产财产除优先拨付破产费用外，首先应清偿破产企业所欠职工的费用。工会合并或分立后，集体合同的主体变更了，但合并或分立后的工会仍应承担或分担集体合同规定的原工会组织的义务。当然，如果集体合同变更或解除的原因来自第三者，如国家计划调整、法规修改等，则当事人可以不承担责任。

5. 本案例中的集体合同是否可以解除

本案例中，该公司2010年进行了一系列兼并活动，使得尚未完全履行的集体合同无法继续履行下去了，符合《集体合同规定》第40条"用人单位因被兼并、解散、破产等，致使集体合同或专项集体合同无法履行的"依法解除的条件，故可以变更或解除集体合同。

第四编

三方协商机制部分

案例 1 欧洲三大工人运动与三方协商机制的产生有联系吗?①

19 世纪三四十年代,欧洲发生了著名的三大工人运动,即法国里昂丝织工人两次起义、英国宪章运动、德国西里西亚纺织工人起义。

法国里昂工人起义

1831 年和 1834 年,法国里昂工人为反对资本主义的剥削压迫发起了两次武装起义。里昂是法国丝织业中心,在工厂主和包买商的残酷剥削下,丝织工人和手工业者生活极为困苦。1831 年年初,里昂工人掀起了一场以要求提高工价为主要内容的运动,工人多次举行集会、请愿、游行。10 月间,与包买商谈判达成最低工价协议。但随之在七月王朝商业大臣的支持下,包买商撕毁协议。1831 年 11 月 21 日工人举行抗议示威,与军警发生冲突,转为自发的武装起义。起义者提出"不能劳动而生,毋宁战斗而死"的口号。经过 3 天战斗,工人一度占领里昂城。但起义很快被七月王朝政府调来的军队所镇压。

1834 年 4 月 9 日里昂再度爆发丝织工人起义。起义的直接原因是政府逮捕和审判罢工领袖,发布禁止工人结社集会的法令。这次起义具有更鲜明的政治性质,工人不仅提出经济要求,还提出废除君主制度,建立共和政体的口号。起义者在旗帜上写着"我们为之斗争的事业是全人类的事业"。工人组织互助社和小资产阶级民主主义者组织人权社、进步社的成员组成总委员会领导这次斗争。起义群众同政府军在里昂郊区和市内进行 6 天激战,终因力量悬殊被政府军镇压。起义在巴黎和法国许多其他地区引起强烈反响,推动了法国工人运动的发展。

英国宪章运动

英国是第一个发生资产阶级革命和进行工业革命的国家。19 世纪时被称为"世界工厂"。多少年来在这个以实行"议会民主"而闻名的国家里,只有缴纳高额所得税的人才有选举权,广大工人被排斥在议会大门之外。

1842 年 5 月 2 日,伦敦街头人山人海。浩浩荡荡的工人队伍来到国会下院,宪章派全国

---

① 自编案例。

协会的负责人向下院递交了全国宪章派第二次请愿书。

请愿书上写道："尊敬的贵院就它现在的组成来说，既不是由人民选出来的，也不是由人民做主的。它只为少数人的利益服务，而对多数人的贫困、苦难和愿望置之不理。"

请愿书还指出，在英国"统治者穷奢极欲，被统治者受苦挨饿"。例如，维多利亚女王每天的收入是 164 镑 17 先令 60 便士，她的丈夫亚尔伯特亲王的收入是 104 镑 20 先令，而千百万工人每人每天的收入只有两三个便士。

请愿人员认为，在人民没有获得政权之前，消灭某一种垄断并不能使劳动者从贫困的状况中解脱出来，而在人民获得政权以后，所有的垄断和所有的压迫形式都应该停止。请愿人员所说的"垄断"，指的是当时统治者对选举权和纸币的垄断，对机器和土地的垄断，对报刊和宗教特权的垄断……

这份有 300 万人（约占英国成年男子的一半）签名的请愿书再次要求把《人民宪章》定为法律。

《人民宪章》是 1837 年由论教工人协会向国会提出的一份请愿书，它提出年满 21 周岁的男子都有普选权，选举投票应秘密进行，废除议会候选人的财产资格限制，国会每年举行一次改选，平均分配选区。

次年 5 月，这份请愿书公布后，被称为《人民宪章》，1839 年在请愿书上签名的有 125 万人。

1840 年 7 月，各地宪章派的代表在曼彻斯特召开了大会，宣告成立全国宪章派协会。它的宗旨是"实现下院的彻底改革，使下院能全面地忠实代表联合王国的全体人员"，为了"达到这一目的，只宜采取和平、合法的手段"。协会在全国各地设有几百个分会，入会者须缴纳会费，它是近代第一个工人政党的萌芽。

1848 年，在欧洲大陆革命风暴的推动下，宪章运动再度高涨。

第三次全国请愿书进一步提出，劳动是一切财富的唯一来源，劳动者对于自己的劳动果实享有优先权。人民是权力的唯一来源。在请愿书上签名的有 197 万人。伦敦、曼彻斯特、伯明翰、利物浦、格拉斯哥等城市的工人举行了声势浩大的示威游行。

1848 年 4 月 10 日，全国宪章派第三次代表大会的代表把请愿书装在四套华丽的马车上向国会驶去，途中遭到宪兵的镇压。国会拒绝接受请愿书。接着，政府下令解散全国宪章派协会。

德国西里西亚纺织工人起义

1844 年 6 月，普鲁士王国所属西里西亚纺织工人发起起义。当时西里西亚有发达的纺织业。这个地区从事棉麻纺织的工人和家庭手工业者受了到工场主、包买商以及地主的残酷剥削。在 19 世纪 40 年代，由于资本家把英国机器纺织品冲击带来的损失转嫁给工人，加剧了他们的贫困。1844 年 6 月 4 日，以争取提高工资被拒绝为导火线，在欧根山麓两个纺织村镇彼特斯瓦尔道和朗根比劳爆发纺织工人自发的起义。起义队伍扩大到 3000 人，集中打击工人最痛恨的工厂主。起义者以简陋的武器迎战前来镇压的包括骑兵和炮兵的政府军。

坚持到 6 月 6 日,起义被镇压。它推动了工人运动的发展。西里西亚主要城市布勒斯劳的手工业者和学徒,柏林、亚琛的纺织工人,马格伏堡的糖厂工人等,先后举行罢工以及局部起义,响应西里西亚织工的斗争。

　　欧洲三大工人运动标志着英、法、德等国工人阶级已作为独立的政治力量登上历史舞台,开展了独立的政治运动。

问　题

　　1. 欧洲三大工人运动同三方协商机制的产生有联系吗?
　　2. 三方协商机制存在与发展的社会条件是什么?

答案提示

1. 欧洲三大工人运动同三方协商机制的产生是否有联系

　　有。欧洲三大工人运动标志着英、法、德等国工人阶级已作为独立的政治力量登上历史舞台,开展了独立的政治运动,这显示了工人力量的增强,而三方协商机制产生的背后正是以工人力量增强、强大的国际工人运动为背景的。

　　18 世纪中后期,随着西方资本主义工业革命的到来,机器生产取代了手工操作,随着机器的广泛采用,千百万手工劳动者被残酷的竞争所排挤,落入破产和失业的行列,出现了失业大军。生产过程中的工人越来越成为机器的附属品,跟着飞速旋转的机器无休止地劳作。资本家为了榨取尽可能多的剩余价值,采用大幅度降低工资,尽量延长劳动时间,增加劳动强度,廉价雇佣童工、女工来取代成年男工等最残酷、最原始的剥削方式,使工人的劳动条件和生活状况急剧恶化。为了反抗资本家的剥削和压迫,西方国家开始出现工人的反抗斗争。

　　18 世纪末 19 世纪初,西欧各国爆发了无以数计的工人反抗斗争,他们通过破坏机器、烧毁厂房、停工息工、罢工游行等方式,要求雇主提高工资、改善劳动条件。由于这些斗争基本都是自发而分散的,没有周密组织和计划的行动,最后往往以失败为结局。工人们在实践中开始意识到联合起来的必要性,于是在一些行业中开始结成最初的工人组织,这就是早期工会。

　　在同期的美国,也产生了工会。美国的早期工会大部分是在技术工人和半技术工人内部发展起来的,工会则是以其意志来规范所从事的职业。所以,美国的早期工会具有中世纪的同业互助会性质。随后,全国性工会在各行业中出现。到 19 世纪 70 年代早期,全国性工会发展到大约 30 个,会员人数大约有 30 万人。

　　对于早期的工会组织,雇主进行了激烈的抵制,代表雇主利益的资产阶级政府则用法律对工人组织及其活动加以限制。当时资本主义各国的立法都禁止工人结社、罢工和示威,英国 1799—1800 年颁布的《结社法》和法国 1791 年颁布的《夏勃里埃法》就是这类法律的典型代表。当时的资产阶级政府标榜自己的主要职责是保证"自由竞争",将劳资关系问题交由劳资双方去处理,官方不予干涉。这种自由放任政策,实际上是放任和支持雇主,使他们可以任意剥削工人,而对工人则给予种种限制,形成劳资关系中资方处于明显优势,劳方处于绝对劣势的不合理格局。这种格局造成劳资矛盾加深,激烈的对抗和冲突增多,劳资关系呈现出不稳定状态。

到了19世纪的三四十年代,欧洲发生了著名的三大工人运动——英国的宪章运动、法国的里昂工人起义和德国的西里西亚纺织工人起义。这三大工人运动的目标已经不仅是经济要求了,他们已经提出了明确的政治要求,如英国的宪章运动就提出了年满21周岁的公民普选权问题。

从19世纪下半叶到20世纪初,西方资本主义各国经济开始从自由竞争阶段向垄断阶段过渡。工人阶级的斗争和工会运动的发展不仅没有因雇主和政府的镇压而停止,反而更加高涨。伴随着工人运动的兴起与发展,19世纪六七十年代起德国社会民主党等一大批社会主义政党开始在欧洲各国建立,以建立社会主义制度为目标的社会主义运动开始出现,工人的力量大大增强。

随着第二次工业革命的发生,重工业发展起来,替代轻工业在经济中占了主导地位。重工业的资本集中,工人更加集中起来,工人力量不断增强,工人罢工斗争继续发展。1871年更发生了法国巴黎公社起义,并建立了工人阶级的政权,但终因推翻资产阶级政权的历史条件还不成熟而失败。在经历多次挫折之后,国际工人运动改变了策略,开始关注通过劳动立法来改善工人的处境。

与此同时,一些资产阶级社会活动家和政治家也对此予以充分关注和理解。他们主张,为保证社会稳定,应对工人的要求予以适当的同情与支持,对雇主只顾私利的为所欲为行为予以适度限制。

在工人运动的强大压力下,西方各国政府被迫相继废除了禁止结社的法律,从而使工会组织得到了空前发展。1886年12月,美国劳动工人联合会(简称AFL)成立,这是一个以熟练工人为主的在不同职业的基础上组织起来的全国性总工会。1905年,在美国的芝加哥,世界产业工会成立。到了19世纪末,工会在西欧各国已相当普遍。工人组织和工人运动力量的增强,使劳资关系力量对比发生了变化。随着社会经济发展和民主政治的推行,由工会代表劳工与雇主谈判解决劳资纠纷的方式在某些国家开始出现。面对这种形势,欧美各国政府逐渐改变了对劳资关系"自由放任"的政策,转而采取了干预措施,相继出台一些法令,规定了允许协商谈判。三方协商机制有了一定的社会背景和历史条件。

20世纪二三十年代,资本主义世界发生了空前严重的经济危机,大量的企业破产和工人失业,使劳资关系重新紧张起来,迫使政府直接出面干预失业,并采取了一些政策措施,缓解劳资矛盾。战争和经济危机后,由于企业进行了大量的固定资本更新,经济得到了新的发展,对劳动过程的科学管理提出了新的要求。在此基础上,"产业合理化"运动开始兴起。在工人阶级的强烈要求下,政府为平息工人斗争而采取的开明政策,加之现代生产的客观需要,使得以工人参与企业管理为主要内容的产业民主化运动在许多国家出现。三方协商机制也在这一时期开始产生。

　　所以,三方协商机制的形成和发展经历了一个长期的过程。它是包括英国宪章运动、法国里昂工人起义和德国西里西亚纺织工人起义在内的国际工人运动的产物,是工业民主化的一个重要组成部分和重要表现形式。它的发展完善,既取决于社会生产力水平和现代化程度的提高,也取决于工人力量的发展壮大。

2. 三方协商机制存在与发展的社会条件

　　实行三方协商,需要具备一定的条件支持。

　　首先是外部环境条件。主要包括经济上的市场经济体制和政治上的民主制度。没有市场经济的社会经济环境,就不可能出现和存在三方协商的制度。因为只有在市场经济的条件下,雇主和工人才可能作为独立的生产要素,各自成为一个特定的社会利益集团。而在计划经济条件下,由于整个社会经济直接由政府来管理和经营,所以不存在不同的经济利益群体,也就不需要通过三方协商来协调经济关系和劳动关系。同时,在市场经济条件下,仅仅依靠市场的力量是难以完全解决社会经济冲突问题的。三方协商作为一种特殊的手段,可以在经济发展和社会争议问题上寻找到各方都能接受的折中方案,并保证这些方案的实行以及社会稳定。因此,市场经济为三方协商提供了必要性和可能性。

　　民主制度是三方协商的社会政治条件。很难想象在政治独裁的情况下,政府会同雇主组织和工人组织就社会政策进行协商。当然,民主有多种类型,共产党领导的社会主义民主制度也是其中之一。在社会主义制度下,更要求社会管理的广泛参与。

　　其次是内部条件。主要指构成三方协商主体的政府、雇主组织、工人组织需达到应有的状态并且三方都具有合作的意愿。从协商主体的状况来看,一般要求三方主体都必须有一个独立的身份,即都具有相应的代表性和能够对各自的行为后果负责。三方协商是通过三方权力的制衡与博弈来达到利益均衡的。三方协商之所以可能和必要,是因为每一方的行为都具有自主性,并都具有让他方不可忽视的力量,如果不能通过协商解决问题、达到共赢,而是通过暴力摊牌乃至引爆社会冲突的办法解决问题,则会给各方都带来巨大的甚至无法承受的损失。但是,如果三方中一方力量绝对超越其他方,其他方根本无力与之抗衡,那三方协商机制就根本无法形成和发挥效用。

　　三方协商得以进行,还取决于三方协商合作的意愿。协商合作的意愿既源于各方对利益的诉求,也源于对历史经验教训的总结与反思——斗则两败、合则两利,这是三方主体能够通过协商、合作、妥协的办法解决问题的重要原因。在三方协商机制中,政府实际上起到了三方协商机制的组织者、协调者、推动者、监督者的作用。所以,政府的态度如何,对三方协商机制的建立和有效运行至关重要。

案例2 中国政府、工人和雇主代表出席 第97届国际劳工大会[①]

2008年5月27日至6月13日,第97届国际劳工大会在瑞士日内瓦举行,来自国际劳工组织182个成员的政府、雇主和工人代表4000多人参加了会议。会议由巴拿马劳工部长萨拉明主持。我国派出了以劳动和社会保障部副部长胡晓义为团长,中国企联执行副会长兼理事长陈兰通、中华全国总工会副主席徐振寰为副团长的三方代表团出席大会。

本届国际劳工大会上,索马维亚总干事向大会提交了《体面劳动:未来战略挑战》的报告,各国三方代表围绕索马维亚总干事的报告进行了讨论。该报告分析了当前世界经济的衰退迹象,特别是金融市场动荡对实现体面劳动产生的影响,指出减贫和对付两极分化是各国制定可持续发展政策的重点。

大会讨论通过了《国际劳工组织关于促进社会正义、实现公平全球化宣言》(以下简称《宣言》)。该《宣言》是继1944年《费城宣言》和1998年《工作中的基本原则和权利宣言》之后,国际劳工组织又一里程碑式的文件,将对国际劳工组织的发展产生重大影响。《宣言》确认了国际劳工组织在全球化背景下的核心任务是实现体面劳动四大战略目标:尊重、促进和实施工作中的基本原则和权利,促进就业,建立和完善社会保护,促进社会对话和三方协商机制。《宣言》呼吁国际劳工组织及其三方成员采取行动,推动实现公平全球化。《宣言》再次强调了国际劳工组织的基本原则,即结社自由和有效承认集体谈判权利,消除一切形式的强迫与强制劳动,有效废除童工,消除就业与职业歧视。《宣言》进一步明确了国际劳工组织帮助各成员三方加强能力建设、实施体面劳动进程的后续机制,包括评估国际劳工组织机构的工作及治理情况,定期在国际劳工大会上讨论成员面临的现实问题及其需求,并检查国际劳工组织活动的成果;实施自愿的国别审议、技术援助和咨询服务;加强研究能力、促进信息收集和分享。

会议还讨论通过了关于促进农村就业、推动减贫的结论和决议以及关于改善技能开发以提高生产率、促进就业增长和发展的结论和决议等文件。

6月2日下午举行了国际劳工组织理事会换届选举。在理事会工人组的选举中,共有123名工人代表参加了投票,中国工人代表以108票的高票当选工人副理事。在本届国际劳

[①] 整理自:中国企联代表团出席第97届国际劳工大会,中企联合网,2008(13)。

工大会上,中国企联执行副会长兼理事长陈兰通再次高票当选国际劳工局理事会雇主副理事。

在6月10日下午,人力资源和社会保障部副部长胡晓义在国际劳工组织第97届大会全体会议上代表中国政府发言,阐述对全球化背景下劳动保障领域面临挑战的看法,强调国际劳工组织中政府、工人和雇主三方成员加强交流与合作,关注社会公正与正义,为实现全球化背景下发展经济、消除贫困和体面劳动的目标而共同努力。

问 题

1. 国际劳工组织是个什么样的组织?
2. 国际劳工组织的组织结构和活动原则是什么?
3. 国际劳工组织与中国的关系怎样?
4. 出席第97届国际劳工大会的中国代表团由哪三方代表组成?

答案提示

1. 国际劳工组织是个什么样的组织

国际劳工组织是联合国负责劳工问题的国际机构,也是联合国下属机构中最大的国际组织。国际劳工组织1919年根据《凡尔赛和约》作为国际联盟的附属机构成立。1919年4月和平大会通过的《国际劳工组织章程》和1944年5月第26届国际劳工大会通过的《费城宣言》,是关于国际劳工组织宗旨和目标的宪章。

国际劳工组织目前有185个成员。主要负责人是总干事(或称为国际劳工局局长)盖·莱德(英国),2012年9月就任。

国际劳工组织的成立是劳动关系领域三方协商机制正式形成和发展的重要标志。

(1)国际劳工组织的组织机构

国际劳工大会:最高权力机构,每年召开一次会议;闭会期间理事会指导该组织工作,国际劳工局是其常设秘书处。主要活动有从事国际劳工立法,制定公约和建议书以及技术援助和技术合作。

理事会:国际劳工组织的执行委员会,每三年经大会选举产生,在大会休会期间指导该组织工作,每年3月、6月和11月各召开一次会议。

国际劳工局:常设秘书处,设在瑞士日内瓦国际劳工局总部。

(2)国际劳工组织的宗旨

《国际劳工组织章程》明确规定国际劳工组织的宗旨是通过劳工立法和开展技术合作,促进"社会正义",维护"世界持久和平"。与《国际劳工组织章程》具有同等地位的《费城宣言》,又被称为《关于国际劳工组织的目标和宗旨的宣言》,明确国际劳工组织的目标和宗旨是:在社会正义的基础上实现持久和平,从而使全人类不分种族、信仰或性别都有权在自由和尊严、经济保障和机会均等的条件下谋求物质福利和精神发展。

《国际劳工组织章程》指出,只有以社会正义为基础才能建立世界持久和平。考虑到恶劣的劳动条件会使人遭受不公正、困难和贫困,使世界和平与正义受到威胁,为了改善工人劳动条件,国际劳工组织将工作重点确定在以下方面:

①调整工时,包括制定最大限度的工作日和工作周;

②调整劳动力供给,防止失业,规定足够维持生活的工资;

③对工人因患病和因工负伤予以保护;

④保护儿童、青年和妇女;

⑤规定养老金和残疾抚恤金;

⑥保护工人在外国受雇时的利益;

⑦承认同工同酬原则;

⑧承认结社自由原则;

⑨组织职业教育和技术教育。

(3) 国际劳工组织的原则

1944 年第 26 届国际劳工大会在美国费城通过的《关于国际劳工组织的目标和宗旨的宣言》(《费城宣言》),重申了国际劳工组织的基本原则,主要包括:

①劳动者不是商品;

②言论自由和结社自由是不断进步的必要条件;

③任何地方的贫困对一切地方的繁荣构成威胁;

④反对贫困的斗争需要各国在国内坚持不懈地进行,还需要国际社会做持续一致的努力。

《费城宣言》明确,全人类不分种族、信仰或性别,在自由和尊严、经济保障和机会均等的条件下谋求物质福利和精神发展,为实现此目标而创造条件应成为各国和国际政策的中心目标。国际劳工组织有义务按照此目标来检查和考虑国际上一切经济与财政政策和措施。《费程宣言》通过后,作为《国际劳工组织章程》的附件,与《国际劳工组织章程》一起成为国际劳工组织开展活动的依据和指导性文件。

(4) 国际劳工组织的活动

国际劳工组织的日常活动主要体现在六个方面:

①从事国际劳工立法,主要体现为制定公约和建议书;

②开展技术合作;

③开展劳动领域的研究和传播信息;

④开展培训和教育;

⑤推进社会保障工作;

⑥促进社会就业。

2. 国际劳工组织的组织结构和活动原则

国际劳工组织不仅在机构组成上具有三方性的鲜明特点,由工人、雇主、政府代表三方共同组成,而且活动原则也充分体现了其促进劳、资、政合作,共同改善劳动状况,协调劳动关系,维护劳动权益的精神。

(1)"三方性"原则是国际劳工组织的组织结构与活动原则

国际劳工组织在组织结构和活动原则上实行与其他国际机构不同的、独特的"三方性"原则,即参加各种会议和国际劳工组织的所有活动的成员代表团由政府、雇主组织和工人组织的代表组成,三方代表有平等独立的发言和表决权。国际劳工大会每个会员各派4名代表参加,其中政府代表2人,工人和雇主代表各1人。这种"三方性"原则同样适用于国际劳工组织的理事会、产业委员会、区域会议等。

"三方性"原则是国际劳工组织活动的基本原则。作为国际劳工组织章程一部分的《费城宣言》中申明,"反对贫困的斗争需要各国在国内坚持不懈地进行,还需要国际社会做持续一致的努力。在这种努力中,工人代表和雇主代表享有与政府代表同等的地位,与政府代表一起自由讨论和民主决定,以增进共同的福利",以期"有效地承认集体谈判的权利,促进雇主和劳动者加强双方在提高生产效能中的合作,以及在制定与实施社会和经济措施中的合作"。

(2)国际劳工组织奉行三方性原则的指导思想是提倡工人与雇主的合作,促进经济与社会发展

国际劳工组织所关心、处理的事务,一般都涉及各国工人、雇主的利益,吸收工人代表和雇主代表以平等的地位同政府代表一起研讨、协商和做出决定,体现了对劳动关系当事各方的尊重和谋求通过协商讨论达成共识的意愿。这样做出的决定较能兼顾到有关各方的利益,也有助于国际劳工组织的民主性,因而便于付诸实施。

"三方性"原则的出发点是将雇主和工人都看作发展经济的重要力量,主张政府在协调劳动关系时,让他们双方以平等的地位参与协商,通过雇主和工人的合作,促进经济与社会发展。各国经济和社会发展的实践表明,政府、雇主和工人以平等地位协商、合作,就涉及各自利益和共同关心的问题,特别是劳工问题,进行协商并达成一致,已成为化解劳资矛盾、维护社会稳定、促进经济和社会发展的重要推动力量。

(3)三方协商机制的组织形式

据国际劳工组织1976年第144号文件《三方协商促进履行国际劳工标准公约》规定,三方协商机制是指政府(通常以劳动部门为代表)、雇主和工人之间,就制定和实施经济与社会政策而进行的所有交往和活动。即由政府、雇主组织和工人组织通过一定的组织机构和运作机制共同处理所有涉及劳动关系的问题,如劳动立法、经济与社会政策的制定、就业与劳动条件、工资水平、劳动标准、职业培训、社会保障、职业安全与卫生、劳动争议处理以及对产业行为的规范与防范等。

三方协商机制的组织形式十分灵活,在不同国家有不同的做法。在有些国家实行综合性的三方联系制度,如加拿大的国家劳资关系委员会,日本的产业劳动恳谈会,俄罗斯的社会与劳动关系三方协商委员会,马来西亚的全国联合咨询委员会等。在有些国家还有就某一问题或事项而设立的专业性组织,如澳大利亚的全国职业安全与卫生委员会,新加坡的全

国工资理事会,英国的咨询、调整与仲裁局等。

3. 国际劳工组织与中国的关系

中国是国际劳工组织的创始成员国,也是该组织的常任理事国。1971年,中国恢复了在该组织的合法席位。1983年以前,中国未参加该组织的活动。1983年6月,中国派出由劳动人事部部长率领的代表团出席了第69届国际劳工大会,正式恢复了在国际劳工组织的活动。自1983年至今,中国每年均派代表团出席各种会议,并积极参与该组织在国际劳工立法和技术合作方面的活动。三十多年来,中国与国际劳工组织的关系得到较大发展,开展了包括人员互访、考察、劳工组织派专家来华举办研讨会和讲习班、制订实施技术合作计划以及援助中国建立职业技术培训中心等各类活动。

中国批准的国际劳工公约涉及最低就业年龄、最低工资、工时与休息时间、海员劳动条件、男女同工同酬和残疾人就业等内容。截至2013年年底,中国共批准了25项国际劳工公约。1985年1月,国际劳工组织在中国设立派出机构——国际劳工组织北京局,负责与中国有关政府机关、工会组织、企业团体、学术单位等的联系,以及执行对中国的技术援助和合作项目。

4. 出席第97届国际劳工大会的中国代表团的三方代表组成

中国派出了由中国政府(劳动和社会保障部)、中国雇主组织、中国工会三方组成的代表团,其中劳动和社会保障部副部长胡晓义等为中国政府代表,中国企联执行副会长兼理事长陈兰通为中国雇主组织代表、中华全国总工会副主席徐振寰为中国工会代表。

案例 3　国家协调劳动关系三方会议第五次会议纪要[①]

2003 年 6 月 30 日下午,国家协调劳动关系三方会议第五次会议在北京召开。三方会议主席、劳动和社会保障部副部长王东进,三方会议副主席、中华全国总工会(以下简称"全总")副主席、书记处书记孙宝树,三方会议副主席、中国企业联合会/中国企业家协会(以下简称"中国企联")副会长陈兰通以及三方会议全体成员和办公室成员出席。会议由王东进同志主持,主要内容如下:

一、听取四个方面情况报告

(一) 听取并通过第四次会议议定事项落实情况的报告。按照国家协调劳动关系三方会议第四次会议议定,一是已通过会议纪要向各省、自治区、直辖市三方印发了国家协调劳动关系三方会议 2003 年工作要点。二是制定《集体协商与集体合同规定》。拟废止《集体合同规定》,吸收其中有关内容,与《集体协商规则》合并制定《集体协商与集体合同规定》。目前已起草完成《集体协商与集体合同规定(征求意见稿)》,并印发给各省、自治区、直辖市征求意见。三是拟定了三方会议办公室工作规则,将随同第五次会议纪要印发各地参考。四是修改《兼职劳动仲裁员管理暂行规定》。考虑到规定主要涉及对兼职仲裁员的规范,由三方会签下发指导性意见。为此,已起草完成《关于加强兼职劳动仲裁员队伍建设有关问题的若干意见》,本次会议结束后,将会签下发。五是筹备全国推进三方协调劳动关系工作经验交流会议。2003 年 1 月 10 日和 4 月 4 日三方办公室分别召开临时会议和主任会议,研究筹备召开全国推进三方协调劳动关系工作经验交流会议有关事宜。截至目前,已基本确定了会务安排事宜和会议经验材料。

(二) 听取全国推进三方协调劳动关系工作经验交流会议会务筹备情况的报告。三方会议办公室向第五次会议报告了筹备召开全国推进三方协调劳动关系工作经验交流会议的有关事项,会议同意办公室推荐的经验材料,对会议议程、会务安排予以通过,并提出在已有文件组和会议组的基础上,新成立宣传组。会议议定,经验交流会定于 8 月 6 日在广东省珠海市召开,会期两天。

(三) 听取三方会议办公室关于非典对劳动关系影响的预测分析和对策建议的报告。

---

① 整理自:国家协调劳动关系三方会议第五次会议纪要,中企联合网,2003 - 06 - 30。

三方会议办公室从四个方面分析了非典对劳动关系的影响。一是受非典影响,服务业等行业劳动关系处于不稳定状态,并将在近期持续一段时间;二是非典过后的一段时间,受其间接影响的一些行业劳动关系问题将逐步显现;三是受非典影响的部分行业、企业职工工资水平可能下降,同时可能产生新的拖欠工资问题;四是劳动争议处理工作压力增大。从五个方面提出了措施建议。一是指导和督促用人单位加强劳动合同管理;二是抓住时机进一步推进企业开展平等协商工作;三是加强对企业工资支付的监控工作;四是积极预防和处理劳动争议案件;五是三方积极开展调研,就如何更好地发挥三方协商机制作用,研究探索建立协调劳动关系应急机制等提出建议措施。

(四)听取第91届国际劳工大会有关情况的通报。中国代表团在出席本届劳工大会期间,顺利完成了各项任务。中国政府代表关于消除贫困的大会发言,受到与会各成员的好评。本次会议召开正值非典时期,中国代表团主动采取隔离措施,受到各成员代表称赞。中国企联在本次大会上有新的收获,国际雇主组织总理事会一致通过决议,接受中国企业联合会成为该组织正式会员。

二、三方会议主席、副主席分别发表讲话

王东进同志在讲话中肯定了三方在非典时期所做的各项工作,为维护劳动关系和谐稳定发挥了积极作用,肯定了三方会议办公室为筹备召开广东会议开展的工作。王东进同志指出,今年下半年的首要任务是开好全国推进三方协调劳动关系工作经验交流会。这是三方第一次召开的全国会议,要开成开拓进取的会议,开成检阅三方成绩、展示三方风采的会议,要为完善三方协商机制积累经验。要围绕促进就业和解决结构调整中劳动关系变化的重大问题进行充分协商和讨论。三方要在促进就业方面有所作为,要积极参与国家有关下岗失业人员再就业的政策落实情况的调研。要积极探索建立中国特色的三方协商机制,要从理论上进行研究,借鉴市场经济国家的成功经验,认真总结我国国情,理清思路,进一步发挥三方协商机制的作用,建立协调、稳定、独具中国特色的三方协商机制。要推动国有大中型企业规范操作,做好主辅分离、辅业改制分流安置富余人员工作,妥善处理劳动关系。

孙宝树同志在讲话中指出,各级工会组织在继续推进三方协商机制组织和制度建设的基础上,要注意总结经验,特别是基层创造的新鲜经验,加强对三方协商机制专门问题的研究,使三方协商机制在地方和基层更具操作性,保持其旺盛的生命力。要从各地和产业的实际出发,以推动解决劳动就业、工资分配、社会保障、劳动安全卫生等领域的突出问题为重点,抓住劳动合同制度、平等协商集体合同制度、劳动争议调处制度等调整劳动关系的主要环节,切实发挥各个层次的三方协商机制在协调稳定劳动关系中的作用。要从理论上探讨社会主义市场经济条件下三方协商机制的特点和规律,逐步形成具有中国特色社会主义的三方协商机制。

陈兰通同志在讲话中指出,全国推进三方协调劳动关系工作的经验交流会议非常重要,要精心准备,周密组织,把会开好。劳工问题十分重要,劳工问题影响世界各国,与当代世界经济发展紧密相连,通过三方协商机制讨论劳工问题是解决社会矛盾的有效办法。2003年劳工大会三方代表团收获很大,全体成员克服非典带来的不利影响,积极参加各项议题的讨论和审议,通过了改进海员证书安全性公约,三方代表团还就摆脱贫困和提高就业问题进行了大会发言,受到与会代表一致好评。陈兰通同志还介绍了国际雇主组织正式接受中国企联为其成员的有关情况。

参加国家协调劳动关系三方会议第五次会议人员名单

劳动和社会保障部:王东进、祝晏君、平四来、汪志洪、吴道槐、王建华、王瑞、郭晓宪、管静和

中华全国总工会:孙宝树、陈荣书、董秀彬、李滨生、刘海华、郭军、王黎明、李志培、张大起、封蕾、关彬枫、谢良敏、徐璐

中国企业联合会/企业家协会:陈兰通、孙延祐、陈英、刘鹏、柏东海、张志骧、程多生、刘寒松、张文涛、孙玉萍、韩斌

列席:《中国劳动保障报》、《中国企业报》记者和其他有关人员

会议记录:吴礼舵

国家协调劳动关系三方会议办公室

2003 年 7 月 30 日

附件:国家协调劳动关系三方会议办公室工作规则

国家协调劳动关系三方会议办公室工作规则

为了认真履行职责,完成国家协调劳动关系三方会议制度确定的职责任务,提高三方会议办公室工作效率,制定本规则。

一、办公室职责范围

(一)在办公室主任的领导下开展日常工作。

(二)按照国家协调劳动关系三方会议的工作部署和要求,做好组织、联系、协调、综合、服务等项工作。

(三)按照国家协调劳动关系三方会议制度,筹备组织召开办公室主任会议、国家三方会议和以国家三方会议名义召开的有关会议。

(四)研究提请国家三方会议协商审议的议题、文件和重要事项。

(五)整理国家三方会议纪要,上报和印发各省、自治区、直辖市三方。

(六)加强三方联络,保持三方的日常沟通。

(七)理顺国家三方会议与各省三方机制的联络体系,畅通渠道,编印下发信息通报。

(八)对国家三方会议文件及有关资料进行整理、归档。

(九)完成主席、副主席临时交办的其他事项。

二、领导责任制度

(一)国家协调劳动关系三方会议办公室实行主任责任制,主任领导全面工作,主持办公室主任会议、办公室临时会议,签署办公室文件。主任出访、出差,指定一名副主任主持工作。

（二）副主任协助主任工作，受主任委托主持会议，签署文件。

（三）办公室其他成员在主任、副主任的领导下开展工作。重要工作和重大事项要及时请示、报告。

三、会议制度

召开国家协调劳动关系三方会议前召开办公室主任会议，研究筹备国家三方会议有关事宜。办公室主任还可根据情况决定召开办公室临时会议。

（一）办公室主任会议。办公室主任会议由办公室主任主持或委托副主任主持，办公室成员参加，必要时指定有关人员列席。主要是研究筹备国家三方会议，议定会议议程和落实上次会议议定事项情况，研究准备提交国家三方会议的有关文件。

（二）办公室临时会议。办公室主任可根据情况决定召开办公室临时会议。由办公室主任主持或委托副主任主持，研究临时性重大问题。

（三）办公室召开会议，除召开临时会议外，由办公室提前将会议时间、地点、议题等通知与会各方的人员。

四、文稿制度

为提高办公室有关文件的质量，应严格核稿制度，并按以下程序办理。

（一）三方会议纪要，由三方办公室起草，征求三方意见后，报办公室主任审核。

（二）以三方名义下发的文件如通报、信息等，须由三方会议办公室有关人员起草，报办公室主任审核后，再上报三方会议主席、副主席会签下发。

（三）提交三方会议的有关文件，由办公室核稿。

问 题

1. 我国国家级三方协商机制是何时建立的？本次（即第五次）国家协调劳动关系三方会议是何时召开的？

2. 我国国家级三方会议的组成部分有哪些？本次（即第五次）国家协调劳动关系三方会议的组成人员有哪些？

3. 我国国家级三方会议的职责任务是什么？

4. 三方协商的主要内容有哪些？本次（即第五次）会议协商的主要内容是什么？

5. 我国三方会议遵循的工作原则是什么？

6. 我国国家级三方会议的会议制度是什么？

答案提示

1. 我国国家级三方协商机制建立的时间，本次（即第五次）国家协调劳动关系三方会议召开的时间

我国是建立三方协商机制比较晚的国家。1990年全国人大常委会批准了国际劳工组织《三方协商促进履行国际劳工标准公约》(第 144 号)后,即开始着手建立国家一级的三方协商制度。2001 年 8 月,中华全国总工会与劳动和社会保障部、中国企业联合会、企业家协会等部门召开了国家协调劳动关系三方会议成立暨第一次会议,通过了《关于建立国家协调劳动关系三方会议制度的意见》,正式建立了国家协调劳动关系三方会议制度。2002 年 8 月,国家协调劳动关系三方会议办公室出台了《关于建立健全劳动关系三方协调机制的指导意见》,对加快各地建立三方协商起到了推动作用。

本次会议即国家协调劳动关系三方会议第五次会议召开的时间是 2003 年 6 月 30 日下午。

2. 我国国家级三方会议的组成,本次(即第五次)国家协调劳动关系三方会议的组成人员

我国国家级三方会议由劳动和社会保障部、中华全国总工会、中国企业联合会/中国企业家协会三方组成。劳动和社会保障部领导同志担任主席,中华全国总工会和中国企业联合会/中国企业家协会领导同志担任副主席。

各方确定相对固定的部、室人员参加三方会议。其中,劳动和社会保障部的成员由劳动工资司、办公厅等相关部门人员组成,中华全国总工会的成员由办公厅、集体合同部、法律工作部、保障工作部、政策研究室等相关部门人员组成,中国企业联合会/中国企业家协会的成员由雇主工作部、雇主工作委员会、维护企业和企业家合法权益委员会、研究部等相关部门人员组成。

三方会议的常设办事机构是 2005 年 6 月 19 日在劳动和社会保障部劳动工资司设立的"国家三方会议办公室",负责协调组织召开会议的日常工作。中华全国总工会和中国企业联合会/中国企业家协会分别确定各自的部门参加办公室工作。国家三方会议办公室下设劳动关系法律政策研究委员会、企业工资分配研究委员会、集体协商委员会三个专业委员会,为政策研究和咨询机构,负责围绕国家三方会议在不同时期协调劳动关系的重点工作开展专业性的调查研究,提出解决实际问题的政策建议,为国家三方会议积极参与国家有关劳动关系立法,以及社会经济政策的制定与实施提供参考意见。

根据每次会议的议题,由各方确定参会人员,视议题的重要程度,可请三方主要领导同志出席,也可由有关司局领导同志召开会议。根据议题涉及的具体内容,可邀请其他有关部门、非三方成员单位或有关研究机构的人员参加。

本次会议即国家协调劳动关系三方会议第五次会议的参加人员主要有:三方会议主席、劳动和社会保障部副部长王东进,三方会议副主席、中华全国总工会副主席、书记处书记孙宝树,三方会议副主席、中国企业联合会/中国企业家协会副会长陈兰通以及三方会议全体成员和办公室成员。

3. 我国国家级三方会议的职责任务

(1)研究分析经济体制改革政策和经济社会发展计划对劳动关系的影响,提出政策意见和建议。

(2)通报交流各自在协调劳动关系工作中的情况和问题,研究分析全国劳动关系状况及发展趋势,对劳动关系方面带有全局性、倾向性的重大问题进行协商,形成共识。

（3）对制定并监督实施涉及调整劳动关系的法律、法规、规章和政策提出意见和建议。

（4）对地方建立三方协商机制和企业开展平等协商、签订集体合同等劳动关系协调工作进行指导、协调，指导地方的劳动争议处理工作，总结推广典型经验。

（5）对跨地区或在全国具有重大影响的集体劳动争议或群体性事件进行调查研究，提出解决的意见和建议。

4. 三方协商的主要内容，本次（即第五次）会议协商的主要内容

三方协商的主要内容是：

（1）推进和完善平等协商、集体合同制度以及劳动合同制度；

（2）企业改制改组过程中的劳动关系；

（3）企业工资收入分配；

（4）最低工资、工作时间和休息休假、劳动安全卫生、女职工和未成年工特殊保护、生活福利待遇、职业技能培训等劳动标准的制定和实施；

（5）劳动争议的预防和处理；

（6）职工民主管理和工会组织建设；

（7）其他有关劳动关系调整的问题。

本次（即第五次）会议协商的主要内容包括：听取并通过第四次会议议定事项落实情况的报告；听取全国推进三方协调劳动关系工作经验交流会议会务筹备情况的报告；听取三方会议办公室关于非典对劳动关系影响的预测分析和对策建议的报告；听取第91届国际劳工大会有关情况的通报；三方会议主席、副主席分别发表讲话。

5. 我国三方会议遵循的工作原则

（1）合法、公正、及时原则；

（2）相互理解、信任、支持、合作原则；

（3）兼顾国家、企业、职工三方利益原则；

（4）平等协商原则。

6. 我国国家级三方会议的会议制度

（1）三方会议原则上每季度召开一次，于每季度第一个月的20日左右召开。如有需要，可临时召开会议。

（2）三方会议的每季例会轮流在三方机关或其他地点召开。每次召开会议前两周，各方向三方会议办公室提出议题，由办公室协商各方确定并报告会议主席和副主席。临时会议召开的时间、地点、议题等，由提议方提出并由办公室与另两方协商确定。会议由主席或主席委托副主席主持。

（3）每次召开三方会议，指定专人记录并形成会议纪要。根据议题的重要程度，可将会议纪要上报或下发。

案例 4　陕西省召开的第九次协调劳动关系三方会议[①]

2010 年 6 月 18 日上午,陕西省协调劳动关系三方会议召开了第九次会议。三方会议主席、陕西省人社厅副厅长沙德宪,三方会议副主席、陕西省总工会副主席李向柱,陕西省企业家协会副会长兼秘书长李西人出席会议,三方会议组成人员以及办公室成员参加了会议。会议由沙德宪主持,会议对三方会议办公室提出的有关事项和建议进行了审定和审议。

(一) 会议听取了三方会议办公室副主任、省总工会法律工作部部长陈建树代表三方会议办公室关于联合开展创建陕西省协调劳动关系和谐企业和工业园区有关情况的汇报。对三方会议办公室提出的"2010 年陕西省劳动关系和谐企业和工业园区"初选名单进行了审核,初步确定陕西龙门钢铁(集团)公司和眉县科技工业园区等 45 户企业和工业园区为"2010 年陕西省劳动关系和谐企业和工业园区",并于近期在《陕西工人报》和省人社厅、总工会、企业家协会、企业联合会网站进行公示。

(二) 会议讨论审议了三方会议办公室副主任、省企业家协会副会长李西人代表三方会议办公室关于召开"2010 年陕西省劳动关系和谐企业和工业园区表彰暨经验交流大会"的建议。会议一致同意以省协调劳动关系三方会议名义报请省政府对获得"2010 年陕西省劳动关系和谐企业和工业园区"的单位进行表彰,同时邀请省委、省政府领导和省级有关部门负责人出席会议并颁奖。会议还就召开大会有关事宜进行了讨论:(1) 会期半天,时间初步定在 2010 年 7 月下旬或 8 月上旬召开;(2) 大会经验交流单位由三方会议办公室确定 5~6 家;(3) 参会人员为省市两级政府领导及协调劳动关系三方负责人,表彰企业及重点企业负责人、相关媒体等 200 人左右;(4) 报送 2010 年国家劳动关系和谐企业和工业园区名单从上届和这届省劳动关系和谐企业和工业园区名单中产生;(5) 表彰暨经验交流大会的费用由三方会议办公室向省财政厅申请。

(三) 会议审议并原则通过了由三方会议办公室副主任、省人社厅劳动关系处处长楚瑞秦和陈建树分别代表三方会议办公室提议以三方名义印发《陕西省全面推进小企业劳动合同制度专项行动计划实施方案的通知》和《陕西省深入推进集体合同制度实施彩虹计划方

---

① 整理自:陕西省企业家协调劳动关系三方会议第九次会议召开,陕西省企业家协会网,2010 - 06 - 25。

案》的有关说明。

（四）会议还就落实以上确定事项进行了分工：（1）初步确定的"2010年陕西省劳动关系和谐企业和工业园区"名单公示文稿由总工会负责起草；（2）报请省政府对获得"2010年陕西省劳动关系和谐企业和工业园区"的单位进行表彰的文件由省企业家协会负责代拟；（3）表彰暨经验交流大会的费用由省人社厅代表三方会议办公室向省财政厅申请；（4）《陕西省全面推进小企业劳动合同制度实施专项行动计划方案的通知》和《陕西省深入推进集体合同制度实施彩虹计划方案》两个文件的修改分别由省人社厅和总工会负责完成；（5）三方会议第九次会议会议纪要由省企业家协会起草。

会议结束前，省企业家协会副会长李西人通报了"2010年全国雇主工作会议"8月19—20日在西安举办的有关情况，邀请省人社厅、总工会领导出席开幕式，省人社厅、总工会领导愉快地接受了邀请。

与会同志一致认为，从第八次省协调劳动关系三方会议以来，各方在推动劳动关系和谐方面做了大量细致的工作，协作配合方面做得很好，使全省劳动关系协调工作取得了新的成效，今后要继续在工作上积极配合，相互支持，共同推动第九次会议确定事项的落实。

问 题

1. 我国三方协商机制的结构是怎样的？
2. 本案例中三方协商的主体和协商内容是什么？

答案提示

1. 我国三方协商机制的结构

与其他国家相近，我国三方协商机制分为多个层级而且各层级三方协商机制的组织结构、主要的工作内容等是不同的，各层级三方协商机制既分工又合作。

（1）国家级三方协商机制

三方协商机制中最主要和最基本的是国家一级的三方协商机制。国际劳工组织在其有关三方协商的文件中所强调和侧重的也是国家一级的三方协商。这是因为国家一级三方协商的成果是全国性的，适用于全国范围，它所确定的原则与标准，构成产业、地方、企业三级协商的依据。

我国建立了"国家级三方会议"制度，其常设机构为"国家三方会议办公室"，由代表政府的劳动部门和有关经济部门、全国性的雇主组织和工会组织的代表组成。其协商的主要内容主要是三方面：一是有关参加国际劳工大会的事宜和批准或履行国际劳工公约或国际劳工建议书的建议；二是有关国家经济和社会发展的政策和立法；三是有关实施国际劳工标准和国内劳动立法。包括就业、工资、工时、休假、社会保障、职业安全卫生、劳动争议处理等涉及劳动关系的多方面内容，有时也涉及某些社会问题的协商。

（2）产业一级的三方协商机制

此处产业一级的三方协商，是指国家一级产业的三方协商。其协商主体是政府的产业部门、产业的雇主协会和产业工会。协商的主要内容：一是本产业的国际劳工标准；二是与本产业发展有关的经济和社会问题；三是本产业的劳动关系和劳动标准。

（3）地方一级的三方协商机制

具体又包括省级三方协商机制、地市级三方协商机制、区（县）三方协商机制、街道（乡镇、社区）三方协商机制。其协商主体为地方政府的劳动和经济部门、地方的雇主协会、地方工会。协商内容主要是地方的社会经济政策的制定和立法，以及地方的劳动标准和劳动法规。

（4）企业一级的三方协商机制

直接主体是雇主和企业工会，政府部门一般不直接参与。企业一级的协商一般有两种形式：一种是企业的集体谈判，另一种是集体谈判之外的双方就企业涉及的有关劳动关系问题进行的灵活接触和协商。其主要内容是劳动关系与劳动标准，有时也涉及企业经营发展的有关问题。

2. 本案例中三方协商的主体和内容

本案例"陕西省第九次协调劳动关系三方会议"的协商主体是陕西省人社厅、陕西省总工会、陕西省企业家协会。参会人员包括三方会议主席、陕西省人社厅副厅长沙德宪，三方会议副主席、陕西省总工会副主席李向柱，陕西省企业家协会副会长兼秘书长李西人，以及三方会议组成人员、三方会议办公室成员。

本案例"陕西省第九次协调劳动关系三方会议"的协商内容包括四项：

一是听取了三方会议办公室副主任、省总工会法律工作部部长陈建树代表三方会议办公室关于联合开展创建陕西省协调劳动关系和谐企业和工业园区有关情况的汇报。

二是讨论审议了三方会议办公室副主任、省企业家协会副会长李西人代表三方会议办公室关于召开"2010年陕西省劳动关系和谐企业和工业园区表彰暨经验交流大会"的建议，并就召开大会有关事宜进行了讨论。

三是审议并原则通过了由三方会议办公室副主任、省人社厅劳动关系处处长楚瑞秦和陈建树分别代表三方会议办公室提议以三方名义印发《陕西省全面推进小企业劳动合同制度专项行动计划实施方案的通知》和《陕西省深入推进集体合同制度实施彩虹计划方案》的有关说明。

四是就落实以上确定事项进行了分工。

案例5 辽宁省三方协商机制工作取得明显成效[①]

辽宁省1998年年底正式建立协调劳动关系三方机制,是我国三方协商机制建立较早的省份之一。通过长期不懈努力,其三方协商机制工作取得了明显的成效。其就三方协商机制开展的主要工作有:

(1) 加强三方协商组织体系建设

辽宁省的劳、资、政三方对三方协商劳动关系的重要性形成共识,三方都有协商合作的意愿。三方共同努力,在建立完善三方协商组织体制方面狠下功夫。以企业方主体建设为例,辽宁省企联为做好雇主组织代表,十分重视能力建设,多次召开各市、行业企联秘书长会议,并开展问卷调查和走访调研,针对各市企联主管部门的不同和两会分设的实际情况,要求尽快整合资源。省企联还要求部分市企联人员由企业改革处(科)兼职的,至少需要配备2名以上兼职人员,同时再聘用1名熟悉企联工作的专职工作人员。对达不到上述要求、无法正常开展工作的市企联组织进行整顿,必要时授权一些社会组织行使雇主组织职责。区县一级采取暂由上级企联派出机构或授权等形式参与三方协商机制工作。省企联还要求各级企联加强对相关工作人员的培训,使他们尽快了解和掌握三方协商机制和雇主工作的基本知识,熟悉劳动合同与集体合同的内容和具体要求,学会协调劳动关系和处理劳动争议。省、市企联努力吸收具有法律、经济、劳动关系和人力资源等专业特长的人员从事专兼职雇主工作。

到2003年年底,全省14个市就全部建立了三方协商机制,形成了完整的省三方协商机制网络体系。到2006年,沈阳、大连、丹东、阜新等地已经或正在逐步将三方协商机制向区县、乡镇延伸。

(2) 建立协商例会制度

为使三方协商机制做到经常化、制度化,省三方坚持三方协商机制例会制度,通报前段工作情况,部署下一步工作,并印发和传达会议纪要。针对劳动关系中带有普遍性的问题,三方通过召开研讨会、座谈会等形式,积极广泛地征求各方面的意见和建议,三方联合行文,强化政策指导。如省三方联合下发了《关于进一步加强劳动争议处理工作的通知》、《关于贯

---

①　整理自:顾威:全国首创:辽宁建立劳动关系"三方五部门"协商机制,《工人日报》,2008 - 03 - 26;中国劳动力市场信息网监测中心:辽宁省三方紧密配合　三方机制工作取得明显成效,中国就业网,2006 - 12 - 20。

彻实施〈集体合同规定〉的通知》、《关于妥善处理国有企业改革过程中的劳动关系的意见》、《工资集体协商暂行办法》、《关于进一步规范劳动关系的通知》等文件。特别是 2006 年 7 月辽宁省三方联合制定的全国首个《女职工特殊权益专项集体合同暂行办法》，在全国起到了积极的示范作用。

（3）制订和谐劳动关系的行动计划

由于老工业基地的历史遗留问题等，辽宁省的劳动关系问题一度比较困扰：到 2002 年年末，辽宁省因劳动保障问题的来信来访达 12.6 万次，其中来访 12.2 万人次，集体上访 1810 批，排在全国首位。这促使三方主体认识到合作协商的必要性——要解决好国家、企业、职工利益的分配和经济发展以及劳动者权益保护等问题，三方必须进行协作，并从长远出发，制订适应市场经济体制要求的劳动关系长远规划和阶段实施目标。比如，2003 年三方联合下发了《辽宁省建立和谐劳动关系三年行动计划》，目标是从 2003 年至 2005 年年底利用三年左右的时间，基本建立起劳动关系双方自主调节、政府依法调控的和谐劳动关系调整机制。这是全国第一个制订和实施的和谐劳动关系三年行动计划。通过该三年行动计划的实施，辽宁省三方调整完善了劳动关系的政策法规体系。制定或修订了《国有企业实施产权制度改革过程中劳动关系若干问题的处理意见》、《非全日制用工劳动关系若干问题意见》、《辽宁省劳动争议处理办法》等政策法规。强化了劳动合同管理。进一步规范了用人单位与职工签订劳动合同的程序和内容，使城镇企业劳动合同签订率达到 81%，其中国有、国有参股、合资、外资企业劳动合同签订率达到 95%；在多数企业建立了平等协商的集体合同制度；建立起多形式、多层次的三方协商机制；多数企业能够按时足额发放职工工资，依法缴纳社会保险费。

（4）建立了省市劳动争议仲裁院

辽宁省劳动和社会保障厅、总工会和企联 2003 年联合下发了《关于开展劳动争议仲裁院试点工作的通知》，并成立了省劳动争议仲裁院，劳动部门领导担任院长，企联和总工会各一名领导担任副院长。由工会、企联参与处理的劳动争议仲裁案件已占办案总数的 40%。辽宁省朝阳、辽阳、大连三市相继经机构编制部门批准，正式下发文件设立劳动争议仲裁院，其中朝阳市劳动争议仲裁院编制从原来的 3 人增加到 6 人、辽阳市劳动争议仲裁院编制从 4 人增加到 12 人、大连市劳动争议仲裁院编制从 5 人增加到 15 人。各市三方都积极争取当地党委、政府的支持，提出了推进劳动争议仲裁机构实体化建设的具体建议，省三方力争在 2006 年年底完成市级劳动仲裁院的建立，2007 年完成县区级劳动仲裁院的建立。劳动争议仲裁院在推进劳动争议仲裁机构实体化，解决当前劳动争议仲裁工作中"案多人少、专业化程度不高、经费保障不足、办案条件差"等问题时发挥了积极作用。

（5）开展人力资源管理诚信等级评价活动

2005 年 2 月，辽宁省三方共同制定下发了《关于对用人单位人力资源管理实行诚信等级评价制度的通知》，明确了用人单位人力资源管理诚信等级评价的原则、内容。同时，三方还成立了"用人单位人力资源管理诚信等级评价委员会"，主任由省劳动和社会保障厅领导担任，副主任由省总工会副主席、省企联副会长担任，办公室设在省劳动厅劳动关系处，负责等级评价的日常工作。三方还出台了《用人单位人力资源管理诚信等级（暂行）标准》，分别制定了 A 级、AA 级和 AAA 级三个标准。具体的评价内容主要分为劳动合同、职工工资、社会保险、就业服务、劳动安全卫生、企业工会组织建设和企业民主化管理进程等七项。三方研究制定了相关的优惠和处罚措施。在优惠政策方面，省企联提出凡取得 AA 级以上等级的用人单位在评选优秀企业家时优先，省总工会明确对取得 AA 级以上等级的用人单位在评选市级以上劳模时优先。对没参加诚信等级评选的用人单位，其法人代表没有参加优秀企业家和劳动模范的评选资格。三方共同评价诚信等级不但全面反映了各方的意见，还协调一致了三方的评级行动。

（6）开展"劳动合同、集体合同双合同月"活动

辽宁省三方从 2006 年开始，每年 4 月开展一次以"签订双合同，建和谐企业"为主题的"劳动合同、集体合同双合同月"活动，向企业提出《关于进行平等协商签订集体合同的建议书》和《关于企业与职工签订劳动合同问题的建议书》，从而推进建立规范劳动关系，提高两种合同的签订率和履约率，以确保维护企业和职工的合法权益，推进和谐企业的构建。2006年 4 月，辽宁省三方在大连召开了"劳动合同、集体合同双合同月"活动现场会。省领导要求各市充分发挥三方协商机制的作用，共同构建和谐稳定的劳动关系。要以两个建议书为手段，推动各类企业普遍建立两种合同制度。在劳动合同方面，要对用人单位的劳动合同签订情况进行一次全面检查，切实解决有"劳动"没关系、有"关系"无合同、有"合同"不公平的问题。在集体合同方面，要把工资集体协商放在重要位置，作为推进集体合同制度的切入点。根据企业的不同情况，分类指导，积极探索签订有不同重点内容的专项集体合同。要大力推行区域性、行业性集体合同。

（7）开展集体合同工作大检查

如辽宁省三方 2006 年上半年联合开展的集体合同工作大检查，由三方主管领导带队，组成七个检查组，深入各市和企业进行检查，在听取汇报的基础上，抽查不同类型的企业开展平等协商和集体合同工作的情况，并召开职工和企业经营者座谈会，了解他们对企业开展平等协商和集体合同工作的满意度。通过检查，摸清了各市和有关企业的情况，推进了平等协商和集体合同工作。检查组对检查结果进行认真总结，根据各地的实际情况撰写了 15 份检查报告，报告分别发给各市领导，以便检查对照，及时采取整改措施。

（8）做好企业和企业经营者合法权益的维护工作

辽宁省企联为了能在三方协商机制中切实反映企业的呼声，非常重视维权工作，省企联牵头成立了由省人大、经济贸易委员会、总工会、最高人民法院、最高检察院和有关法律、新闻工作者组成的辽宁省维护企业及企业家合法权益工作委员会，设立了维权热线，建立了与基层企业和近百名法律工作者的联络渠道，建立了企业及企业家与司法、行政执法部门的对话制度，建立了由 12 家律师事务所组成的全省维权特约服务网和省维权工委律师团，建立了典型、重大侵权案件和冤、假、错案曝光制度。省企联通过 14 名省人大代表联名提交了"加快辽宁省企业和企业经营管理者权益保护的立法议案"。2003 年，辽宁省企联有效阻止了一起铁西区政府违法强迁民营企业的事件，维护了民营企业的合法权益。2004 年 2—9

月,省企联受理并解决了本溪市中级人民法院侵犯本钢劳服公司合法权益案件。使拖了五年的案件获得圆满解决,为企业挽回了重大经济损失。省企联还举办了"诉讼举证研讨会"、"企业依法维护自身权益"专题报告会和各类法律法规培训班 8 次,800 余人参加。编印了《企业维权手册》,详细介绍了省维权工作委员会组成名单、工作内容和规则,为近 2000 户企业提供了便捷的维权工具。省企联先后对锦州石化、金杯汽车等 12 家企业提供了维权服务。

问　题

1. 通过本案例说明三方协商机制的职能有哪些。
2. 通过本案例说明三方协商的意义是什么。
3. 为什么辽宁省三方协商机制能取得明显实效?

答案提示

1. 通过本案例说明三方协商机制的职能

三方协商机制的职能包括:

(1) 咨询和对话。三方通过制度化机制沟通情况和意见,以消除彼此间的误解和偏向,最大程度取得一致意见,平衡各方利益。三方通过制度化机制协商,对劳动立法和劳工政策提出建议并确定基本框架,在源头上消除法律和政策实施可能带来的劳资冲突。

(2) 谈判。主要是确定以工资为中心的劳动标准。劳动标准特别是工资标准,直接涉及雇主和工人的切身利益,同时也直接涉及社会经济政策,因此三方必然有各自的立场和要求,解决问题的基本手段便是谈判。国家级和地区级的谈判主要针对最低工资标准和劳动标准;而产业级和企业级的谈判,则主要针对具体的劳动条件和就业条件。

(3) 仲裁和协调。三方机构与政府或工会等单一的组织机构相比,其意见和态度更易于为社会接受。在发生或可能发生集体劳动争议、罢工时,通过三方委员会努力,可化解冲突,缓解劳资矛盾和社会不满,防止社会动乱发生。

本案例中针对劳动关系中带有普遍性的问题,三方通过召开研讨会、座谈会等形式,积极广泛地征求各方面的意见和建议,三方联合行文,强化政策指导。如省三方联合下发了《关于进一步加强劳动争议处理工作的通知》、《关于贯彻实施〈集体合同规定〉的通知》、《关于妥善处理国有企业改革过程中的劳动关系的意见》、《工资集体协商暂行办法》、《关于进一步规范劳动关系的通知》、《女职工特殊权益专项集体合同暂行办法》等文件,起到了沟通情况、消除误解、平衡利益的作用,体现了咨询和对话。

开展"劳动合同、集体合同双合同月"和集体合同工作大检查活动,通过集体合同的签订和履行,体现了三方协商机制的谈判职能。

制订和谐劳动关系行动计划,建立省市劳动争议仲裁院,开展人力资源管理诚信等级评价活动,维护企业和企业经营者合法权益工作等,通过预防和处理劳动争议的活动,体现了三方协商机制的仲裁和协调职能。

2.通过本案例说明三方协商的意义

市场经济社会劳、资、政追求不同目标,存在利益差异,故对劳动关系等重大问题难免有分歧,由任何一方单独做出决定都会忽略甚至损害其他方利益。现代市场经济社会主张社会生活民主化,认为制定任何宏观经济、社会政策均须发扬民主,吸收与之有关的团体的意见建议,以相互制约,达到不同社会群体间的利益平衡。

三方协商机制体现了劳动关系民主化原则,通过地位对等的协商促进三方的相互了解和良好关系,能起到平衡各方实力、保持和谐统一、促进经济发展特别是改善劳动条件和提高生活水平的作用。

本案例中通过三方召开座谈会、联合发文制定政策、为企业维权、推进集体协商活动、制订和谐劳动关系行动计划、建立省市劳动争议仲裁院、开展人力资源管理诚信等级评价活动等,增进了三方间的理解与合作,更好地平衡了各方利益,以协商的方式解决问题,从而能够起到实现劳动关系和谐、促进经济发展特别是改善劳动条件和提高生活水平的作用。

3.辽宁省三方协商机制能取得明显实效的原因

(1)辽宁省各级领导重视三方协商机制工作。比如,每次例会三方主要领导都参加;省领导专门提出要求各地市要充分发挥三方协商机制的作用,共同构建和谐稳定的劳动关系;省领导参加三方组织的人力资源管理诚信等级评价总结表彰会并讲话;省领导多次肯定三方协商机制在建立和谐社会中所发挥的积极作用等。

(2)三方相互支持、密切配合。辽宁省劳动关系三方协商的成绩还取决于三方紧密配合,形成了合力。如在各项政策的出台、重大活动、劳动关系热点难点问题方面,三方都能够从不同角度进行认真研究和探索并提出自己的意见,并充分交流、友好协商,以达到最好的效果。

(3)大胆探索,工作有创新性和前瞻性。如2003年辽宁省三方率先制订并实施了和谐劳动关系三年行动计划,被劳动和社会保障部立为全国的典范,加以宣传和推广。2006年4月辽宁省三方把每年的4月定为"劳动合同、集体合同双合同月",这在全国也是走在前列的。辽宁省三方还率先建立了劳动争议仲裁院,开展了人力资源管理诚信等级评价活动。2006年7月,辽宁省三方正式通过了我国第一个《女职工特殊权益专项集体合同指导意见》。

案例 6 全国海上劳动关系三方协调机制
启动运行四年[①]

  2009 年 12 月 23 日,由交通运输部、中国海员建设工会、中国船东协会三方组成的全国海上劳动关系三方协调机制(以下简称海上三方机制)正式启动。

  海上三方机制是国家协调劳动关系三方机制框架的重要组成部分,以"构建和谐海上劳动关系、促进航运经济健康发展"为目标,以服务中国航运发展、服务中国船员权益、服务中国航运企业发展为宗旨,是贯彻实施《中华人民共和国劳动法》、《中华人民共和国劳动合同法》、《中华人民共和国船员条例》等法律法规,履行国际劳工组织有关海事公约和《三方协商促进履行国际劳工标准公约》(ILO144 号)等国际公约的重要机制。海上三方机制的建立,构建起了加强政府海上交通主管部门、海员建设工会组织和航运企业组织三方就保护海上劳动关系各方面合法权益等有关重大问题的经常性沟通与协调的协商平台。

  海上三方机制运行四年来,主要取得了如下工作成果:

初步构建起海上三方机制组织体系

  海上三方机制的自身建设是海上三方机制高效运行的组织保障。全国海上三方机制启动后,下发了《关于推进省级海上劳动关系三方协调机制建设的指导意见》,开始着手建立省级海上三方机制。各省市积极响应,按照全国海上三方"公正合理、规范有序、互利共赢、和谐稳定"的要求,结合当地实际,组建区域性的海上三方协调机制。广东、福建、山东、上海、黑龙江、天津、浙江、河北等省(市)先后建立了海上劳动关系三方协调机制;辽宁、江苏、广西、海南、深圳、汕头等省(市)三方协调机制正在积极筹建中,具有中国特色的海上劳动关系三方协调机制组织体系初步形成。

海上三方机制法制建设成效显著

  全国及各省海上三方机制相继建立了工作章程,不断完善海上劳动关系集体协商制度。交通运输部充分发挥政府职能,加强信息公开,促进船员服务市场规范,切实维护船员权益,

---

  ① 整理自:全国海上劳动关系三方协调机制 12 月 23 日正式启动,中央人民政府门户网站,2009 - 12 - 24;劳动关系司:全国海上三方机制全国总结工作部署任务,中华人民共和国人力资源和社会保障部网站,2015 - 06 - 25。

出台了《中华人民共和国海员外派管理规定》、《中华人民共和国船员培训管理规则》、《中华人民共和国海船船员适任考试和发证规则》、《中华人民共和国海船船员值班规则》等部门规章，涵盖了船员注册、培训、考试、发证、值班、服务、外派、权益保护等各个领域，船员管理的法规体系基本形成；海员建设工会和船东协会加强协商，共同推进落实《中国船员集体协议》，引导船东和海员树立集体协商的理念，建立了规范有序的集体协商工作制度。

持续推进海事劳工批约、履约

全国海上三方机制积极参与《2006年海事劳工公约》的批约、履约工作。全国海上三方机制与人力资源社会保障部、外交部等部门一起，共同推进批约工作；通过海员日活动、培训研讨等方式，加强公约的宣传贯彻；制定了《中华人民共和国海员船上工作和生活条件管理办法》等系列履约规范性文件；完成了936艘次中国籍国际航行船舶海事劳工符合证明的检查发证工作；开展了海事劳工符合性检查和委托发证机构审核工作。自该公约生效以来，中国籍国际航行船舶未发生因不符合海事劳工条件而被国外港口国监督检查滞留的情况。

全国海上三方机制还积极参与国际劳工组织和区域性国际事务，参加国际劳工组织理事会、三方筹备委员会会议以及三方专门委员会会议，充分表达我国立场，维护了我国航运和船员的利益。

海上三方机制协商作用日益突出

中国海员建设工会与中国船东协会就船员权益相关事宜进行了集体协商并达成共识，由中国海员建设工会主席李铁桥、中国船东协会会长魏家福分别代表船员和船东签署了内容涉及劳动合同及管理、劳动报酬及福利、工作时间和休息休假等多方面的《中国船员集体协议》。《中国船员集体协议》不仅是我国海员维权机制建设的重要举措，也是我国第一个全国性行业集体协议，填补了我国行业集体协议的一项空白。

开展《中国船员集体协议》三年行动计划。由于海上三方相互协调、相互配合、相互支持，《中国船员集体协议》三年行动计划得以顺利实施。

与国际运输工人联合会就中国船员集体协议的适用性达成了共识。

在广东试点推进《海船船员劳动合同范本》和《内河船员劳动合同范本》。

在协调解决船员劳务纠纷等方面发挥积极作用，特别是在应对涉外海员劳务纠纷处理上，加强合作，维护了中国海员的权益。

海上三方机制的各方在工作中相互配合、协助促进其他方的工作。交通运输部积极转变管理职能，推进简政放权，释放市场活力，服务航运和船员发展，开展了船员个税减免政策研究，推行权利清单、责任清单和负面清单"三个清单"管理模式，出台了便利船员的一系列服务举措；取消了雇用外国籍船员在中国籍船舶上任职审批等4项行政许可和《海员出境证明》签发，下放了特免证明签发、海员外派机构审批等管理事权；在深圳前海试点外资企业在华注册外派机构，推行海员证个人申办、海员证件异地办理、"幸福船员"微信服务等便利措施，取得了良好的社会效益；海员建设工会积极推进基层工会组织建设，提高基层工会服务能力,参与地区行业政策研究,工会服务船员的范围不断拓展。广东省船员服务协会工会联合会正式成立,浙江省舟山市、广东省阳江市等地级市相继建立了海员建设工会。海员建设工会和船东协会开展了"船员劳动关系状况调研"、"海船船员免税问题调研"以及"远洋运输发展战略"等课题研究。加强集体协商,不断完善《中国船员集体协议(A类)》的相关内容,特别是《2006年海事劳工公约》生效后,按照履约要求,双方对集体协议做了全面修改,完善了船东的签约程序,使《中国船员集体协议》更具公信力和国际认可度。制定了《船员在船伤病亡处理行业建议标准》,填补了中国海员在船因工伤亡补偿标准方面的空白;船东协会作为亚洲船东论坛海员委员会主席协会,在亚洲船东论坛的框架下,积极呼吁国际社会关注中国海员,维护中国海员利益,得到了亚洲各国船东的积极响应。

三方共同推进海员文化建设

海上三方充分利用"世界海员日"、"中国航海日"、"海员技能大比武"等活动契机,宣传海员的价值和贡献,弘扬航海文化,唤醒民族海洋意识;表彰优秀海员和海员家属,增强海员的职业荣誉感和自豪感,改善海员发展环境,吸引更多的优秀青年投身于航海事业,2011—2015年,共表彰了320名优秀海员和优秀海嫂。

海员建设工会着力推动海员文化建设,提高海员的社会认知度,组织"媒体走近海员"活动,通过邀请主流媒体记者登轮参观,到海员家属站和海员家中采访慰问,与海员、海嫂座谈等形式,了解海员的工作、生活情况,宣传海员价值。2014年"世界海员日"期间,交通运输部海事局和海员建设工会还邀请了中央电视台、新华社、《人民日报》和《工人日报》等媒体记者随船采访,体验海员生活;人民网"世界海员日"在线访谈、《航海日记:从上海到名古屋的旅程》、央视走基层等主流媒体的报道提高了公众对海员的认识,引起了很大的社会反响,传播了海员文化的正能量。

2015年6月,全国海上劳动关系三方协调机制在北京召开工作会议,在对海上三方机制组建四年来的工作进行全面总结的基础上,提出了今后两年的主要工作任务:

一、进一步加强三方协调机制建设

一要进一步完善全国和地方海上三方协调机制组织体系,加快推进辽宁、江苏等省级海上三方协调机制建设,逐步形成多层次、全覆盖的海上三方组织架构和工作格局,夯实三方协调机制组织基础;二要加强全国海上三方机制制度建设,进一步完善工作章程和办公室工作制度,加强对地方海上三方机制的工作指导,研究建立与地方各级海上三方协调机制的良好合作机制,为全国和地方海上三方协调机制的有效运行提供组织和制度保障;三要不断拓展全国海上三方机制工作的领域和协商内容,加强专业委员会建设,在政策法规、工资分配、集体协商、调解仲裁等专业领域,建立以业界专家、高校学者和相关专业人才组成的专业委员会,开展我国海上劳动关系领域重大问题对策研究,为海上三方机制提供专业建议和技术支持。

二、加快推进和谐海上劳动关系建设

以推进集体协商和集体合同制度为抓手,筑牢和谐海上劳动关系。一要加强调研,研究建立船员工资统一指导标准,加快建立企业薪酬调查和信息发布制度,推动中国船员工资结构的规范化。二要积极稳妥地推进集体协商工作,大力开展省级集体协商。要制定船员劳动合同范本,为集体协商双方提供参考。要加强集体协商专职指导员队伍建设,健全集体协商争议处理机制,做好船员投诉处理机制的建设工作。三要鼓励国有大中型航运企业发挥带头作用,通过集体协商签订船员集体协议,使集体协议在基层得以落实,切实维护船员的合法权益。四要优化企业发展环境,维护企业合法权益,指导航运企业开展和谐劳动关系建设。

三、建立海上劳动关系分析研判机制

对海上劳动关系和谐程度的评价是构建和改善海上劳动关系的基础。一要开展海上劳动关系评价指标体系研究,密切关注国内外经济形势变化对海上劳动关系的影响。研究建立航运企业船员人工成本宏观监测系统,共同开展对海上劳动关系领域热点难点问题和趋势性问题的研究,特别是海员涉外劳动纠纷问题的研究,妥善解决海上劳动关系的突出矛盾和重大问题。二要加强对海上劳动关系形势的监测和分析研判,增强工作的针对性和预见性,共同编写年度海上劳动关系形势报告。三要进一步规范海员劳务派遣行为,督促和引导用工单位规范使用劳务外派海员,严肃查处侵害派遣海员合法权益的行为。

四、全面推进劳工公约批约履约工作

海事劳工公约批约工作已进入实质性阶段,2015 年有望通过全国人大常委会批准,并在一年后在我国正式实施。相关部门将共同推动批约,并做好各项履约准备工作。一要持续跟踪海事劳工公约动态,研究公约对我国的影响,全面评估履约前期工作,按照公约要求,协商确定履约对象、范围和工作机制;二要研究建立海员雇主责任保险等财政担保体系,研究如何发挥三方的专业优势,为船员权益保护提供畅通的援助途径和专业指导,为公约修正案的后续实施做好准备,并共同推动国内相关法规的修改和制定;三要加强劳工公约研究、劳工检查和管理人才培养,为我国全面有效履行劳工公约提供人才保障。

五、持续改善海员职业发展环境

海员发展环境的持续改善将影响到我国海员队伍的长远发展,一要加强宏观政策和战略研究,丰富完善海员强国内涵,编制《中国船员发展战略规划》,明确海员强国战略目标和行动路线。开展《中华人民共和国船员法》立法、《中华人民共和国船员条例》修订及海员职业健康安全标准研究。研究建立中国海员公共服务体系,建立中国船员信息发布机制,编制《中国船员发展报告》,探索建立中国船员指数,增强船员市场透明度和自我调节功能。二要稳步推进海员市场开放,按照"三个有利于"的原则,合理设计我国海员市场的开放政策,逐步推动我国海员市场的开放进程。三要加强与外交部、公安部、财政部、人力资源社会保障部、商务部、教育部等部门的沟通和协作,积极争取国家在海员职业保障、个税减免和航海教育等方面的优惠政策,认真研究并主动对接国家和地方政府在职业教育、自贸区等方面的新政策,努力创造有利于海员发展的良好环境。

六、不断深化海员文化建设成果

今后两年,在海员文化建设已取得成果的基础上,一要继续借力"中国航海日"、"世界海

员日"、海员技能大比武等活动,表彰优秀海员及海员家属,全面宣传海员价值和贡献,提升海员职业的社会认知;二要通过编写《中国海员史》,全面整理中国历史上杰出的航海家、航海事件的代表人物及其史料,极力展现民族性格,凝聚和团结海员,为航海事业做出更大的贡献;三要开设船员权益保护、责任意识、规则意识等培训课程,提高船员综合素质,促进船员自身发展。

问　题

1. 本案例中"全国海上三方机制"在我国三方协商机制的结构中属于哪个层级?
2. 本案例中"全国海上三方机制"的主体是哪三方?
3. 我国"全国海上劳动关系三方协调机制"启动运行的时间?
4. 本案例中海上交通运输业三方协商的主要内容是什么?
5. 本案例中"全国海上劳动关系三方协调机制"的建立有什么意义?

答案提示

1. 本案例中"全国海上三方机制"在我国三方协商机制的结构中的层级

我国三方协商机制的结构分为四个(也可看作国家、地方、企业三个层级)既分工又合作的方面,即国家级的三方协商机制、产业一级的三方协商机制、地方一级的三方协商机制(具体又包括省级三方协商机制,地市级三方协商机制,区、县三方协商机制,街道、乡镇、社区三方协商机制)和企业一级的三方协商机制。本案例中"全国海上三方机制"属于产业一级的三方协商机制,是海上交通运输业的三方协商机制。

2. 本案例中"全国海上三方机制"的主体

产业一级三方协商的主体是政府的产业部门、产业的雇主协会和产业工会。具体到本案例是交通运输部、中国海员建设工会、中国船东协会三方。

3. 我国"全国海上劳动关系三方协调机制"启动运行的时间

2009 年 12 月 23 日,"全国海上劳动关系三方协调机制"正式启动。

4. 本案例中海上交通运输业三方协商的主要内容

我国产业一级三方协商的主要内容:一是本产业的国际劳工标准;二是与本产业发展有关的经济和社会问题;三是本产业的劳动关系和劳动标准。

本案例中具体为:

全国海上三方机制积极参与《2006 年海事劳工公约》的批约、履约工作。如与人力资源社会保障部、外交部等部门共同推进批约,通过海员日活动、培训研讨等方式,加强公约的宣传贯彻,制定《中华人民共和国海员船上工作和生活条件管理办法》等系列履约规范性文件,开展海事劳工符合性检查和委托发证机构审核工作等。全国海上三方机制还积极参与国际劳工组织和区域性国际事务,参加国际劳工组织理事会、三方筹备委员会会议以及三方专门委员会会议。

海上三方机制还就海上交通运输产业发展有关的经济和社会问题展开协商。如海上三方机制提出,要加强与外交部、公安部、财政部、人力资源社会保障部、商务部、教育部等部门的沟通和协作,积极争取国家在海员职业保障、个税减免和航海教育等方面的优惠政策,认真研究并主动对接国家和地方政府在职业教育、自贸区等方面的新政策,努力创造有利于海员发展的良好环境。

海上三方机制还开展了海上交通运输产业的劳动关系和劳动标准的协商。如三方协作开展《中国船员集体协议》三年行动计划;在广东试点推进《海船船员劳动合同范本》和《内河船员劳动合同范本》;协调解决船员劳务纠纷特别是应对涉外海员劳务纠纷;不断深化海员文化建设;要加强调研,研究建立船员工资统一指导标准,加快建立企业薪酬调查和信息发布制度,推动中国船员工资结构的规范化等。

5. 本案例中"全国海上劳动关系三方协调机制"建立的意义

海上三方机制以服务中国航运发展、服务中国船员权益、服务中国航运企业发展为宗旨,是国家协调劳动关系三方机制框架的重要组成部分。海上三方机制的建立,构建起了加强政府海上交通主管部门、海员建设工会组织和航运企业组织三方经常性沟通与协调的协商平台,有利于维护广大海员和航运企业的合法权益,促进我国航运事业持续健康发展。

第五编

产业行动部分

案例 1　瑞典的产业行动规制[①]

一、现代劳工市场制度形成时期(1850年至1890年)

1850年前后,瑞典开始进入以蒸汽机使用和铁路建设为主要特点的技术革新时期。受新兴的自由主义思想影响,国家开始放松对经济与商业的控制。

1846年,政府颁布的《工厂与手工业条例》中,首次肯定了"劳动自由"的原则,主张劳资双方"平等地"就工资和其他雇用条件达成个人契约,以取代重商主义时期国家规定的工资条例和其他雇用条件。通过改革,无业人员的流动不再被视为"犯罪",不须被遣送强制性劳动或者押送当兵,人员流动也不再需要批"路条"。

1864年公布的经济法规又确定了"经济自由"的原则,规定所有公民都有权组织起来实现其经济目标,从而取消了对工会和罢工的禁令。

随着上述两大自由原则的实施,人员流动的可能性大大增加,工人可以用脚进行选择,从而形成劳动市场。建立以个人契约为标志的劳动市场规则是自启蒙时期开始的瑞典现代化变革的一部分。这一改革为新兴的资产阶级招募职工提供了方便,从而为瑞典工业化的突破和发展创造了条件。

二、围绕劳工三权的博弈与规制(1890年至1930年)

瑞典工业化的第二阶段变革开始于1890年。工业产品附加值大大提高和与银行密切合作的大工业的出现是这次工业化浪潮的特点。1872年至1912年间瑞典工人增加了7倍,而2/3以上的工人在职工总数超过100人以上的大中企业工作。电力技术和内燃机的使用大大改善了交通,增加了城市在经济发展中的重要性。

工业的发展和人口向城市的流动使贫富差距迅速扩大。工人为改善其经济地位开始组织起来。1850年瑞典出现第一个工会。1880年斯德哥尔摩木工协会的成立标志着现代工会在瑞典最终取得突破。1889年社会民主主义工人党(以下简称社民党)成立,参与成立的代表2/3来自工会组织。1898年社民党领导下的瑞典总工会LO成立。瑞典雇主也随之组织起来。1873年,瑞典第一个雇主组织——斯德哥尔摩面包坊业主协会成立,1893年第一个全国性雇主协会——瑞典印刷业主联合会成立。1902年,瑞典雇主总会(SAF)成立。在它们的影响下,公私部门的职员们也开始组织起来维护自身利益。

[①]　整理自:高锋:瑞典处理劳资矛盾和工资问题的启示,中国改革网,2011-07-04。

激烈较量

组织起来的劳资双方展开了激烈较量。斗争不仅涉及工资和其他工作条件,而且更多地涉及成立工会的权利、工会代表工人谈判的权利和工人罢工的权利等一系列集体劳权问题。开始时资方以种种借口拒绝与工会谈判——他们宣称由工会代表工人谈判不符合个人契约原则,说工会受外来社会主义分子的控制等。他们或者阻挠工人成立工会,或者派人组织"自己的工会"。他们从外地,甚至从国外雇人来破坏罢工,动辄关闭发生罢工的工厂,甚至会关闭整个行业的工厂,以打垮工会组织。1905 年,3400 名冶金工人举行罢工,资方却下令关闭 101 个工厂,强迫 17500 个工人下岗,以向工会施加压力。对不服从其命令的工会领导人,资方肆意开除并将其列入黑名单,使其难以找到新工作。许多工人在罢工失败后被迫移居国外。政府对劳资冲突表面上保持中立,但却通过法律禁止工会(在罢工时)劝阻工人上班。1899 年通过的奥卡尔普法案甚至宣布,仅仅有阻止罢工者上班的企图即为"有罪"。但压迫愈厉反抗愈大。瑞典劳资冲突到 20 世纪初达到白热化程度。1909 年 30 万工人参加的历时三个多月的大罢工,成为当时欧洲最大规模的劳资冲突。

12 月妥协

在为工人结社权、谈判权和集体协议权继续对抗下去会对资方变为一种损失更大的选择之后,集体谈判与集体合同制度在瑞典开始建立起来。1869 年,斯德哥尔摩建筑工人经过罢工后与资方签署第一份集体工资协议。经过 30 年的激烈较量,瑞典大型企业也开始接受集体劳资协议。1896 年,哥德堡铸工工会与资方签署了劳资集体协议。同年,烟草工业劳资双方又就工资问题达成第一份全国行业性集体协议。1905 年,经过四个月罢工后,机械工业劳资双方签署了《关于处理工人与雇主争端的规则》和《关于最低工资、计件工作、正常工作时间和加班等问题的规定》。这些协议不仅涉及工资和劳动条件问题,而且涉及处理劳资关系的一些根本性规则。实际上,瑞典资产阶级接受集体协议后不久就开始调整策略,主张规范集体协议并提高谈判级别,以使劳资集体协议在不威胁资方支配性地位的情况下,带来劳动市场和平。1906 年 12 月,总工会同意接受雇主总会坚持的"雇主有权自由地录用并解雇工人、领导并分配工作"的权利;而资方则明确接受工人结社权、集体协议权和工会会员不受迫害的权利。这个被后人称为"12 月妥协"的决定,为集体协议代替个人契约成为瑞典劳动市场解决劳资矛盾的主要方式扫清了道路。

立法措施

但集体协议的推广在后来的二十多年里并没有为瑞典带来真正的劳工和平。工会(也有雇主)要求改变或者调整协议的争端层出不穷。为了解决有关争端,1906 年,政府通过立法建立了国家调解员制度;1920 年,政府修改法律并建立了由劳资双方代表共同参加的仲裁委员会。这些对缓解劳资纠纷虽然起了一定作用,但是否接受调解和仲裁在当时由劳资双方自行决定,因此这些机构对于维护劳动市场和平的作用是有限的。

在 20 世纪 20 年代连续几次发生大规模冲突之后,当时执政的自由党决定通过立法进行干预。1928 年,议会通过了《集体协议与劳动法庭法》,并规定下列斗争措施属于合法行为:

（1）在不存在协议或协议已经过期时因"利益冲突"而采取的斗争措施（罢工或者闭厂）。

（2）为有关方的合法斗争所采取的同情性斗争措施。

对在协议有效期内，因对协议解释不同或者执行协议中出现的"法律争端"所采取任何斗争措施都是非法的，在协议有效期间破坏"和平义务"的工会或者雇主得给予法律惩罚。对参加非法罢工的工人将罚款200克朗（约一个月工资）。

国家和劳资双方代表将共同组建"劳动法庭"审理有关"法律争端"。

《集体协议与劳动法庭法》划清了劳资合法权利（罢工或闭厂）与非法斗争之间的界限，为瑞典劳资关系走向法制化、稳定化创造了重要条件。在法律的支持下，集体协议逐渐变成比个人契约更为有效的劳资矛盾和工资问题的解决办法。

集体谈判与集体协议使得资方收集信息、举行谈判并对达成的协议进行监督等费用大大下降。在资方眼里，工会不再仅仅是控制劳力供应以实现其提高工资要求的"垄断性组织"，而且也可成为降低工资"交易费用"的谈判对手和企业与工人沟通联系的重要渠道。

三、瑞典模式的光辉年代（1930 年至 1975 年）

劳动法庭建立不久，瑞典就与其他西方国家一起卷入 20 世纪 30 年代的经济大萧条。当时瑞典围绕着汽车、造船等新兴产业刚刚开始第三次工业结构大变革。一系列大型出口企业以福特主义为原则建立起来，并走向国际市场。但国际经济萧条的袭击使瑞典经济结构变革困难重重，而政府当时推行的降低工资、减少开支的政策，也使国内需求持续下降，失业人数猛增。1931 年，军队向游行工人开枪并打死 5 名工人的事件标志着劳资矛盾的爆炸性发展。

咸水湖浴场协议

1932 年，瑞典社民党在严重危机中上台后奉行新经济政策，政府在发行公债、兴建公共设施、刺激经济回升的同时，努力稳定劳动市场。社民党在资助工会建立失业基金后，支持企业建立了投资基金。1938 年，在政府支持下，总工会与雇主总会通过谈判就劳工关系、生产和技术、劳动环境和劳动保护等问题达成了总体协议。这个被称为咸水湖浴场（译音：萨尔特舍巴登）协议的历史性文件对 1928 年法律做出了重要补充。协议规定：

有关工资和其他劳动条件等劳资矛盾得通过谈判解决；

在谈判开始前和谈判期间任何一方不得采取斗争措施；

在地方谈判未果的情况下得开始联合会（中央级）谈判；

在谈判失败并采取斗争手段时得事先通报对方及有关单位（为讨还拖欠工资而采取的斗争除外）。

违反上述程序的一方将会受到制裁。

协议还规定，成立由双方代表组成的劳动市场委员会，讨论并处理有关企业民主、辞退原则、劳资冲突不应造成"社会危险"和不应影响"第三方"利益等问题。

这个协议是瑞典现代史上最著名的劳资双边协议。协议和协议创造的劳资"谅解精神"使瑞典劳资谈判和集体协议真正走上了程序化、制度化轨道，为劳工市场的长期和平与稳定创造了条件，也为瑞典社民党长达 44 年的连续执政和瑞典福利国家建设奠定了基础。

瑞典模式

二战结束后，瑞典第三次工业结构调整继续深入发展，各国重建带来的大批订货使瑞典经济迅速增长并国际化。在经济发展中，如何使劳动人民得到更多实惠，同时又不影响企业竞争力呢？为此，瑞典总工会在20世纪50年代提出了团结工资政策。

总工会专家认为工会与政府的任务不同，工会的责任就是代表工人利益，为提高职工待遇而奋斗。工资增长幅度虽然不能超过社会生产率的提高幅度，但工资的多少只能取决于工作的性质和要求，如难度、危险、保障安全和所受教育程度及其技能的高低等。"工人不能为亏损企业勒紧腰带"，公平的工资只能来自同工同酬。在不同企业间追求同工同酬目标必将会加重那些设备陈旧、效率低下企业的负担，使经受不起这种内部压力和国际竞争的企业被淘汰。总工会专家建议，政府借此机会对失业工人进行培训，帮助其流动，以推动企业更新换代，同时应该利用财政与税收政策促进经济的稳定发展。

工会的团结工资政策使瑞典出口企业得以比其竞争对手支付较低的劳动费用。而工会对技术变革的支持，更加受到资方的欢迎。自1956年到1983年，瑞典总工会与雇主总会就工资和其他劳动条件举行了多次全国统一谈判。双方谈判为整个劳工市场确定工资增长总幅度后，由各行业联合会和地方分会落实到个人，从而使瑞典劳工市场出现了30年的和平。期间，社民党政府应工会要求实行积极的劳动市场政策，对失业职工进行免费培训并资助他们向高技术产业流动，从而推动了瑞典产业升级和经济结构变革。在工会的支持下，政府还通过税收建立了"从摇篮到坟墓"的一整套社会福利，使劳方所得（工资和资方代缴的社会保险费）占国民收入的比例由1950年的57%上升到1980年的78%，随着经济的全球化发展又逐步回落到2005年的69%水平上。

控制工资增长总量

为了便于进行谈判，劳资双方专家在工资统计方面进行密切合作，努力使工资增长幅度保持在社会经济承受能力以内。20世纪60年代末，总工会、职员协会中央组织和雇主总会专家经过联合调查后发表报告指出，瑞典作为一个严重依赖外贸的小国，其经济可分为两大部分，即受到外国竞争威胁的产业（简称k产业）和受到国家保护的产业。瑞典的社会产值主要取决于k产业的发展，因此工资增长总幅度不能超过该产业生产率增长和国际市场价格上涨幅度的总和。这个理论为瑞典等北欧工业化小国计算国民经济对工资增长的承受能力提供了某种借鉴。

几个具体做法

尽管在每次谈判中双方代表都很强硬，甚至也发生一些较大规模的冲突，但双方最后总能找到妥协办法并达成新的集体协议。而且在每次新谈判开始之前，人们都发现许多职工的实际工资增长幅度大大超过了协议规定。这是因为许多企业往往愿意出比协议规定的更多的钱来刺激职工的积极性或吸引技术水平较高的职工。这种协议外的增长幅度在一些企业中能达到甚至超过协议规定的增长幅度，从而使其他企业职工，特别是公共部门职工的工资发展落在后面。为了减少市场机制所带来的这种苦乐不均的现象，谈判前工会（首先是公共部门）往往要求从工资增长总额中先留出一部分用于补偿那些协议外工资增长很少的职工。在这种要求难以实现时，他们就要求在新协议中对此做出某些具体规定，例如：

工资增长补偿条款。这种条款在 20 世纪 70 年代颇为流行。人们往往拿工业工人的额外工资增长幅度作标准，如 1974 年的协议把这一金额估定为每小时 0.55 克朗，规定其他成年工人的协议外工资增长幅度如达不到 0.55 克朗/小时，年底应自动上调到此数。同年，在国家雇员的工资协议中把整个劳动市场上的这种增长幅度规定为 3%，规定其中的 0.6% 自协议生效起增长，剩下的 2.4% 到年底才生效。在另外一些协议中有时把这种补偿分为两部分，前一部分立即支付，后一部分只有在协议中用来作为对比标准的职工（如产业工人）的协议增长幅度超过了原估计时才实行。补偿程度有大有小，但一般不超过 80%。

物价上涨保证条款。除工资的多少之外，对职工生活影响最大的因素是物价上涨，因此在一些工资协议中还写入了"物价上涨保证条款"，即规定物价上涨一旦超过某一界限，双方就必须重新进行谈判，或者干脆规定按协议条款使职工自动得到一定补偿。

劳资双方在政府不干预的情况下通过谈判直接解决工资和其他工作条件问题，以为经济发展和福利国家建设创造条件的做法被人称为瑞典模式。这一谈判制度的实行使瑞典劳资冲突费用在 30 年的时间里基本消失，正在扩大的出口工业工资开支也被压到其竞争对手之下，为经济的发展创造了有利条件。经过国家税收和福利等措施平衡后，劳动人民在国民收入分配中的所得份额逐步提高，社会差距进一步缩小，劳动人民的生老病死有保障，从而使瑞典社会得以和谐发展。

四、走向新的谈判规则（1975 年至 2000 年）

随着石油危机的爆发，瑞典经济的内外环境发生了重大变化。在工业人口下降，越来越多的人转向服务业的同时，在工业内部也发生了新的结构变革。一些老旧产业在新技术和新组织的帮助下转向增值较高的产品。而在信息技术和生化技术领域内出现一批新产业。信息社会的诞生和瑞典加入欧盟等经济全球化发展使瑞典劳工市场机制受到新的挑战。

新的探索

由总工会和雇主总会主持的劳资统一谈判，如同上文所讲，进入 20 世纪 70 年代变得日趋复杂，难以适应这种经济全球化、信息化发展。1980 年发生的 85 万工人卷入的劳工冲突，使人们开始探讨新的道路。1983 年，瑞典工业界最有影响力的两大行业联合会——冶金工会和机械业联合会率先开始行业协会级谈判，打破了近 30 年的统一谈判模式。1988 年，总工会与雇主总会重新统一谈判，但未能控制劳动费用的膨胀。1990 年，雇主总会决定放弃统一谈判制度。但当时的行业协会谈判不受"和平义务"的约束，加上随着公共部门工会力量增长而出现的行业工会间争夺谈判领导权的斗争，瑞典劳动市场在 20 世纪后期再次出现了劳资冲突倍增、劳动费用猛长、企业竞争力下降的局面。社民党政府在总工会支持下于 1983 年提出的职工基金法案受到资方的激烈反对，劳资"谅解精神"由此也受到很大破坏。

工业协议

面对这种局面，社民党政府于 1996 年提议与劳资双方进行协商。1997 年，这场协商演变成劳资双方八大组织就如何进行工资谈判和维护瑞典企业竞争力问题举行的谈判，并达成了一份新的历史性文件——《工业发展与工资形成协议》，简称《工业协议》。

在协议中,劳资双方保证"在和平条件下"通过"建设性谈判"解决利益争端,以维护企业竞争力并实现双方利益相互"平衡的结果"。这一旨在就工资和雇用条件问题达成全国性协议的谈判主要在行业工会与相应的雇主协会之间进行。双方下属组织同意接受协议的约束并在协议有效期内保持劳动市场和平。

双方达成的新谈判程序规定,在原有劳资协议到期之前三个月双方即进行新的谈判。如果谈判出现困难,应双方要求(或者一方),国家调解协会为其提供一个中立的谈判主持人或者调解人。如果谈判破裂,双方可以采取罢工或闭厂等斗争措施。但采取斗争手段或者扩大斗争范围的一方得在七个工作日前警告对方并将其警告通报调解协会。事前不发出警告而采取的斗争措施者须向国家缴纳罚金。地方或基层工会与雇主间的谈判涉及的是在全国性协议中下放到基层谈判解决的问题,因此谈判得在和平条件下进行。对达成的协议或者对有关法律存在不同解释或者在执行中出现争端时双方得先进行谈判,谈判失败后才能上告劳动法院。

2000年,政府修改了1906年国家调解员法并授权新成立的瑞典调解协会在谈判已经破裂或者斗争措施已经开始的情况下自行任命调解人并进行强制性调解,以维护劳动市场和平。

新的机制

这个以行业联合会谈判为基础、以《工业协议》和调解协会为支柱的、面向企业、面向职工的多样化劳动市场的谈判机制使瑞典工业再次在劳资谈判中成为主导性产业,并在21世纪的多次劳资谈判中显示了新的活力,发挥了积极作用。自2001年起,瑞典劳动力开支开始降至欧盟的平均水平以下,从而提高了瑞典企业的国际竞争力,改善了瑞典应对经济全球化和国际金融危机挑战的能力。

在各方的共同努力下,瑞典通货膨胀率下降,职工实际可支配收入自1996年至2008年间平均增长49%,出现了多年来少有的连续上升的势头。但由于市场地位的上升和经济全球化发展,瑞典行业劳资协议不再像过去那样为低收入者专门留出增长额度,而将40%左右的工资增长额度交由地方、企业甚至个人谈判决定,从而使收入差距重新拉大。瑞典可支配收入差距(基尼系数)同期由0.25提高到约0.28水平。

问 题

1. 试述瑞典劳资冲突调整的演进历程。
2. 西方国家怎样规制罢工?
3. 本案例中瑞典是怎样对罢工进行规制的?

答案提示

1. 瑞典劳资冲突调整的演进历程

瑞典劳资冲突调整的演进大致经历了如下几个阶段:

第一阶段，是 1850 年至 1890 年的现代劳工市场制度形成时期。由于"劳动自由"和"经济自由"原则的实施，取消了对人员流动的限制，从而形成了劳动市场；劳资双方可以"平等地"就工资和其他雇用条件达成个人契约。从此，签订个人契约成为解决劳资矛盾的主要方式。

第二阶段，是 1890 年至 1930 年围绕劳工三权展开博弈并形成规制的时期。组织起来的劳资双方围绕工资、工作条件，特别是组织工会、集体谈判和罢工权利展开了激烈较量，劳资冲突达到白热化程度。为避免冲突带来更大的损失，1906 年 12 月，劳资双方达成妥协——总工会同意接受雇主总会坚持的"雇主有权自由地录用并解雇工人、领导并分配工作"的权利；而资方则明确接受工人结社权、集体协议权和工会会员不受迫害的权利。这个被后人称为"12 月妥协"的决定，为集体协议代替个人契约成为瑞典劳动市场解决劳资矛盾的主要方式扫清了道路。

但此妥协并未给劳资带来真正的和平。于是，当时执政的自由党决定通过立法进行干预。1928 年，议会通过了《集体协议与劳动法庭法》，划清了劳资合法权利（罢工或闭厂）与非法斗争之间的界限，并由劳、资、政代表共同组建"劳动法庭"审理有关"法律争端"，为瑞典劳资关系走向法制化、稳定化创造了重要条件。在法律的支持下，集体协议逐渐变成比个人契约更为有效的劳资矛盾和工资问题的解决办法。

第三阶段，是 1930 年至 1975 年的瑞典模式年代。由于 20 世纪 30 年代的经济大萧条，国内需求持续下降，失业人数猛增，劳动关系再度紧张起来。为此，1938 年，在政府支持下总工会与雇主总会通过谈判，就劳工关系等问题达成了总体协议，对 1928 年法律做出了重要补充。该协议对集体协商和罢工进行了进一步规制，它所创造的劳资"谅解精神"使瑞典劳资谈判和集体协议真正走上了程序化、制度化轨道，为劳动关系的长期稳定创造了条件。

二战后，为使工人得到更多实惠，同时又不影响企业竞争力，瑞典总工会在 20 世纪 50 年代提出了在不同企业间追求同工同酬目标的团结工资政策。团结工资政策提高了瑞典企业的竞争力，加之工会对技术变革的支持，更加受到资方的欢迎。自 1956 年到 1983 年，瑞典总工会与雇主总会就工资和其他劳动条件举行了多次全国统一谈判。劳资双方在政府不干预的情况下通过谈判直接解决工资和其他工作条件问题，以为经济发展和福利国家建设创造条件的做法被人称为瑞典模式。这一谈判制度的实行使瑞典劳资冲突费用在 30 年的时间里基本消失，正在扩大的出口工业工资开支也被压到其竞争对手之下，为经济的发展创造了有利条件。

第四阶段，是 1975 年至 2000 年为应对信息化和全球化而走向新规则的时代。

20 世纪 70 年代以后，石油危机、信息化、全球化等使得由总工会和雇主总会主持的劳资统一谈判难以适应，劳资冲突再度加剧。1990 年，雇主总会放弃统一谈判制度，"和平义务"的约束被打破，劳资"谅解精神"也受到很大破坏。

为此，1997 年，劳资双方达成了一份新的历史性文件——《工业发展与工资形成协议》。该协议对集体谈判和罢工、闭厂等斗争措施进行了进一步规制，使劳资双方"在和平条件下"通过"建设性谈判"解决利益争端，以维护企业竞争力并实现双方利益相互"平衡的结果"。

对达成的协议或者对有关法律存在不同解释或者在执行中出现争端时双方得先进行谈判,谈判失败后才能上告劳动法院。2000年,政府修改了1906年国家调解员法并授权新成立的瑞典调解协会在谈判已经破裂或者斗争措施已经开始的情况下自行任命调解人并进行强制性调解,以维护劳动市场和平。

这个以行业联合会谈判为基础、以《工业协议》和调解协会为支柱的谈判机制对瑞典劳动关系发挥了积极作用,职工实际可支配收入大幅增长,并提高了瑞典企业的国际竞争力,改善了瑞典应对经济全球化和国际金融危机挑战的能力。

2. 西方国家怎样规制罢工

（1）确认罢工权

罢工是市场经济条件下劳动者对抗雇主以维护切身利益的主要抗争手段之一;罢工权与团结权、集体谈判权共同构成了市场经济条件下劳动者的基本权。这些权利互相联系作用——团结权是基础,集体谈判权是核心,罢工权是保障,是劳动者最后和最高的斗争手段;罢工作用更在于"威慑",是对雇主的压力和制约,使之有所畏忌而更谨慎地处理劳资关系。

目前,罢工权在市场经济国家被普遍认定为一项公民权利,它是工资劳动者与雇主长期斗争而获得的成果,也是市场经济发展的客观要求。这一权利,在大多数国家是作为宪法权利规定的。有些国家除宪法规定了罢工权外,还在劳动法中加以罢工权行使的具体规定,有的国家虽然宪法没有规定罢工权,但在劳动法中明确予以规定。

确认罢工权即罢工的合法地位,意味着合法的罢工,劳动者在罢工期间享有特定的法律保障——民事免责和刑事免责。

（2）合法罢工要件

在成熟的市场经济国家,合法的罢工,一般由以下具体要件构成:

第一,组织主体合法。指必须由合法的工会组织劳动者罢工。由工会组织罢工,能够保证罢工行为的有序性,避免社会混乱的情形,也有利于劳资双方的协商谈判。在劳动基本权立法比较健全的国家,把那些没有工会领导的、劳动者自发的、无组织的罢工,称作"野猫罢工",不符合合法罢工要件的,不受法律保护,不具备民事免责和刑事免责的资格。

第二,目的合法。指必须以缔结集体合同为目的。罢工的基本作用,是以其作为压力手段来促使集体合同的缔结从而达到劳动关系之调整。在集体合同履行期间,当事人有和平义务。因而,对于合同已经规定的事项发动罢工则为非法。罢工应当以集体合同未规定或未履行的事项,作为其目的才合法。在集体谈判中若发生争议,经交涉、调解,如能达成一致,可缔结新的集体合同;若调解不成,即可通过罢工来达此目的。一般说来,各国法律都禁止政治性目的的罢工,即以破坏劳动关系和谐为手段,实现政治目的的罢工是非法的。

第三,行为主体合法。指罢工者所从事的职业和行业是法律所允许的,目的在于罢工时不对社会和经济秩序的稳定和安全构成威胁。

一是对职业的限制。主要是规定国家公务员、国有企业的职员以及其他公职人员,不得举行或参与罢工,并不得举行和参与怠工、静坐等一切集体争议行为,违者将受到免职或解雇的行政处分,严重者追究其刑事责任。

二是对行业的限制。主要是对于公用事业以及关系国计民生或国家安全等行业的罢工进行限制，其中包括运输、邮电、煤气、公共交通、医疗、军事工业等。有些限制是针对某些行业的关键部门，如矿山罢工，其发电和通风部门不得参与，以保证矿井和未参加罢工人员的安全。

第四，程序合法。各国法律一般规定，在集体谈判的正常处理机制（行政机制和司法机制）运行期间不得举行罢工或闭厂。即解决劳动争议的正常机制不能奏效时才可罢工，罢工只能作为解决争议的最后手段。

许多国家要求，决定罢工时需提前申请且罢工必须在多数工人赞同的情况下才可举行。工会必须严格履行信息告知程序。

第五，方式、手段合法。各国法律一般规定，罢工必须遵循和平之义务。罢工必须采用和平、正当而非暴力的手段进行，罢工者不得借罢工之名对雇主及他人实行人身和财产侵害，更不能以暴力手段危害其他社会成员的合法权益。

总之，在市场经济国家，罢工权是一项劳动基本权、一项公民权利，既受法律保护也受法律限制。合法的罢工必须满足一定的法定条件，劳动者罢工权的行使是在遵循"有理"、"有节"的原则下"有序"进行的。合法的罢工起因于集体合同缔结时双方经济利益矛盾激化，谈判无法达成一致意见（甚至通过调解、仲裁后意见仍不能一致），劳动者利用自己的罢工权，在履行合法手续后，依法发动罢工，通过罢工期间制度化的解决办法，使双方重新走回谈判桌前继续谈判，进而达成一致意见，变更或签订集体合同，罢工结束。

（3）罢工的处理和解决

采取积极措施提前化解及尽快结束罢工是各国劳动争议处理制度完善和进步的方向。较有成效的解决方法有和解、调解、实情调查、仲裁以及三方协商机制发挥协调、仲裁职能。

3. 瑞典对罢工的规制

（1）对工人罢工权的承认。1864年公布的经济法规又确定了"经济自由"的原则，规定所有公民都有权组织起来实现其经济目标，从而取消了对工会和罢工的禁令。

罢工是市场经济条件下劳动者对抗雇主以维护切身利益的主要抗争手段之一；罢工权与团结权、集体谈判权共同构成了市场经济条件下劳动的基本权。这些权利互相联系作用——团结权是基础，集体谈判权是核心，罢工权是保障，是劳动者最后和最高的斗争手段；罢工作用更在于"威慑"，是对雇主的压力和制约，使之有所畏忌而更谨慎地处理劳资关系。

确认罢工权即罢工的合法地位，意味着合法的罢工，劳动者在罢工期间享有特定的法律保障——民事免责和刑事免责。

（2）1928年，议会通过了《集体协议与劳动法庭法》，对罢工做出如下规制：

首先，规定下列斗争措施属于合法行为：在不存在协议或协议已经过期时因"利益冲突"而采取的斗争措施（罢工或者闭厂）；为有关方的合法斗争所采取的同情性斗争措施。

其次，对在集体协议有效期内，因对集体协议解释不同或者执行集体协议中出现的"法律争端"所采取的任何斗争措施都是非法的；在集体协议有效期间破坏"和平义务"的工会或者雇主得给予法律惩罚。对参加非法罢工的工人将罚款200克朗（约一个月工资）。

（3）1938 年，在政府支持下总工会与雇主总会通过谈判就劳工关系、生产和技术、劳动环境和劳动保护等问题达成了总体协议，对 1928 年法律做出了重要补充。协议规定：有关工资和其他劳动条件等劳资矛盾得通过谈判解决；在谈判开始前和谈判期间任何一方不得采取斗争措施；在地方谈判未果的情况下得开始联合会（中央级）谈判；在谈判失败并采取斗争手段得事先通报对方及有关单位（为讨还拖欠工资而采取的斗争除外）；违反上述程序的一方将会受到制裁。

成立由双方代表组成的劳动市场委员会，讨论并处理劳资冲突不应造成"社会危险"和不应影响"第三方"利益等问题。

（4）1997 年，劳资双方八大组织就如何进行工资谈判和维护瑞典企业竞争力问题举行谈判，并达成了一份新的历史性文件——《工业发展与工资形成协议》。协议规定：

劳资双方保证"在和平条件下"通过"建设性谈判"解决利益争端，以维护企业竞争力并实现双方利益相互"平衡的结果"。这一旨在就工资和雇用条件问题达成全国性协议的谈判主要在行业工会与相应的雇主协会之间进行。双方下属组织要接受协议的约束并在协议有效期内保持劳动市场和平。

在原有劳资协议到期之前三个月双方即进行新的谈判。如果谈判出现困难，应双方要求（或者一方），国家调解协会为其提供一个中立的谈判主持人或者调解人。如果谈判破裂，双方可以采取罢工或闭厂等斗争措施。但采取斗争手段或者扩大斗争范围的一方得在七个工作日前警告对方并将其警告通报调解协会。事前不发出警告而采取斗争措施者须向国家缴纳罚金。地方或基层工会与雇主间的谈判涉及的是在全国性协议中下放到基层谈判解决的问题，因此谈判得在和平条件下进行。

2000 年，政府修改了 1906 年国家调解员法并授权新成立的瑞典调解协会在谈判已经破裂或者斗争措施已经开始的情况下自行任命调解人并进行强制性调解，以维护劳动市场和平。

案例 2　博世—西门子家用电器厂的罢工[①]

德国西门子公司是一家大型跨国公司,是欧洲最大的家用电器生产商。它在全球有 43 个分厂,在德国有 14000 工人,公司总部设在慕尼黑。在德国的工厂分布在 7 个地方。发生罢工的是该公司设在柏林的博世—西门子家用电器厂,这家工厂是专门生产洗衣机的工厂,有 618 名工人。

早在 2005 年 5 月,公司就宣布准备在 2006 年关闭柏林的这个工厂。此事引发了工人的抗争,他们游行到公司的慕尼黑总部,结果,2005 年 8 月,关闭计划被搁置。但是,厂方依然表示要迁走部分生产线。2006 年年中,西门子又重提关闭工厂、把生产流水线迁走的计划,该厂 618 个工人面临解雇威胁。

得知这种情况,西门子工厂的工人们忧心忡忡。他们知道,一旦工厂被关闭或迁走,他们就将面临失业,虽然可能有一年的过渡期,但之后他们就要领取最低救济金。工人们应该怎么办?为此,从 9 月 6 日到 22 日,约有一千多名工人聚集在工厂的一个旧仓库里,开会讨论他们的前途。工人集会持续了 16 天之久,这是德国历史上时间最长的工人聚会。工人们说他们是为自己的生存而斗争。有的工人说,开始只是想争取高一些的赔偿金,但经过大家的讨论,才意识到必须保住工作岗位。工会代表提出要求:保留工厂 5 年,保留工人的工作岗位。

9 月 15 日,听说企业要把部分生产线迁走,而且不经过企业委员会,也不理会职工的呼声,于是,400 个工人出面占领了工厂厂房,不许人员和车辆随便进出工厂,到 22 日,工人完全控制了工厂。同时,工人们在寻求社会支持,因为厂方不让媒体进入厂区,所以,工人们在厂门外约见了柏林市市长,并邀请了市长一起参加工人的游行;工人们还争取到了其他企业比如宝马公司、英飞凌公司工人的声援。

与此同时,工会在与资方谈判。但是,资方要求延长工时至 40 小时,减少工资两成,裁员 300 人。工会表示不能接受,谈判破裂,于是全体工人就是否罢工进行投票。按照德国的惯例,罢工投票如果有 75% 的支持票,罢工就可以进行。这次工人投票的结果是,有 95% 的工人支持罢工。于是,9 月 22 日工人聚会结束,开始准备罢工。

9 月 25 日罢工正式开始,700 多名员工加入了罢工的队伍。罢工的目标是:不仅保住柏林工厂的工作岗位,而且要为各地受到关闭的工厂和失去岗位威胁的工人呐喊。

---

① 整理自:林燕玲、郑桥:德国工会的活动【德国工厂之旅 连载】,《中国工人》,2011(11)。

罢工是一项复杂的工作,需要多方面的物质准备,比如罢工用的帐篷,装运罢工物品的货柜,进行联络的电话系统,装有红旗、帽子的罢工背包等。在很短的时间里,一切准备就绪。生产线上的工人还临时组成膳食小组,负责给罢工工人准备午饭和晚饭。

罢工的工人并不孤单。罢工开始后,西门子工厂附近的建设技术学校的学生在老师的带领下暂停了专业课,赶到罢工现场。带队老师说,他是带学生来上"民主课"的,为的是让学生了解社会,了解工人。一些党派也在关注西门子的罢工,罢工第三天,左翼党成员赶来参加,他们提出反对失业金改革的议题。所谓失业金改革,实际上就是政府准备进一步削减失业金的金额,并严格失业金的发放标准。如果这样的改革完成,失业工人的生活将陷入更加困难的境地。罢工的第五天,由于厂方不让企业委员会进厂开会,于是,委员们就在厂门外的空地上开会,研究罢工的进程问题。当然,罢工当中也不是所有工人都能始终保持一致的,罢工第二天,就有罢工工人只来签个到,而人不在罢工地点的情况。另外,有些柏林厂的工人不赞成罢工,于是他们就跑到一个叫瑙恩(Nauen)的地方,到那里的西门子姊妹厂去上班。为了说服那些工人,一些参加罢工的工人准备到瑙恩去。

罢工第六天是购物日,德国各个商店都开门营业。在德国公休日,除了部分超市和小商店,一般市场是不开门营业的。所以公休日之前,人们会比较集中地去市场购物。这一天,西门子的罢工工人来到顾客较多的商场里发传单,争取普通百姓对工人的理解和支持。

随着罢工时间的延长,罢工引起的关注越来越多。10月2日,许多媒体来到罢工现场采访,社会民主党等党派成员也来支持罢工,他们认为西门子工人是在努力改变一种社会氛围。罢工的组织者们也在积极组织并努力动员各厂工人参加全国性的游行。

早在工人进行集会的9月初,西门子公司就宣布给董事会成员加薪三成。工人们认为,公司一边要关闭工厂、解雇工人,一边又给高管加薪,这是对工人的挑衅。经过几天的罢工,西门子公司迫于压力,做出了一点让步,公司在报纸上发表声明,取消给董事成员的加薪。

罢工示威在继续。罢工工人所到之地的企业工人,纷纷出来表示对西门子罢工工人的同情与支持。西门子的原料供应商东方钢铁冶炼联合企业的工人认同西门子工人的罢工,准备参加游行。

在莱比锡,教会牧师布道时也对工人表示了支持。在纽伦堡,机电器械AEG厂的工人得知西门子工人罢工,当即宣布罢工。西门子的一个生产电话的工厂BENQ,一年前被西门子公司卖掉,现在申请了破产,1800名工人面临失业,危及800~900个家庭。该厂是当地第二大雇主,它的破产对地方影响很大,所以当地一半居民出来参加游行。工人们说:"人的尊严、工作的尊严必须被重新定义!"

罢工示威在继续,在柏林,工会与西门子厂的劳资谈判也在进行,工会提出一个方案:保留420个岗位,削减两成工资,余下的雇员参加一年过渡性就业(培训),并寻找新工作。

罢工第20日,西门子公司向法院申请了法令,让工人一周内让出通道,让工厂可以通行。工人坚决反对,他们要捍卫尊严,保留工作职位。波兰、土耳其的西门子厂工人代表也赶来声援,并向德国工人谈了西门子厂在他们国家的情况,如土耳其工人2/3是临时工,月薪只有280欧元。各国工人代表表示希望全球工人团结起来。

罢工第 22 日,进入了非常紧张的时刻。罢工工人守在厂门口,防止有人破坏罢工。

雇主方面提出在 10 月 17 日进行谈判。雇主接受与工会谈判,这就是一部分的胜利;但工会也意识到,最后的结果不可能全部令人满意。

工人们开始质疑工会的谈判……

罢工第 24 天,工会向工人报告谈判结果:关闭工厂的决定已被收回,工厂在柏林保留 400 个职位,还有 216 个工人要失去工作,他们的安置问题要继续讨论。

工会在协议上签字:"五金工会答应停止示威活动,停止在柏林以外对西门子的运行活动。"这个结果是工人们不愿意接受的。工人要求继续去慕尼黑,要求保住所有职位。罢工工人反对工会在去慕尼黑之前做出让步。而工会认为,推翻关厂决定已属不易。

10 月 19 日,罢工第 25 日,工人再次对谈判结果进行投票。很多工人不满意工会的谈判,要求谈判过程中与工人沟通,表达工人的意愿,坚持最初的目标。近九成工人认为谈判背离了最初的目标。工人认为自己被出卖了。

正式投票结果是,167 个工人支持谈判结果,占 32.55%;344 人反对,占 67.05%;2 票无效。根据五金工会章程,只要有 25% 的投票支持就不能推翻谈判决定,所以,工会认为可以停止罢工了。可是工人们坚决要继续斗争下去。

工人代表去找五金工会,要求宣布继续罢工。但是,工会回复,要停止罢工,继续与资方谈判,给资方新的方案。

工人内部也产生了争论。10 月 21 日,罢工正式停止。

这场罢工从 9 月 25 日到 10 月 21 日,持续了 27 天之久。罢工并没有完全达到预期的目标——保住所有工作岗位,依然有两百多个工人要失去他们的工作。但是,这场罢工依然具有重要的意义。工人为了捍卫自己的利益敢于抗争,在德国国内甚至国际上都产生了很大影响。参加罢工的工人认为,他们学到了很多,比如团结合作;学习了如何进行劳资斗争,如何制订罢工的计划和采取行动;如何把握时机,掌控工厂……

问　题

1. 什么是产业行动?
2. 西方国家产业行动的主要形式是什么?
3. 本案例中博世—西门子家用电器厂的罢工属于哪种类型的产业行动?

答案提示

1. 产业行动的含义

产业行动是劳资关系双方当事人为了建立劳动关系或改变劳动关系状况,实现其权利主张或利益诉求,而集体采取的影响集体权益的单方面、暂时停止正常工作活动或者不与对方合作,对相对方施加斗争压力的行动或措施。亦称集体行动。

2. 西方国家产业行动的主要形式

西方成熟的市场经济国家,劳资均有较规范的产业行动形式。劳方产业行动的主要形式有罢工、怠工、联合抵制、纠察、拒绝加班加点、游行示威等;资方产业行动的主要形式有闭厂、停工、雇用罢工替代者、雇主破坏罢工、复工运动、黑名单等。

3. 本案例中博世—西门子家用电器厂的罢工属于哪种类型的产业行动

根据行动目的,可把产业行动分为旨在推动集体谈判的产业行动和自我救济性的产业行动。本案例中博世—西门子家用电器厂的罢工属于前者。这种类型的产业行动的特点是:

目的——迫使对方接受集体谈判的条件。在本案例中工会代表提出的集体谈判要求是保留工厂 5 年,保留工人的工作岗位。

组织性——一般由工会和雇主组织组织实施。如本案例中的罢工由五金工会组织。

集体性——采取成员共同、群体、一致的行动方式,以期产生巨大压力,迫使对方妥协让步。本案例中罢工一正式开始,就有 700 多名员工加入了罢工的队伍;接着,西门子工厂附近的建设技术学校的学生在老师的带领下暂停了专业课,赶到罢工现场;一些党派也在关注西门子的罢工,罢工第三天,左翼党成员赶来参加;罢工第六天是购物日,这一天,西门子的罢工工人来到顾客较多的商场里发传单,争取普通百姓对工人的理解和支持;许多媒体来到罢工现场采访,社会民主党等党派成员也来支持罢工,罢工的组织者们也在积极组织并努力动员各厂工人参加全国性的游行;波兰、土耳其的西门子厂工人代表也赶来声援。罢工所产生的影响给对方造成巨大的压力,迫使其做出妥协与让步。

作用——通常是团体性集体争议矛盾激化后一方或双方采取的基本手段。

过程——通常先由工会与企业进行集体谈判;谈判不能达成一致;一方或双方采取产业行动;重新回到谈判桌前。本案例中工会首先与资方进行了谈判。工会代表提出的集体谈判要求是保留工厂 5 年,保留工人的工作岗位。资方则要求延长工时至 40 小时,减少工资两成,裁员 300 人。工会表示不能接受,谈判破裂,于是全体工人就是否罢工进行投票。按照德国的惯例,罢工投票如果有 75% 的支持票,罢工就可以进行。这次工人投票的结果是,有 95% 的工人支持罢工。于是,开始罢工。在强大的罢工压力下,雇主方面提出重新进行谈判。最后雇主与五金工会达成协议:雇主方面收回关闭工厂的决定,工厂在柏林保留 400 个职位,还有 216 个工人要失去工作,他们的安置问题要继续讨论。工人停止示威活动。

案例3 浙江宁波10余工人的"跳楼式"讨薪[①]

2011年9月15日下午2点40分左右,位于杭州湾新区的宁波慈溪崇寿镇建明钢结构有限公司,发生了一起十几名工人准备跳楼的事件。当时有20多人在公司外喧闹,其中10多人已登上公司4楼,两人在顶楼的边缘走动,欲跳楼,现场一片混乱。

接到报警后,镇政府、交警、消防等部门立即赶往现场展开救援行动。消防人员赶往现场后,及时将救生气垫充好气,铺到大楼边的地上。同时联系公司老板前来调解。

是什么原因导致这些工人置生命安全于不顾欲行跳楼呢?

据在该公司打工的蒙先生介绍,年初,他们20多人为该公司做工,最近工资迟迟没有发放。他们已经问老板要了很多次了,一共10多万元的工资,算下来,每人平均有五六千元。

很多工人的被子、衣服等家当都放在了公司门外,从门外的一排草席可以看到,很多工人在外面睡了好几天了。公司员工张先生说,最近5天内,他们一直在公司外铺上草席,讨要拖欠的工资,"今天情绪特别激动,10多人跑上4楼,要跳楼"。

崇寿镇政府相关工作人员说,包工头和十几个工人给这家企业做工程,工程完工后,企业向包工头结清了工程款。可能在施工过程中有些矛盾没有处理好,包工头有怨气,他没将工资发给工人,而是鼓动工人向企业索要工资。企业说已将工人们的10多万元工资给了带头的包工头,工人们应该向包工头索要工资。当工人找包工头时,包工头已经携款跑路了。工人们讨要工资无门,于是就出现了这起集体爬楼讨薪事件。

经过镇政府协调,当天下午5点左右,这家涉事的企业,已经答应垫付工人工资。

在镇政府、交警、消防人员以及公司老板劝导和调解下,工人们最后都安然地走了下来。

问 题

1. 从劳动关系的角度看,这起集体"跳楼"是一起什么性质的事件?
2. 为何会出现这种特殊的"讨薪方式"?
3. "跳楼讨薪"带来哪些启示?

[①] 整理自:王晨辉:浙江宁波10余工人讨薪不成欲跳楼 原因正调查,浙江在线,2011-09-16。

答案提示

1. 从劳动关系的角度看这起集体"跳楼"的性质

从劳动关系的角度看,这起集体"跳楼"是一种特殊形式的劳动者产业行动。这种讨薪行动似乎成了农民工的"专利",他们往往不惜冒着生命危险以"跳楼"、"跳吊塔"来表达自己对劳动关系中弱势地位的不满和对资方的抗议,以迫使资方满足其权利要求。有学者将其概括为自杀式讨薪,即为权利而自杀。农民工为权利而自杀属于典型的通过自损行为实施的私力救济,即通过针对本人的自损行为而给他方施压,强制其接受自己提出的纠纷解决方案。

2. 出现这种特殊的"讨薪方式"的原因

首先,是劳动者合法权益受到侵害。不能忽略的是,跳楼讨薪问题的存在,是由于法律的严肃性没有得到尊重。干活给钱这是《劳动法》的明确规定,同时也是处理劳资关系最起码的底线,无论用工单位有何种理由,都应该对此遵守和尊重。但有些黑心老板利欲熏心,置法律、道德于不顾,就是要突破底线。当然,也不排除老板遭遇经济困境,无法支付工人工资,于是以跑路、赖账的方式来对付工人。

其次,工人通过正常途径讨要工资,但得不到合理解决;或者劳动者缺乏对法律、法规的了解,不懂得运用法律手段维护自己的合法权益;或者正常途径如劳动争议仲裁解决的时间等成本太高。出于这种种原因,工人才会出此下策。

用人单位拖欠农民工工资的现象层出不穷,欠薪不仅让农民工心寒,各级政府与领导也感到头疼。而且各地出台了不少帮农民工讨薪的政策措施,在政府与社会为农民工积极讨薪、"欠薪人人喊打"的大背景下,我们又看到了农民工讨薪无门,万般无奈之下上演"跳楼"。

3. "跳楼讨薪"带来的启示

从跳楼到悬赏,农民工讨薪的辛酸"创意"越来越新颖;从事先防范到事后追讨,各地推出的保障农民工工资的措施越来越丰富,可就是解决不了农民工工资被拖欠之难,让人五味杂陈。农民工的讨薪良方到底在哪里?

第一,应该认识到工人"跳楼讨薪"之类的产业行动所产生后果的严重性:它严重影响劳资关系和谐与社会安定,动摇职工群众对法律、政府、社会的信心。故而不可掉以轻心,等闲视之。

第二,应该坚决维护法律的严肃性。我国《劳动法》对劳动者和企业的职责做了严格的规定,付劳获酬,是《劳动法》中做出的明确规定,而且各级政府关于农民工工资的法规和文件也一再出台,但是却始终无法完全制止干活不给钱这种极其恶劣的行为,这说明法律的严肃性受到了漠视甚至践踏。法律是约束公民行为的最重要规则,所以,要避免"跳楼讨薪"悲剧的发生,首先就要坚决维护法律的严肃性,做到有法必依、违法必究。

第三,加大对违法行为惩处的力度。我国现行法律对违法拖欠职工工资者的惩处力度较轻,这就无法起到震慑作用。要让违法者付出巨大、沉痛的违法成本,才能使他们产生对法律的敬畏之心,不敢触犯底线,不敢越雷池一步。

　　第四,有关部门要切实履行好监管职责。解决农民工被欠薪问题,必须给欠薪打上"预防针"、拧上"紧箍咒"。虽然各地纷纷推出了工资保证金、欠薪应急周转金等制度,意在为农民工工资提供保障,但又有多少没有预存保证金、周转金的企业仍旧活跃于市场? 预防企业欠薪,企业的资质审查是不可或缺的环节,不仅要对企业的专业素质进行评估,还需要对其信用情况进行考量,但又有多少地方在考量企业信用上下了真功夫? 又有几家有过欠薪不良记录的企业被清除出市场? 如果工程建设出现"连环债",农民工工资是工程建设"连环债"中最后的一环,严禁层层转包、分包是预防"连环债"的重要手段,法律也对此明文禁止,但绝大多数建筑行业的承建公司仍然存在层层分包、转包的现象。所以,有关部门应加强监管,从企业信用的源头堵住欠薪。

　　最后,当欠薪发生时,农民工也可以有多种维权方式。譬如说,向直接监管部门投诉,请求工会组织出面协调,向劳动仲裁机构申请仲裁,提起法律诉讼,等等。如果这些渠道能够发挥作用,农民工也不会愿意拿自己的生命开玩笑。所以,应提高监管部门的服务质量和效率,工会组织也应代表和维护职工的合法权益,仲裁、诉讼部门应快速、公正地办理案件,使工人可以通过正常途径来解决自己的问题。

案例 4 某重机厂的集体上访、静坐事件^①

某重机厂的破产经过

某重机厂始建于 1958 年,在生产形势最好的 1994 年,其工业总产值达 20057 万元,实现利润 1001 万元,有职工 2400 余人。它曾是自治区直接管理的 25 户大型国有企业之一,属于机械制造行业,主要生产重型机器。1997 年以后,重机厂连年大幅度亏损,平均每年亏损 2500 万元以上。截至 2001 年年底,企业总资产为 4 亿元,总负债为 4.8 亿元,资产负债率高达 120%。

2001 年 7 月,韩永被任命为重机厂的董事长兼党委书记。韩永曾在重机厂工作过 26 年,当过重机厂的总工程师。1994 年,他被调往上级主管部门工作。从他再次回到重机厂工作到 2003 年 4 月 1 日重机厂被宣告破产为止,他的任期只有一年零八个月。在这段时间里,他的主要业绩可以归结为两件事:一是对各分厂实施租赁经营;二是为重机厂申报政策性破产。

上任一个多月后,在听取职工群众意见的基础上,韩永进行了第一项重大改革:以产品为龙头,以现有各分厂所属的职工群体为基础,组建八个类似股份合作制公司的新公司,租赁重机厂的国有资产,实施租赁经营。这些新公司均为自主经营、自负盈亏、自我约束、自我发展的法人实体和市场主体。新公司与重机集团公司的行政关系通过租赁合同来约定,各新公司之间、新公司与重机集团公司所属各部门之间的经济往来均按市场经济的运行规律办理。各新公司除按租赁合同的规定向重机集团公司支付租金外,一般不分担集团公司的债务,原债务包袱一律由集团公司承担,待进一步实施产权制度改革或破产时通过享受国家优惠政策来解决。韩永把这种做法叫作"轻装突围"。

这种"轻装突围"的做法很受这些租赁公司职工的欢迎,尤其深受这些租赁公司的中高层管理者的欢迎,很快就取得了一定的成效。不过,韩永还是认为"重机厂只有走破产重组的路,才能解决计划经济以来长期形成的债务、冗员以及体制、机制、观念转变等一系列的问题"。他还说,当时之所以搞"轻装突围"式的租赁经营,主要是为了给大家发工资,是出于稳

① 整理自:游正林:集体行动何以成为可能——对一起集体上访、静坐事件的个案研究,社会学人类学中国网,2006 - 07 - 25。

定社会的考虑。租赁经营之所以能挣钱，主要是这些租赁公司使用了库存资产，吃了一些本厂的老本，时间一长，肯定就不行了。因此，他最关注的问题并不是如何"轻装突围"，而是如何加快破产进程和破产之后如何重组。

其实，他上任后没多久，就在 2001 年为重机厂申报了政策性破产。据调查，他当时申报政策性破产，基本上属于秘密行动。因此，2003 年 4 月 1 日重机厂被宣告破产之后，其破产程序的合法性遭到了广大职工群众的质疑，部分职工在写给中纪委的信中，这样指责韩永："近日职工才得知，就在 2001 年 9 月 21 日，韩永在未和职代会、董事会、党委会协商通气的情况下，私自给自治区经贸委上报了破产报告。"

2002 年 11 月 28 日，全国企业兼并破产领导小组正式批准该重机厂列入国家政策性破产计划，接着，自治区领导决定该重机厂立即进入破产清算程序。

在 2002 年 12 月 29 日召开的职代会上，韩永做了题为"抓住机遇，实干创新，为重机厂的新生而竭尽全力——关于重组和职工安置的基本方案"的工作报告。在这份报告中，他一再强调破产的必要性，他说："陈账无法还，新账又新添，企业确实到了不破产还债已无法兑付内、外债的程度。有的人还说可以不破产，如果不实施破产，仅仅想还上欠职工的债，恐怕连神仙也无能为力。"接着，他提出了企业破产以后的重组方案，其基本原则主要有四条：(1) 职工变为股民，全员整体收购重组，即由愿意参加重组的职工(含已下岗和富余人员、内退人员)集体出资收购实施生产经营的有效资产，重新组建规范化的股份制公司。一般职工只以安置费和所欠工资额入股，不要求再拿出现金增资入股。但各级管理人员和企业领导层，应按职工股金的 1～10 倍增资入股。(2) 保留集团公司。(3) 集团公司整体收购重组后，现有各独立经营和租赁公司可以进行分立分散经营，集团公司和现租赁公司都为一级法人，现有独立经营的各租赁公司也可以进行整体经营，集团公司为一级法人，现租赁公司为二级法人。(4) 东方公司、备件公司已经是股份制企业，不随同破产。

在这些重组原则中，大家对第(4)条的意见比较大，这里涉及东方公司和备件公司的资产处理问题。1992 年 11 月，重机厂与俄罗斯某设计局合资成立了"东方公司"。东方公司在重机厂内部一直属于分厂性质，行政上归厂部领导。东方公司是在重机厂的庇护和大力扶持下才得以长大的。2002 年 8 月 5 日，韩永还说：当重机厂破产重组时，要将重机厂仅有的一点优良资产——东方公司的股权变现，用于偿还所欠职工的工资、养老金、医疗费，或者留给重组后的集团公司使用。然而，仅仅过了 4 个多月，情况就变了。据知情者反映，在重机厂破产之前，东方公司使用金蝉脱壳之计，退还了重机厂的股权，但至于是怎么退还的、退还了多少，大家都不清楚。一些人还认为，不少重机厂的高层领导干部都在东方公司入了股。

这次职代会，最后形成了关于整体破产重组和职工安置的五项决议，分别是："(1) 明确集团公司实行整体收购重组，分散经营，集团公司与各子公司都为一级法人，分别自主经营、自负盈亏，都是拥有独立民事行为的法人实体。集团公司与各子公司可以是参股关系。(2) 千方百计争取提高职工的安置费，力争不低于二分厂职工的安置标准。(3) 东方公司、备件公司等效益好的公司是集团公司长期扶持起来的，在破产重组时，对这些公司的资产处置要合理解决,给全厂职工一个满意的交代。(4)筹措资金,组织专人负责联系解决 50～54 岁男职工、40～44 岁女职工提前进社保问题。(5)力争在破产重组期间为西明小区的住户办好房产证。"

钟明(男,1955 年生)当时是重机厂的一名中层干部,是职工代表之一,也参加了那次职代会。他回忆说:"以前开职代会,大家讨论较多的主要是一些生活福利上的事情。我们从来没有遇到过企业破产重组之类的事情,一点经验也没有,大家对有关的理论、政策知之甚少,对企业破产后的负面后果以及重组所面临的困难都估计不足。我们不知道韩永的葫芦里卖的是什么药,现在想起来,我们还真的是被蒙蔽太深,当时没有一点嗅觉,最后还是同意了那个决议。对那个决议,也是各取所需。"一些被访谈者也回忆说,除了决议中所写的内容以外,韩永还多次口头承诺:破产只是集团公司破产,是为了把所背的债务甩掉,几个租赁公司不仅不随同破产,还要做到"三个不变",即公司名称不变、法人地位不变、经营模式不变。是在这种承诺下,大家才同意破产的。

有了这个职代会决议,韩永就可以向有关部门请求实施破产了。2003 年 1 月 7 日,重机厂向自治区劳动和社会保障厅递交了一份《关于实施政策性破产后职工安置的基本方案》。该方案写道:"重机厂现有在册职工 1946 人,分在岗和不在岗两部分,其中在岗人数 1255人,不在岗人数 691 人。……企业准备在进入破产程序的同时进行整体重组,即职工全员用安置费等收购企业生产的有效资产,按母子公司制的模式,组建成相互通过股权(产权)相联系的集团公司和子公司。……更重要的是,可以使一个长期巨额亏损、欠账大的企业得到新生,为自治区的社会安定消除一个不稳定因素。"紧接着,2003 年 2 月 17 日,重机厂又向自治区高级人民法院递交了一份《关于请求受理重机厂实施政策性破产的报告》。该报告同样对破产重组后的前景做了十分乐观的估计:"重机厂是全国同行业三大厂之一,尚有品牌优势,通过机制创新和管理创新,真抓实干,在 2003 年破产重组后实现产值过亿元,扭亏为盈是完全可能的。"2003 年 3 月 28 日,自治区高级人民法院受理了此案,并于 4 月 1日裁定宣告重机厂及其开办的九家全资企业和一家控股企业破产还债,但东方公司没有随同破产。

然而,重机厂破产后,并没有像韩永等设计的那样进行全员整体重组,也没有为自治区的社会安定消除一个不稳定因素,相反,却导致了大批重机厂职工持续去自治区政府上访、静坐。

重机厂职工为什么要去集体上访、静坐?

最初对破产做出强烈反应的是正在进行"轻装突围"的其中五个租赁公司的职工,尤其是这些公司的领导干部。2003 年 4 月 4 日上午,清算组入驻重机厂,自治区经济贸易委员会副主任洪良也随同到达。他召集几个列入此次破产的公司(含这五个租赁公司)的主要领导开会,听取他们的意见。会上,这些租赁公司的领导对"破产公告"表示了强烈的不满。见此,洪良就请他们写一个书面报告,把他们的意见写出来。当天下午,一份写给"自治区政府及清算组各位领导"的《关于维护生产秩序、稳定职工队伍、加快重组的报告》就出台了。在这份报告中,他们主要表达了以下三点不满:(1)在请求法院裁定破产之前,董事长韩永未与职代会、党委会、董事会协商,以一个"局外人"的身份暗箱操作、独自运作破产重组这件关乎1200余名在岗职工和600余名退、待岗职工的切身利益的"天大之事"。(2)正在进行"轻装突围"的这五个租赁公司当时正处于产销两旺的局面,破产公告的发布,势必给这五个租赁公司带来致命的打击。(3)东方公司为什么不随同破产?东方公司依托重机厂的国有资产而生存,依靠重机厂的庇护而发展,如今羽翼丰满了,却从重机厂分割出去,不随同破产,其中有"谜"待揭。接着,他们提了三点要求:一是恳请政府及清算组采取有力措施,保护五个租赁公司来之不易的生产经营形势和稳定的职工队伍及良好的生产秩序;二是请政府及清算组的领导揭东方公司的"谜";三是希望尽快重组并由重机人自己重组,决不允许外来人或私人老板参与重组。

几天之后,4月10日,这五个租赁公司的一些职工以"重机厂全体职工"的名义分别给自治区党委书记和自治区主席写了一封内容相同的公开信。公开信的内容有些与上述"报告"的内容相同,不同之处主要有三点:一是质疑韩永的破产程序是否合法;二是重点分析了"破产公告"给企业生产带来的负面影响;三是要求韩永将"破产重组"及"安置方案"实事求是地向全厂职工"全盘交底"。

4月25日,一些职工又以"重机厂工会"的名义给中共中央纪律检查委员会写了信。信的内容主要涉及两点:一是反映韩永"所说非所为,暗箱操作,欺上瞒下";二是反映"职工被愚弄,市场被断送,职工何以生存"。此外,重机厂职工还先后给自治区纪律检查委员会、总工会、中央电视台"新闻调查"和"焦点访谈"栏目等单位递交过类似的信件。但都没有任何回音。

除了给有关部门和有关领导写上访信,他们还想到通过法律手段来解决问题。4月21日,五个租赁公司的工会主席组织召开职工代表开会,决议请律师来打官司,并征集广大职工签名表示同意。签名表前面是这么写的:"各位职工:根据近日中纪委等五部委联合下发的通报精神及自治区经贸委〔2002〕118号文件精神,集团公司上报'破产'的程序存在以下问题:1.集团公司韩永董事长上报的破产报告,未经职代会或职工大会讨论。这是违反规定的。2.韩永董事长在未与五大公司协商,甚至是未和董事会、党委会通气的情况下,就向自治区高级人民法院上报了破产报告。有违规侵权行为。上述两条经咨询律师,认为可以用法律手段来维护我们的权益。您若同意,请予签名。工会协调组。2003年4月22日。"当时,各公司的工会主席分头行动,很快就征集到了600多名职工的签名。可是,愿意接手此案的律师告诉他们:要打赢这个官司,估计需要二三十万元的办案经费。要在已经宣布破产的企业职工中筹集这么多的办案经费,谈何容易!没办法,他们只得放弃使用法律手段。

就在一些职工给有关部门和有关领导写上访信的同时,职工群众找清算组对话、解决问题的活动也一直未停止过。由于宣布破产太突然,遗留有很多问题尚未解决(如拖欠职工的工资、养老保险费、医疗保险费等),职工们不得不去找清算组,有的是一个人去找,有的则是很多人同时去找。职工们往往带着不满情绪而去,很容易在对话当中失去理智,动不动就发火,没说上几句就吵起来、骂起来,直至闹到上街堵过三次马路,其中,4月25日那次堵了大约 3 个小时。

这样,过了一个多月之后,5 月 6 日下午,自治区经贸委副主任洪良应邀前来解答职工们十分关心的一些问题。经过大家的讨论、协商,最后提请洪良回答的是以下七个问题:

第一个问题是:"重机厂的破产,关系到企业近两千职工的切身利益,如此大事,韩永却在申报过程中不与职代会、党委会、董事会协商,独自运作,甚至还捏造了一份 2001 年 9 月 21 日的职代会决议。韩永的这种做法是否符合法规? 若不符合,怎么就能进入破产程序?"

第二个问题是:"五个租赁公司是独立承担民事责任的法人实体,韩永多次强调,这五个公司不仅不随同破产,还要做到'三个不变',即公司名称不变、法人地位不变、经营模式不变。现在却怎么全破产了呢?"

第三个问题是:"东方公司、备件公司的模式与五个租赁公司相似,且那两个公司没有品牌优势,五个租赁公司怎么就不能采取与之相似的办法呢?"

第四个问题是:"自 4 月 2 日破产公告发布至今一个月内,已影响到我们两大主导产品合同多达 6000 余万元。破产是为了减负重组,但目前我们既不知道重组方案、安置方案,也看不出重组的迹象,加之 8 月后的合同不让签订,倘若真能重组的话,届时也无合同,硬把市场给断送了。请问:企业何以生存? 职工生活又何以保障?"

第五个问题是:"企业 40~44 岁的女职工和 50~54 岁的男职工,是弱势群体中的弱势群体,政府应考虑她(他)们就业的难度,能否解决进社保问题?"

第六个问题是:"西明小区及 44 号住宅楼的房产证,目前尚未办下来,且企业已破产,日后再办此证就难了,所以,我们请求政府尽快解决此问题。"

最后一个问题是:"我们对企业有感情,有信心,何况我们的品牌得到市场的充分认可,是一无形资产的优势。政府能否将资产量化给我们,一可解决我们一千多人的就业,二可保住品牌,第三每年还可给国家上缴税费 1000 余万元。"

洪良对这七个问题逐一做了回答。他的回答不但没有削减反而增加了大家的不满情绪,使大家对前景更加担忧,也使职工们对"正常的反映问题的渠道"的功效产生了怀疑。

此后一段时间,由于各生产车间都有活干,尽管大家对重机厂破产有不满情绪,但都还坚持上班,搞所谓的"生产自救"。这种"生产自救"的过程,其实也是一个相互沟通、达成共识的过程。

进入 8 月以后,下面三个方面的变化使得全厂职工又变得躁动不安起来:(1)重机厂被宣布破产后,不能签订 8 月以后的订货合同,能干的活已经基本上干完了,职工们即将失业,不少职工面临生存危机。(2)清算工作开始测算职工们的安置费,而根据自治区政府于 2000 年制定的《关于自治区属国有工业破产企业职工安置意见的通知》(即〔2000〕147 号文件),每一年工龄只能得到 900 多元的安置费。这大大低于当时二分厂职工的安置标准(2300 元)。按照这个标准,有二三十年工龄、年龄已达四五十岁的职工也只能得到两三万元的安置费,大家觉得这点安置费太少了。(3)职工们通过一些非正式渠道得知:重机厂的资产将被拍卖,很可能卖给私营老板,而不是原先设想的"全员整体收购重组"。面对这种大家都不愿意看到的局面,在广大职工中间很快就形成了一种共识:除非集体去自治区政府上访,给政府施加压力,否则,别想改变当时这种不利局面。

集体上访、静坐的始末

8月11日,有人在各家属楼上贴了一些未署名的小字报,号召大家第二天去自治区政府上访。大家也不管这些小字报是谁贴的,第二天上午,二三百名职工就自发去了自治区政府门口。持续时间长达18天的集体上访、静坐事件就这样开始了。

对第一天的上访情况,自治区有关部门编的"快报"是这样记载的:"8月12日上午8时,重机厂200余名职工到自治区政府集体上访。男年满55岁、女年满45岁的60余名职工要求按照企业破产的有关政策规定,尽快办理正式退休手续;男50~54岁、女40~44岁的100多名职工要求提前退休或交社保局托管;其他年轻的职工要求提高安置标准。自治区信访局接访后,会同自治区劳动和社会保障厅的有关领导逐条进行了解答。"结果是:提第一种要求的职工听了解答后很快离开了自治区政府。然而,提后两种要求的职工"听了答复很不满意,出现了封堵政府大门的过激行为。12点10分,上访人员全部撤离,并扬言明天将组织更大规模的集体上访"。

上访职工没有食言,第二天,他们又去了。"快报"记载了当时的情景:"8月13日上午8时许,重机厂200多名职工再次到自治区政府集体上访。……今天,我局(注:信访局)继续做工作仍然无效。上访职工打横幅、封堵政府大门、堵塞西街交通。12时20分,上访职工自行撤离,但扬言明天将继续上访。"

有了前两天的经验,第三天,前去上访的人数就更多了。"快报"报道:"上午7时40分,重机厂职工300余人陆续聚集在自治区政府门口继续上访。我局(注:信访局)会同公安部门的有关领导和工作人员及时到现场维持秩序,并做了大量的劝导疏散工作,但上访群众拒不听从劝告,打着写有'学习"三个代表"精神,我们要生存;群众利益无小事,我们要吃饭'的横幅,围堵政府大门长达4个小时。中午12时10分,上访群众自行离去,声称明天将继续上访。"这一天与前两天不同的是:公安部门的有关领导和工作人员及时到现场维持秩序并做劝导疏散工作,但他们的工作仅此而已,并没有对上访职工采取强制措施。

第四天,职工继续上访。"快报"是这样报道的:"8月15日上午8时30分,重机厂300多名职工继续聚集在自治区政府门口集体上访。仍然采取打横幅、堵大门、堵塞交通、静坐示威的方式向政府施压。我局(注:信访局)会同公安部门做了大量的疏散工作,但上访群众拒不听从劝告,直到中午12时40分才自行离去,声言将继续上访。"

上访职工静坐的地点在自治区政府大门外的小广场上,这个小广场紧邻交通干线,因此,上访职工很容易就能封堵政府大门、堵塞政府大门前的交通。一些被访者回忆说:在上访的前四天里,曾两次堵塞政府大门前的交通,数次封堵政府大门。不过,在以后的日子里,他们就不再封堵政府大门、堵塞交通了,而是规规矩矩地坐着或站着。

8月16日、17日分别是星期六和星期日。8月18日,重机厂职工继续去自治区政府上访、静坐。他们的连续上访惊动了自治区的主要领导。这天上午,自治区某副主席召集自治区经贸委、公安厅、国资委等部门的负责人,召开专题会议,研究重机厂破产中的有关问题,决定由自治区经贸委、劳动和社会保障厅、国资委、总工会、监察厅、高级人民法院和市总工会组成的专门工作组来处理有关的问题。第二天,这个专门工作组就进驻重机厂与清算组一起开展工作。这个工作组下设职工安置小组、工会工作小组、党团工作小组和纪检工作小组,分工负责接待职工来访、解答职工提出的有关问题。

然而,这个专门工作组并没有起到劝阻职工上访的作用。"8 月 20 日上午仍有 200 余名职工到自治区政府上访,他们不派代表、不听劝解,坚持静坐,到 11 点 50 分才自行撤离。8 月 21 日上午 8 时许,重机厂 200 余名职工继续聚集在自治区政府门口,仍然打着横幅,采取集体静坐的方式向政府施压。9 时许,天下起了雨,但上访群众依然在雨中坚持,直到 11 时才自行离去。"

8 月 27 日,自治区企业兼并破产和职工再就业工作协调小组复函重机厂清算组,对他们请示的七个问题都给予了明确答复。其中,对职工意见最大的关于安置费标准过低的问题,该"答复"要求所有破产的区属国有工业企业都得执行自治区政府下发的〔2000〕147 号文件规定的标准,重机厂"破产清算中职工安置也必须执行这个文件规定的标准,以保证政策的统一性和公正性。"对男职工 50~54 岁、女职工 40~44 岁要求提前进入社保退休的问题,该"答复"认为"不符合政策规定,不能办理",并解释说:1999 年,在针织厂、毛纺厂两户企业进行了男职工 50~54 岁、女职工 40~44 岁前进入社保托管试点,后因问题较多,原自治区人事厅、劳动厅已决定不再执行。对于离退休人员退休费"小尾巴"问题,该"答复"认为"原企业给退休人员发放的风沙费、工龄补贴、医药补贴、书报费、浮动工资,属于企业自主补贴行为,按现行政策规定,不属于社会统筹项目,不能计入退休金"。

由于自治区政府未对上访职工提出的主要要求"松口",一些职工坚持继续上访,但人数已有所减少。由于某届全国性的运动会于 9 月 6 日在自治区首府召开,随着运动会开幕日期的临近,自治区政府越来越着急,希望重机厂职工尽快结束这种集体上访、静坐行为。于是,信访局工作人员、进驻重机厂的工作组成员以及公安人员都深入现场(甚至晚上深入上访职工家中),对上访职工做宣传劝解工作,要求他们顾全大局,回厂里谈问题。然而,上访职工还是不听劝解。8 月 28 日仍有 100 多名职工坚持在自治区政府门口静坐,到中午 11 时 45 分才自行离去。事实上,上访职工也在利用运动会这张大牌。他们以为运动会快到了,如果再坚持上访、静坐下去,自治区政府可能会做出一些妥协。

8 月 29 日(星期五),尽管天下大雨,可还是有一些职工前去静坐。该天的"快报"对这一天的静坐情景做了如下描述:"今天是重机厂职工到自治区政府集体上访的第 14 天。上午 8 时 25 分,重机厂 50 余名职工冒雨聚集在自治区政府门口。自治区信访局、经贸委、国资委、总工会及市总工会的工作人员冒着大雨多次到现场做工作,……但上访职工拒不接受,并扬言:'运动会期间不闹,运动会以后就没人管了。企业破产不合法,请问政府最高领导是否知道。'他们坚持在雨中滞留,直到上午 10 点 30 分才自行离去。在劝说中,我们进一步了解到,上访职工反映最强烈的问题是:1. 破产后补偿标准太低,坚决要求提高补偿标准,并认为:既然轻纺企业破产职工安置费标准可以提高,重机厂的职工安置费当然也应该提高。

2. 坚决要求彻底查清企业中层以上领导干部的腐败问题。"

8月30日、31日分别是星期六和星期日。9月1日,重机厂部分职工继续去自治区政府门口静坐。9月2日,大约200名已正式退休的老职工也去静坐,他们主要是要求有关政府部门解决退休职工的医疗保险、退休费"小尾巴"及拖欠工资等问题。在此之前,他们曾多次找过清算组,但都无济于事。孟庆(男,70岁)是这次退休职工集体上访的牵头人,他说:"我们原以为通过正常渠道,如找清算组,能解决问题,可这几个月下来,我们发现正常渠道都没有用,有关部门相互推诿,一点解决问题的诚意都没有,实在是没有办法了,我们才去的。"这些白发老人的到来,不但使上访、静坐的人数剧增,也给了自治区政府很大的道义上的压力,于是,自治区某副主席马上决定带领自治区经贸委、总工会等八个部门的负责人,在自治区信访局接待上访职工代表。经过一番磋商,10名职工代表被推举出来。之后,该副主席和这10名职工代表进行了对话,对他们提出的七个问题当场给予了明确答复。其中,对于重机厂破产程序是否合法的问题,该副主席认为"程序合法";在安置费标准方面,该副主席未做任何妥协;对于离退休人员退休费"小尾巴"问题,该副主席也认为属于企业自主补贴行为,不能计入退休金。对于反腐败问题,该副主席也未做任何承诺。于是,第二天上午,仍有100多人继续到自治区政府门口上访、静坐。

9月4日上午,又有100多名职工来到自治区政府门口上访、静坐。但没过多久,公安机关出动大批警察来到静坐现场,宣读通告,限令上访职工在5分钟之内撤离,否则,后果自负。等警察把通告宣读完毕,大家马上就自动撤离了。

至此,持续了18天(不计星期六和星期日)的这起集体上访、静坐事件宣告结束。它以失败告终,因为职工们提出的几点主要要求均未得到满足。

2003年10月28日,重机厂的实物资产(生产厂区国有土地使用权、生产厂区的建筑物、各类机器设备和现有存货)被拍卖给几位私营老板,以1.73亿元成交,韩永等事先设计的"全员整体收购重组"方案自然也就化为了泡影。

问 题

1. 重机厂职工的上访、静坐事件是产业行动吗?
2. 重机厂职工集体上访、静坐的原因是什么?
3. 这起集体上访、静坐事件给予我们哪些启示?

答案提示

1. 重机厂职工的上访、静坐事件是否属于产业行动

集体上访、到政府门前静坐是我国产业行动的一种独特形式。我国《信访条例》规定,信访是指公民、法人或者其他组织采用书信、电子邮件、传真、电话、走访等形式,向各级人民政府、县级以上人民政府工作部门反映情况,提出建议、意见或者投诉请求,依法由有关行政机关处理的活动。与市场经济国家产业行动主要发生在劳资双方之间不同,上访主要是劳方希望政府能介入,来保护其合法权益,这种行动体现了他们对党和政府的信任和期待。

2. 重机厂职工集体上访、静坐的原因

重机厂破产后,职工群众之所以要去自治区政府集体上访、静坐,首先是因为共同的遭遇和命运使他们产生了强烈的集体不公正感。这种强烈的集体不公正感主要源于他们对以下几个方面的理解和判断:(1)认为董事长韩永暗箱操作,私自上报破产报告,重机厂的破产程序不符合有关的政策规定;(2)认为韩永所说非所为,说的是一套,实际做的是另一套,欺骗、愚弄了广大职工;(3)五个租赁公司被随同破产,而东方公司则"安然无恙",觉得有关领导偏袒东方公司,并质疑这种偏袒背后的动机;(4)40~44岁的女职工和50~54岁的男职工不能像当年毛纺厂破产时那样,进入社保托管,提前享受退休待遇,觉得政府"一碗水没有端平";(5)认为安置费标准过低(主要与当年二分厂职工的安置费标准相比);(6)重机厂的资产不可能量化给本厂职工,"自己重组"的希望将成为泡影;(7)认为在领导干部中存在严重的腐败问题,却未被查处;(8)原企业给退休人员发放的风沙费、工龄补贴、医药补贴、书报费和浮动工资不能计入退休金,离退休人员对此感到不满。

其次,重机厂职工也曾试图通过正常程序解决上述问题。比如,他们给有关部门和有关领导写上访信或者直接找清算组,甚至通过法律程序解决。但都没有得到解决,所以他们得出结论,只有政府才有能力解决。于是,他们期望通过集体上访、静坐的方式引起政府关注,从而解决自己的问题。

3. 这起集体上访、静坐事件给予我们的启示

第一,在国有企业破产、兼并的过程中,应严格按照法律程序去做,比如职代会对破产方案的通过等。

第二,对国有资产的运营,以及国有企业的兼并、破产要严格监管,对干部群众反映强烈的腐败问题应一查到底,这样才能保证国有资产的安全,使广大群众满意,维护社会的稳定。

第三,应发挥工会的作用。像重机厂职工集体上访、静坐事件中,工会组织也没有出面代表上访职工,上访职工处于群龙无首的状态,使上访职工与政府之间的对话机制不能及时、有效地建立起来。因而,延误了对有关冲突问题的解决。

第四,应发挥三方协商机制调解劳资冲突、协调各方利益的作用。三方协商机制是通过劳、资、政协商来调解劳资冲突、协调各方利益的重要机制,但在重机厂职工集体上访、静坐事件的处理过程中,我们始终没有看到三方协商机制的身影。

最后,从本案例来看,上访职工提出的一些要求并没有政治目的,我们不应该动辄就将集体上访与破坏社会安定联系起来。国家信访局副局长张恩玺2015年5月13日做客中国政府网,在政府网纪念"信访条例"颁布10周年讲话时指出:"不能简单把信访和维稳等同起来,更不能把上访人员当作'维稳对象'。"我们要做的不是如何使用强力措施去驱散集体上访者,而应该努力寻求建立有效的不同群体的利益表达机制和利益冲突的化解机制,这样才能缓和利益矛盾,达到长治久安。

案例 5　南海本田罢工门[①]

本田汽车公司(Honda)于 1948 年以生产自行车助力发动机起步,目前已经发展成为从小型通用发动机、踏板摩托车乃至跑车等各个领域都拥有独创技术,并不断研发、生产新产品的企业。截至 2010 年,除日本之外,本田在全世界 29 个国家和地区拥有 120 个以上的生产基地。

位于佛山南海狮山工业园区的本田汽车零部件制造有限公司是本田在中国独立投资的企业,主要生产汽车发动机和变速箱相关的零部件。2010 年 5 月由于一线员工对薪酬不满,发生了震惊海内外的劳资冲突事件。

冲突的导火索

南海本田员工工资较低。一名普通员工一个月包含所有工资补贴在内的收入共 1510元,扣除保险和公积金,到手的为 1211 元,除去房租、生活费等日常开销,所剩无几,只能较低水平地维持个人基本日常生活需要。

南海本田不仅工资低,而且加薪缓慢。公司的薪酬系统分为五大级别,每个大级别下面有 15 个小级别,共 75 个级别,每年评审一次,合格后就晋升一小级,相当于升一大级工资要15 年。以一名老员工三年加薪三小级合计 111 元的情况看来,每一年评审合格后所加的薪水额度非常少,这种加薪层级多额度少的境况让工人对未来的职业生涯失去信心。

公司为了减少工资支出,还大量使用实习生,南海本田的实习生大约有 500 多人,占到公司员工总数约 30%～40%。实习生是工资更为低廉的劳动力。

一名参与罢工的员工表示,"本田零部件公司薪水要比同行低一大截,技术安保科每月都有一两个人辞职去别处,这边月薪 1000 多元。附近一个汽车外围供应商森六零部件厂的员工月薪 2000 多元,我们公司作为独资企业,员工月薪只有 1000 多元"。

员工蒙小姐对《每日经济新闻》记者说:"以前本田零部件公司刚刚成立的时候,基本就按照国家最低标准发工资,一个一线普工一个月工资 800 多元,现在过去好几年了,底薪还是没增长。"

---

① 整理自:本田"罢工门":薪酬分 75 级　跳一大级要 15 年,新华网,2010-05-21;中国本田南海厂今复工　从员工角度看劳资事件,中国山东网,2010-06-03。

事实上,员工要求提高工资的原因还有公司产能和盈利的大幅度提升。据一名停工活动发起人介绍,2008年本田零部件公司生产开始进入正轨,按当时生产三班倒的情况,变速箱产能已经达到24万套,这是具有行业垄断性的,产能增加了,公司盈利了,员工工资却不见涨。

"2007年进入公司,如今和我同时进来的人差不多都离开了,这里的员工换了一茬又一茬,熟练工人都走了,新来的都是学生和偏远地方的农民工。"

"自从去年以来,在广州本地的招工越来越难了,公司多次派人去外地招工,来自陕西和贵州的人越来越多。"

"他们感觉中国人多,可以找到更便宜的劳动力。"多位员工如此表示。

南海本田中日员工薪酬差别巨大。和中国工人困难的生活情况相比,公司的日本支援者却享受着高工资高福利。在南海本田,科长及以上级别的管理人员均为日方人员,以部长为例,每月收入可达10万元以上,将近中方员工收入的50倍。这种巨大的薪酬差别,引起了工人们的强烈不满。虽然日本本国员工薪酬标准的制定要考虑岗位职责、生活水平差别等因素,但在工人看来,工作差别不大而薪水却有天壤之别,造成其不公平感。这是本次罢工的重要原因之一。

公司缺乏工资协商机制,也没有建立良好的沟通机制,员工没有渠道反映自己的不满,管理者也难以了解一线工人的思想动态,及时发现和化解问题,在劳资冲突发生时,更显得无所适从,不但没能与员工及时沟通,反而态度强硬准备招募新工,招致工人反感,罢工情势加剧。

"领导从来不说今年业绩如何,盈利能力如何,财务更不公开,在这里的员工看见的都是一抹黑。本田零部件公司没有体现一点管理的先进性。"一名参与罢工的员工如是表示。

此外,中日两国间存在文化差别,中日员工也少有交流,加剧了中日员工间的冲突。

罢工"领导者"

2010年5月22日,谭志清与南海本田签完解除劳动合同协议后,头也不回地离开这家他工作了两年半的工厂。总务处通过工厂大喇叭,向两千多名工友播报了谭志清被开除的消息。这个24岁、操着浓重乡音的湖南小伙子,正是南海本田罢工的两名领导者之一。另一名领导者小肖,也是湖南人,与谭志清同一天离职后,就北上返乡了。谭志清依然和工友们保持着联系。5月的最后一天,他从电话里得知,两名工友被戴有工会标牌的十余名工作人员围殴,打得满脸是血,至今下落未明。工人被打,并没有为这场始于5月17日的罢工事件画上句号。原本复工的数百名工人,再次离开流水线,涌向了篮球场。此时,由于这家位于广东南海的零部件公司停产,自动变速箱断货,本田在中国境内的三家组装厂已停工四天。

离职前"打抱不平"——

春节刚过,谭志清就打定主意离职。在过去的两年半里,谭志清一共获得三次加薪,分别加薪19元、29元和48元,加起来还不到100元。在被开除前的一个月,他的工资扣除"三险一金"后,总共不到1300元。这是谭志清每个月的全部收入。在南海本田,这样的收入已属高薪一族。更多制造业的工人,大多拿着税后1100元的月薪,更别提实习生每月不到900元的收入。除掉每月200元的房租、200元的伙食费等必要开支外,这个24岁的小伙子把大部分收入寄回家乡,自己过着近乎苦行僧般的生活。谭志清很少上街,经过那些放着高声音乐的服装店时,会不自觉地加快步伐——他舍不得买衣服。甚至每小时5元的费用,也让上网成为一项奢侈的娱乐。只有手机上的移动QQ,那一闪一闪的小企鹅头像,为谭志清枯燥的打工生活增添了一抹亮色。幸运的话,谭志清每月能有五六百元的结余。这些钱通常被汇往远在湖南农村的家中。

此前,谭志清的理想是考上邻省的武汉大学,在珞珈山下读书论辩。2004年高考落榜后,谭志清不得不放下手中的书本。家里的八亩地,只够种全家的吃食。收入的主要来源还得靠外出打工。拮据的经济情况,让高考复读成为一次高昂的冒险。谭志清不得不踏上了南下的绿皮火车,加入打工大军。不过村里人还是觉得他混得不错,坐在开着空调、干净整洁的工厂里,为世界五百强的本田汽车组装变速箱,算得上是份体面的工作。但是在贡献了两年半廉价劳动力后,谭志清决定放弃面子。

4月29日一早,这个湖南小伙子做出一个重要决定。这天他走进了总务楼,递交离职报告,依照工厂规定,一个月后他将获准离职。不过,打定离开工厂的主意之前,谭志清还有一个在工友看来近乎疯狂的想法:他要领导一次罢工,要求资方提高工资待遇。

因为读过高中,在大部分只上过初中、中专的工友中,谭志清算是小知识分子了。这个在湖湘文化氛围中长大的乡村青年,自幼熟读毛泽东诗词,对于三国演义爱不释手,高中历史教材中的省港大罢工段落,至今仍烂熟于胸。"反正我是要走的人了,还不如在走之前为工友谋点福利。"谭志清对《中国新闻周刊》记者说,罢工的想法他早在这年3月就告诉了同乡小肖。当时小肖正好也打算离职,两人一拍即合。罢工"双核"就在此时此刻形成。工友们注意到,谭志清和小肖没事老凑在一起。谭志清和小肖不仅是同乡,而且还是一个科的同事,他们同时在南海本田工厂变速箱组装科做工。作为本田在海外建立的第四家可全工序生产自动变速箱的工厂,2007年建厂时,南海本田将日本母厂的全套管理架构,移植到这家在华的独资企业中来。日本管理者不仅搭建了"部—课—科—线—班"5级生产管理体系,在具体制造环节上也划分为:组装、铸造、齿轮、铝加工、轴物等5个科,其中组装为流水线上既最为重要的环节,也是最后一道工序。如果这个环节停工,势必导致整个工厂流水线停止作业。

南海本田的组装车间,当时有两条流水线,200余名工人。罢工游说计划没有预料中的成功。"没人相信他能领导罢工。"与谭志清在同一条流水线上的工友回忆说,这个小伙子平时话不多,不太起眼。在谭志清和小肖的游说下,筹备罢工的队伍扩大到20余人,大部分都是在组装科干了一年以上的老员工,湖南老乡居多。

罢工经过

5月17日早晨,谭志清像平常一样坐上了班车。20分钟后,班车到达厂区。睡眼惺忪的早班工人们慢悠悠地排队下车,往食堂走去。像往常一样,吃过花两元买的鸡蛋、菠萝包早餐后,换上白色的工作服,回望一眼更衣室后,谭志清就走进了车间。

"头一次罢工,谁的心里也没底。"谭志清说。如果员工对工资不满意,通常的做法是悄悄走人,再找一家工资高一点的。罢工——这种谭志清只有在历史教科书里和电视中才看到的"加薪"手段,在改革开放30多年之后的中国实属少见。谭志清只想用和平抗争的方式,为工友们争取点工资。

7点50分,正是开工的时间,流水线上的工友惊奇地发现,谭志清没有像往常一样开动机器,而是按下了流水线上的紧急按钮,随即蜂鸣的报警声响起,组装车间的两条流水线尚未启动,就已经被锁定停机。这时,谭志清和小肖对着各自流水线的员工高喊:"工资这么低,大家别做了。"说完,一些员工加入了这两个湖南人引领的队伍,但大部分员工仍然停留在流水线旁,不知所措。组装车间50多人的罢工队伍,来到隔壁的铝加工车间,不过这里的工人却没有理会罢工的口号,仍然埋头干活。接着,在轴物车间,谭志清遭遇了同样的尴尬,无人响应。铸造车间的工友们也对这支罢工队伍投来疑惑的眼神。目睹这一幕的老员工小刘说,当时工人对于罢工还不太热心,大家担心遭到公司惩罚。对此,小肖归结为"工人觉悟水平有差异"。离开车间的罢工队伍,此刻有些松懈情绪,但仍然按照既定计划,来到厂区的篮球场静坐示威。此时,已经是早上9点,正是日方管理人员上班的时间。

罢工队伍终于引起了资方的注意。南海本田总经理山田一穗通过翻译喊话,让他们回到组装车间,有问题去那里协调。谭志清拒绝了总经理的要求。就在罢工队伍在篮球场静坐时,罢工的消息却在以短信的方式,在实习生中迅速传播开,一些生产线上的工人也放下了手头的活儿。由于工厂采取流水线作业,任何一个环节停工,将导致整个生产停顿。在生产完第37个自动变速箱后,由于组装科停工,整条流水线陷入停顿。此时,大部分工人被动地卷入停工,但大多数工人仍坐在流水线旁。中午12点,当百余人的罢工队伍,浩浩荡荡开进二楼食堂时,资方早已准备了6块白色公告板,供员工提意见。一位食堂的工作人员向《中国新闻周刊》记者回忆说,当时员工蜂拥而上,不一会就写满了100多条意见,黑黑压压、缭乱的文字占领了公告板的每一个角落。就在工人满怀希望地书写愿景时,管理方透过翻译,向这支新生的罢工队伍承诺,在5月21日将给员工满意答复。此时,谭志清看到管理方态度温和。当天下午3点多,当午班工人到厂时,停顿4个小时的流水线又重新忙碌起来。管理方清楚,如果罢工扩大化将带来怎样的后果。2009年,本田汽车全球销量不足340万辆,同比下滑了10%,但在中国市场销量达到58.2万辆,增长了21%,中国市场成为本田汽车全球唯一实现增长的市场。5月正是汽车的销售旺季。南海本田提供了本田在华三家整车工厂80%的自动变速箱。如果供货中断,势必影响整车工厂的生产。此前,据本田新闻发言人藤井隆行说,由于中国相对很少发生工人罢工事件,本田在中国设置一间变速箱生产厂就可以了。而按惯例,本田一般会保留两家零部件供应商。

谈判陷入僵持——

5月20日、21日,劳资双方展开了两次谈判。这也是珠三角地区,特别是在外资企业中,为数不多的劳资谈判之一。组装、铸造、齿轮、铝加工、轴物等5个科每科选出了两名工人代表以及各班班长,管理方的谈判人员则包括了总经理在内的四名高管,企业工会人员也悉数到场。

谈判前后的三天,工厂生产一切照旧,不过多位工人称,产量一日比一日低,工人劳动积极性越来越低。"虽说是复工,可是17号那么一闹,哪里有心思干活。"轴物科实习生戚威说,以前每天打磨900多个零件,那几天只有四五百个。工人的谈判目标清晰而简洁:工资提高800元,全部加入基本工资,未来工资年度增幅不低于15%。数名参与谈判的工人代表表示,谈判过程中,工会代表一言不发。管理方则认为工人提出的加薪幅度过高,直接拒绝了工人的要求。事后,狮山镇总工会一名工作人员对《中国新闻周刊》记者表示,工会只是为劳资双方提供一个沟通平台,仅此而已。5月21日,南海本田公布了加薪方案,工厂所有正式员工加薪55元,实习生暂不加薪。但方案公布之时,也是罢工再起之日。接下来的5月22日和23日,原本是周末加班,谭志清则继续号召工人停工,借此向管理方施压。此时,罢工队伍扩大到300多人,密密麻麻地站在公司的篮球场上。就在罢工渐入高潮时,5月22日中午11点,工厂的广播突然响起,宣布公司解除谭志清和小肖的劳动合同,也就是"开除"他们。当天下午2点,谭志清和小肖拿着5月份的工资,以"开除"的名义离开了南海本田厂。两名罢工领导者的被开除,带来的是更大面积的罢工。一些一直没有离开流水线的工人也开始加入游行队伍。从5月23日起,穿着白色工作服的工人潮水般涌向篮球场,高唱国歌、《团结就是力量》。为了防止日方拍照报复,游行时,罢工者都戴着口罩。虽然大部分罢工者都打心眼里佩服谭志清和小肖,可是谁也不想被开除。三天后,由于自动变速箱供应中断,随着东风本田武汉工厂的最后一辆汽车驶下总装线,本田在华另外一家零部件厂和四家组装厂开始全部停工。此前,本田零部件公司高层对媒体说估计的日损失产值4000万元,这五家工厂的日产值损失合计约为2.4亿元。

实习生心态矛盾——

被开除的谭志清和小肖,俨然成了实习生戚威心目中的工人英雄。5月27日,戚威收到了一张南海本田发到员工宿舍的承诺书。粗略扫过纸上写的内容后,戚威顺手把这张管理方连夜起草的"劝降书"揉成一团,扔到了地上,还重重地踩了两脚。这张承诺书要求,实习生承诺"绝不领导、组织、参与怠工、停工、罢工"。两天后,资方改口,称实习生不必签署这一承诺书。但承诺书的口吻,却激起了潜藏在实习生中对于低工资的普遍不满情绪。好几天过去了,在位于松岗的南海本田员工宿舍楼,摆放在大堂里的承诺书回收箱,里面还是空的。多位实习生在接受《中国新闻周刊》采访时均表示拒绝在承诺书上签字。

1992年生于湛江农村的戚威,上有三个姐姐,下有一个兄弟,母亲在家帮着大姐带孩子,父亲和二姐、三姐常年在广州打工。这个不折不扣的"90后",穿着花衬衣,一头天然卷发染成了小镇青年流行的黄色。由于英语一直跟不上,严重偏科的戚威念完初中后,先是在广州读了半年酒店管理专业,因为一个月不到瘦了十几斤,父母看着心疼,就把他接回了老家。就在戚威的伙伴在上高一时,戚威在湛江的一家游戏机室干起了临时工。但总归因为年龄太小,这份差事干了没两个月,父母就替他在当地的湛江市粤西技工学校报名,学习数控机床。戚威的同宿舍工友们,多数是他的职校同学。在回忆起职校生活时,戚威想起的只有网吧和台球室。那时候,威威和他的玩伴们拼命渴望着尽快离开有网吧和台球室的学校"到外面见世面"。2010 年 4 月初,威威再过三个月就从湛江市粤西技工学校毕业了。学校老师把威威班上的近 40 个同学送到了南海本田进行实习,此前,他们已经通过公司的笔试和心理测试。经过为期两周的培训后,湛江市粤西技工学校的十多个学生被分配到轴物车间。在这条 200 多人的流水线上,80% 的工人都是刚刚到岗的实习生。这里的工作,主要是用车床打磨一种工人称为"音波"的轴承半成品。没过几天,威威和他的同学们很快就能和老员工一样,一天加工 900 多个"音波"。

在南海本田的 2000 多名工人中,1/3 是威威这样的实习生。他们中大部分来自湛江市粤西技工学校、清新县职业技术学校、广东省国防科技高级技工学校等广东省内的职业学校,也有相当一部分来自广西、湖南等地的职高。这些职校的毕业班学生,被学校组织到工厂做工,毕业之后即可与工厂签订正式劳动协议。庞大的实习生群体,为南海本田节约了大笔工资开销。这也是珠三角其他企业常用的方法——以大批招收实习生来降低生产成本。"刚一到工厂,印象还挺好的。"威威对《中国新闻周刊》记者说,但是一问老员工工资多少后(多数在 1300 元左右),心里就凉了。现在,威威的工资是 900 元。

作为低工资的最大受害群体,实习生是这次罢工的铁杆支持者。在威威居住的职工宿舍的地板上、走道里,到处是被踩满脚印的承诺书。罢工发生后,各家职业学校成为南海本田矫正实习生行为的求助对象。5 月 29 日,南海本田所在的狮山镇政府,把为该厂常年供应实习生的 7 所学校校长召唤到该镇的桃园中学。在这所景色宜人的示范中学里,镇政府为每所学校提供一间临时教室,供师生恳谈。

29 日的这天下午,天漏了般地下起了大雨,威威和他的 30 多名同学被接到桃园中学 4 楼的一间教室,见到了学校副校长。这位杜姓校长,对着讲台下的学生反复奉劝:"要换位思考,换了你是老板,工人老罢工怎么办?"师生恳谈会的另外一个内容,是收集学生对工厂的书面意见。尽管杜姓校长反复说合理的意见一定会传达给厂方。但始终未能就合理和不合理之间的区分与学生达成一致。最终,只有少数学生愿意条理清楚地罗列对工厂的不满,更多学生则是选择了三言两语零碎地传达着抱怨,或者直接起身走人,以表示对校方的不信任。在其他 8 间教室里,来自 6 所广东省内职业学校的师生恳谈会同时进行,但大多不欢而散。前述杜姓校长在接受《中国新闻周刊》记者采访时无奈地说,这一代的学生,和"80 后"还不一样。"80 后"要是嫌工资少,就直接走人,换个单位,现在孩子的想法要多得多。而"90 后"在评价起他们的资方时,也显示出两分法的客观。多位员工表示,本田的管理先进。一名来自广西职业技术学院的实习生甚至认为,"本田福利很健全,不仅有三险,还有公积金,而且生病还可以休息,只要有病假单,只扣一两块钱"。另一名来自清远市职业技术学院的实习生则表示,作为一个刚刚参加工作的毕业生来说,能够进入本田这样的世界五百强企业工作,还是能学到一些东西,但很有限。不过,与广东省最低工资标准几乎等同的工资,让他们对这家日本企业又爱又恨。

政府和工会宣称中立——

工人除了对工资不满,对工会"不作为"也有很大的情绪。已经不再是南海本田工人的罢工领导者谭志清,2009 年曾多次向工会反映提高工资的事情,但始终没有得到回应。南海本田工会成立于 2008 年,直到 2009 年才正式运行。

南海本田工人介绍说,工会 2009 年曾组织工人分批到广州旅游。威威在 2010 年 4 月入职当天,也收到工厂发放的入会表格一张,此后,他们工资每月被扣 5 元的会费。不过对于工会的确切职能,工人们基本说不清。

狮山镇总工会工作人员对《中国新闻周刊》记者说,在这次罢工中,工会主要是"为工人和厂方提供一个沟通平台"。当记者问及工人抱怨工会不为他们争取加工资时,这位工作人员表示,"这是劳资双方的事情,工会不便介入"。工会"不便介入",工人们便开始自发维权。为回应厂方发放的承诺书,工人代表当天草拟了 6 点"工人要求",其内容主要有:工资提高 800 元,全部加进基本工资里面;800 元体现在哪一项要明确说明(通告);工资提升 3 天内重签劳动合同,工资年度提升幅度不可少于 15%;年终奖、节日奖金不少于或等于上一年的标准;追加工龄补贴,工龄增加一年加 100 元,10 年封顶。此外,还特别提出,要重整工会,重新选举工会主席各相关工作人员。不过截至记者发稿时的 6 月 1 日,厂方只是撤回了承诺书,对于工人的要求尚未回应。

南海本田罢工,是企业工资缺乏协商制度的间接结果。早在 2007 年,南海区就被确立为广东省工资集体协商的试点,但试点并没有在南海本田展开。作为用工大省、企业密集之地的广东,劳资纠纷事件高于国内平均水平。对此,2009 年 11 月 18 日,广东省劳动和社会保障厅劳动工资处处长陈斯毅公开表示,很有必要通过规范的工资决定和增长机制,特别是大力推进工资集体协商,形成工资的"共决",而不是由老板单方说了算。

南海区宣传科科长伍新宇对《中国新闻周刊》记者表示,"事实上此事(注:指南海本田罢工事件)与政府无关,没有违反法律,工会介入居中协调,关键是当事双方"。狮山镇政府一位工作人员在接受《中国新闻周刊》记者采访时表示,南海本田遵守《劳动法》,严格限制加班时间,影响了工人收入,这是造成劳资矛盾的主要原因。他暗示,工人也许要得太多。狮山镇现有 2600 多家企业,2009 年,为该镇上缴了近 30 亿元的税收。

5 月 30 日,《中国新闻周刊》记者在狮山镇桃园中学教学楼的三楼阶梯教室门口,看到张贴着一张红纸,上面印着"HONDA 指挥部"。指挥部十余名政府工作人员在开会,其中大部分为狮山镇工作人员。另据当地政府人士透露,广东省、南海区、狮山镇的有关负责人也曾进入南海本田厂区了解情况。本田中国公关部发言人朱林杰对《中国新闻周刊》记者表示,罢工将很快结束。

罢工结果

工人的局部"胜利"——

本次罢工持续了十多天,进行了多次协商和谈判。最终在当地政府的强力调解下,工人同意了把正式员工的月最低工薪,以 1544 元上调至 1910 元,整体涨薪 24% 的解决方案。

5 月 26 日,厂方张贴告示,决定给正式员工平均加薪 320 元到 355 元不等,实习生从第 3 个月起,加薪至 1569 元——这与现在老员工的工资水平接近。虽然这一方案与员工们加薪 800 元的目标仍相去甚远。但"不管结果怎样,我们还是取得了局部胜利"。

在过去的 20 年里,南海区从珠三角的一个鱼米之乡,迅速成长为经济总量超 1500 亿元的经济巨无霸。然而,当地工厂老板定的工资标准仍然停留在十年前:对于没有多少专业技能的农民工,一个月给 1500 元就够了。华南农业大学经济学院教授罗明忠的研究表明,1993 年到 2007 年,中国居民劳动报酬占 GDP 比重由 49.49% 降至 39.74%。在过去 22 年里,资本报酬比重反升两成,表明劳动者的收入并没有随着财富的增长而增长。中国社科院经济研究所研究员王红领撰文说,近些年来,中国的 GDP 增速虽是发达国家的好几倍,但工资增速却远落后于这个增速。日本在经济快速增长时期,其工资的增长速度比美国快 70%,到 1980 年就已经与美国持平,这一过程大概用了 30 年时间。而从 1978 年到 2004 年,我国经济高速增长了近 30 年,工资增速却只有美国的 1/20,日本的 1/24。在制造业领域,中国的劳动力价格甚至比 20 世纪 90 年代经济才开始快速增长的印度的劳动力价格还要低。认清这一点的谭志清,已经彻底失去了去工厂打工的兴趣,他后悔当年没有坚持复读再考一次大学,现如今只有打算好好学门技术,"以后自己为自己打工"。2010 年 7 月才能拿到毕业证的实习生戚威,对于未来没有那么长远的规划,如果不在本田做工,他想就先回湛江老家,"玩一段时间再做其他打算"。让这个 19 岁的阳光少年不解的是,"富士康的工资比我们的高,为什么他们的员工还要自杀呢?"

问 题

1. 我国产业行动的特点是什么?
2. 南海本田罢工的原因是什么?
3. 谁是南海本田罢工的组织者?工会在本次罢工中起了怎样的作用?
4. 企业和当地政府是怎样对待本次南海本田罢工的?
5. 本次南海本田罢工的处理给了我们哪些启示?

答案提示

1. 我国产业行动的特点

与国外旨在推动集体谈判的产业行动不同,我国的产业行动主要是一种自我救济性的产业行动。其目的是迫使对方接受自己要求的条件;其特点是自发而无序。劳动者一方没有工会组织的领导和参与,而是具有相同经济利益诉求(如提高工资、改善劳动条件等)的多个劳动者与企业发生劳动争议;其作用通常是集体争议矛盾激化后一方或双方采取的手段;其过程是劳动者自发组织起来,使众多的个体争议变为集体争议,进而升级为集体行动。

2. 南海本田罢工的原因

南海本田员工工资较低,只能较低水平地维持个人基本日常生活需要。

南海本田的薪酬系统设计加薪层级多额度少的境况让工人对未来的职业生涯失去信心。

南海本田为了减少工资支出,还大量使用工资更为低廉的实习生。

南海本田产能和盈利大幅度提升,可员工工资却不见涨。

南海本田中日员工工作差别不大而薪水却有天壤之别,造成员工的不公平感。

南海本田缺乏工资协商机制,也没有建立良好的沟通机制。

3. 南海本田罢工的组织者以及工会在本次罢工中的作用

罢工"领导者"是两名湖南籍青年员工谭志清与小肖,他们对南海本田的低工资不满,决定辞职,组织本次罢工的动机是在离职前为工友"打抱不平"——通过罢工迫使资方提高工资待遇。

在本次南海本田罢工中,本田工会在代表和维护职工合法权益方面基本是失职的。

在罢工之前,本次罢工领导者之一的谭志清,曾多次向工会反映提高工资的事情,但始终没有得到回应。

在罢工过程中,劳资双方展开了两次谈判。组装、铸造、齿轮、铝加工、轴物等5个科每科选出了两名工人代表以及各班班长,管理方的谈判人员则包括了总经理在内的四名高管,企业工会人员也悉数到场。数名参与谈判的工人代表表示,谈判过程中,工会代表一言不发。而企业工会的上级工会则宣称中立——狮山镇总工会工作人员则对《中国新闻周刊》记者表示,工会只是为劳资双方提供一个沟通平台,仅此而已。当记者问及工人抱怨工会不为他们争取加工资时,这位工作人员表示,"这是劳资双方的事情,工会不便介入"。正因为工会"不便介入",工人们便开始自发维权。更有甚者,罢工领导者谭志清从工友的电话里得知,有两名工人被戴有工会标牌的十余名工作人员围殴,打得满脸是血。不知此消息是真是假,如果是真,那企业工会的行为就是极为恶劣的,甚至触犯法律。

工人对工会"不作为"有很大的情绪。在劳资协商中,工人特别提出,要重整工会,重新选举工会主席等相关工作人员。

因为工会的失职,建立在工会制度基础上的企业工资集体协商、员工参与管理等劳资合作活动没有开展,一任劳资冲突不断加剧,直至发生罢工。

4. 企业和当地政府是怎样对待本次南海本田罢工的

企业管理方的态度与做法。罢工开始后,管理方当天中午在食堂准备了公告板,供员工提意见。管理方的温和态度,促使停工4个小时的工人当天下午恢复了工作。随后,劳资进行了谈判。工人的谈判目标是工资提高800元,全部加入基本工资,未来工资年度增幅不低于15%。管理方则认为工人提出的加薪幅度过高,直接拒绝了工人的要求。管理方公布的加薪方案是工厂所有正式员工加薪55元,实习生暂不加薪。此方案一公布,罢工再度掀起并扩大。接着,管理方做出了更加敌意的行为——通过广播宣布解除罢工组织者谭志清和小肖的劳动合同,也就是"开除"他们。两名罢工领导者的被开除,激怒了工人,带来了更大范围的、持续的罢工。

当地政府的态度与做法。一是积极介入调解。广东省、南海区、狮山镇的有关负责人曾进入南海本田厂区了解情况;成立了包括十余名政府工作人员在内的处理罢工事件的"HONDA指挥部";南海本田所在的狮山镇政府,把为该厂常年供应实习生的7所学校校长召唤到该镇的桃园中学进行师生恳谈,做学生的工作。最终在当地政府的强力调解下,工人同意了把正式员工的月最低工薪,以 1544 元上调至 1910 元,整体涨薪 24% 的解决方案。二是比较客观公正。没有把工人罢工定性为骚乱、破坏社会治安,而是比较客观理性地将其视为劳资之间的冲突,把自己置为中间调停人的身份,使自己比较主动地发挥了调停的作用,这是值得借鉴的。

广东省劳动和社会保障厅劳动工资处处长陈斯毅公开表示,很有必要通过规范的工资决定和增长机制,特别是大力推进工资集体协商,形成工资的"共决",而不是由老板单方说了算。

南海区宣传科科长伍新宇对《中国新闻周刊》记者表示,"事实上此事(注:指南海本田罢工事件)与政府无关,没有违反法律,工会介入居中协调,关键是当事双方。"狮山镇政府一位工作人员在接受《中国新闻周刊》记者采访时表示,南海本田遵守《劳动法》,严格限制加班时间,影响了工人收入,这是造成劳资矛盾的主要原因。

5. 本次南海本田罢工的处理给我们的启示

一是要健全集体行动预警和预防机制。

从企业来讲,让工人分享企业发展的成果,这是预防劳资冲突的根本途径;管理方应加强与工人的沟通交流,了解工人的呼声与动向,避免发生突发事件;建立劳动争议调解机制,及时化解分歧,避免矛盾升级、激化。

从工会来讲,要发挥工会的作用,健全劳资合作机制。工会是职工合法权益的维护者,这是它的基本职能和存在理由。建立在工会基础上的集体谈判、员工参与机制,可以起到协商、协调利益矛盾,反映工人意志,维护职工合法权益的作用。

发挥三方协商机制的信息沟通作用,及时发现劳资双方冲突激化的可能,做好预警工作,尽力将冲突及时化解。

二是要健全集体行动处理机制。

要通过立法对集体行动进行规制,进一步完善劳动争议处理行政和司法制度,使其在制度的轨道内运行。

加强工会组织的维权能力和职责科学定位。

发挥三方协商机制的调解、仲裁职能。罢工等集体行动发生后,三方协商机制可以适时介入,发挥其调解和仲裁的职能。政府作为三方协商机制的一方,应保持中立,选择时机居中调停,不可偏袒任何一方。否则,便会引火烧身,把原本客观存在的劳资矛盾,变成了劳动者与政府的矛盾,加大了罢工事件处理的社会成本,还可能影响党在人民群众中的形象。

发挥中立第三方机构的作用。劳资双方谈判陷入僵局之时,合适的第三方组织的介入,在双方间进行调解、斡旋,对冲突的解决有积极影响。我国此类第三方组织的发展亟待推进。

案例 6 深圳冠星精密表链厂的罢工是怎样解决的[①]

冠星精密表链厂位于深圳宝安区沙井街道黄埔第二工业区,是一家来料加工日资企业,为日本西铁城加工表配件。2011 年 10 月 17 日,冠星精密表链厂员工因工资、社保、公积金等问题发生了一起历时一个月的集体停工、怠工事件。

罢工缘起

劳资冲突源于冠星厂 2011 年 10 月的一次内部会议。

10 月 16 日,冠星精密表链厂召集包括表带(打磨)部在内的员工,开会讨论该部员工工资由"计件制改为计时制"事宜。据该厂员工介绍,表带(打磨)部的计酬方式如果从"计件制"改为"计时制",员工的月薪预计会由 2300~2800 元降至 2000 元。计酬方式的转换引起了工人的不满。

员工感到不满的不仅是工资制度的转换。另一重要原因是:该厂在 2005 年至 2010 年期间设计出一种工时管理方法,一天工作 8 小时 40 分钟,但多出的 40 分钟厂方以"上厕所、喝水"等为由不予付薪。"每天 40 分钟,五年算下来,工资也有 11000 块左右。这里约一半以上的工人都干了五年多。"每天 40 分钟不计工资白干活,工人对此反响特别大。在长达一年的时间里,工人们以各种不同的方式向老板提出过改变的要求,甚至在罢工前的 10 月 12 日,工人们曾联名给厂方写过一封信,全厂 1000 多人签了名,要求厂方将这 40 分钟按加班计算工资,明确表示"限期三天给出答复,否则就将停工维权"。但老板始终未予答复。

此外,工厂也没有足额缴纳工人的住房公积金和养老保险。

于是,10 月 16 日表带(打磨)部员工改变计酬方式的会议成了导火索,引发了员工积压已久的不满。

10 月 17 日,表带(打磨)部的几十名员工开始采取集体行动。同日,全厂 1178 名员工开始罢工声援,要求资方依法支付每天 40 分钟的欠薪。

---

① 整理自:王婧:西铁城深圳代工厂罢工始末,财新网,2011-11-24;王道军:西铁城深圳代工厂设立劳资委员会,《东方早报》,2011-12-27;张云飞、封帆、孟昊等:从冠星厂事件看工资集体谈判——段毅律师专访,《中国工人》,2012(5)。

开始罢工

最初三天,罢工仅在厂区内,工人从静坐到小规模游行,将"维权停工,坚持到底,还我血汗钱"的标语写在大纸箱上。厂方曾单方面做过一定妥协,在罢工的第五天,厂方宣布每人补发 300 元,再按工龄计算工资,每多一年工龄工资多增加 100 元。但工人们认为这"与预期相差太远"。

此后,工人们突然发现厂区到处都是保安、"警察",还有"防暴小分队"。一名工人说:"我看到卖卤菜的那个小伙子也在防暴小分队里,我认识他,每天都去买他的卤菜。这些'防暴人员'都不知从哪里找来的。"直到 10 月 31 日,深圳市宝安区人民政府派人前往该厂视察,这些"穿制服的人"终于一下子从厂房内消失了。

罢工一直持续,到 11 月 1 日时,厂方要求所有工人想要进入工厂,就必须签一份"复工合同",不签就不允许进厂,并且"没有任何经济补偿"。"我们没有办法,就都签了,但还是坐在那里,不干活。"一名工人告诉记者。从 11 月 1 日起,这些工人每天就坐在工位上,从早上 8 时到晚上 11 时,大眼瞪小眼。怠工期间劳动生产率不足平时的 30%。

后来,厂方决定表带(打磨)部继续沿用"计件制"计酬方式,表带(打磨)部的工人率先复工。然而,更多的工人并没有真正复工。消极怠工的状态一直持续到劳维律师事务所的介入。

11 月 6 日,10 名工人代表来到深圳劳维律师事务所,并带来 584 名员工的签名。该律师所当天正式接受了员工委托,为员工提供法律咨询服务,并在必要时代表员工与企业谈判交涉,签署相应谈判协议。

11 月 8 日,冠星厂员工联名向厂方要求,对争议事项进行谈判。11 月 9 日,劳维律师事务所给冠星厂发出律师函,建议厂方尽快与员工代表对话磋商;依照《深圳经济特区和谐劳动关系促进条例》等相关法规依法开展集体协商;并安排时间、地点与劳维律师商议谈判程序事宜。同时,劳维律师事务所把律师函内容告知了员工代表,并上报给深圳市律协、司法局。

律师函发出的第二天,就得到了厂方律师的积极回应,希望尽快进入谈判。

11 日下午,举行了劳资谈判预备会议,对双方谈判代表人数及构成、旁听人员资格、中止机制、第三方参与、谈判时间、会场纪律等方面都做了约定。

谈判过程

第一轮谈判于 13 日下午 4 时正式举行。劳资双方正式谈判代表各五人参加谈判,其余员工代表全程旁听。劳资双方针对争议最大的"每天 40 分钟工间休息是否算作工作时间"的法律依据产生了激烈争论,未能达成一致,谈判一直持续到当晚 10 点未有结果。

16 日下午 5 时,第二轮谈判进行。厂方依然认为 40 分钟算作加班无法律依据,但从合理性角度接受以加班费的计算标准给予补偿。不过,厂方的最初方案与员工预期相距甚远。工人明确亮出了自己的底牌:第一,这 5 年的 40 分钟加班费全部要补偿给工人;第二,这 5 年加班费的计算标准不按照当年的工资基数而是按照现在的工资基数。员工代表坦言,"我们的员工代表身份可能就到今晚了,如果低于员工的底线,没有达成让大家满意的结果,明天会发生什么事情就不是我们能控制的了。不是我们不想代表他们了,是他们不要我们代表了!"

对峙局势持续,艰难谈判历时 5 个半小时,期间被迫中止两次,稍有不慎就会引发员工代表全体离席。厂方经全盘考虑、权衡利弊,给出了最后方案:和解金以员工当时基本工资为基数,对 2005 年 10 月 1 日至 2010 年 10 月 31 日期间每天 40 分钟的工作时间(具体时间以员工当时考勤记录为准),按加班计算,最后计算出的加班费数额做 70% 折算。和解金从 2011 年 11 月起逐月分五次发放,覆盖包括签名授权的 584 名员工在内的全厂千余名工人。对将来离职的员工,厂方承诺不会影响其和解金的分期发放。

17 日厂方向全厂公示了劳资谈判达成的方案,得到全厂员工的认可。19 日上午,劳资双方对前两次正式谈判的会议备忘录做了确认和签署。

皆大欢喜的结局

谈判结束后,取得满意结果获得应得利益的工人们迅速恢复了生产而且努力工作,劳动生产率不是下降而是提高了,其提高的程度足以使老板认为应该去感谢工人。于是,判完之后的第十天,老板大宴工人,请 1000 多名工人吃饭。

老板明确提出要组建厂内的劳资关系委员会,这不是一个谈判组织,而是一个日常管理的沟通平台,以后有什么问题,可以通过这个平台来沟通解决。这一机制的创建,可以使劳资双方共同讨论生产中存在的问题,既包括了工人的利益,也包括老板管理上的需求。工人用自己的行动和力量建立了这样的一个机制,是这次谈判最大的收获,这也是集体谈判所要追求的终极目的。

值得一提的是,冠星厂已经建立了工会,厂长兼任工会主席,人力资源部负责人兼任工会干事。在此次冠星厂罢工事件中没有看到工会的身影。

问　题

1. 本案例是怎样解决罢工、怠工的?
2. 本案例集体谈判的结果是什么?
3. 本案例中厂方何以能在集体谈判中接受工人的条件?
4. 冠星厂罢工事件给予我们怎样的启示?

答案提示

1. 本案例是怎样解决罢工、怠工的

本案例中,资方最初也是采取冲突的态度对待罢工工人的,比如动用大量保安,强迫工人进场复工等。但是,工人们用消极怠工来回应资方,并积极寻求劳维律师事务所的帮助。

怠工给资方造成了巨大的效率压力,迫使其坐到谈判桌前与工人对话。最后,经过艰苦的集体谈判劳资达成了一致,使罢工、怠工获得了比较圆满的解决。

2. 本案例集体谈判的结果

第一,资方答应员工要求,员工讨回自己的应得利益,结束罢工、怠工。

第二,工人迅速恢复生产,并以更高的生产率工作,管理方在罢工期间的损失得到一定弥补。

第三,组建厂内的劳资关系委员会这样一个劳资双方就日常管理进行沟通的劳资合作平台。通过这一机制,双方可以协商管理中的问题,协调彼此利益,使劳资矛盾有了一个化解的机制,可以发挥预防劳资矛盾激化的作用。

3. 本案例中厂方何以能在集体谈判中接受工人的条件

罢工、怠工、集体谈判过程都显示出工人的力量,迫使老板:第一,回到谈判桌上;第二,谈判必须考虑工人的诉求;第三,在工人诉求的妥协调解过程中,以工人妥协的底线作为最后的方案尺度。这次谈判除了技术面的多方应用如劳维律师的帮助外,最重要的就是工人通过自身力量的展现,使得自己的诉求最终得以实现。

4. 冠星厂罢工事件给予我们的启示

首先,应从劳资冲突的预防入手。比如,冠星厂事件就是由于老板在长达一年多的时间里完全漠视工人的集体诉求,根本不予回应,才迫使工人罢工。如果老板和工人商谈,矛盾还是可以消解的。但工人诉求遭遇冷漠,最后,成为集体行动的加速剂。尽管恢复了生产,但企业付出的代价是巨大的。所以,劳资和谐是企业利益实现的前提。

其次,企业应该人性化地对待员工,起码不能突破劳动法律、法规的底线。冠星厂罢工事件的根源说到底就是企业违反国家法律,侵犯了员工的合法权益,导致了劳资冲突。而劳资冲突并不会给企业带来益处。

再次,应建立健全工会组织。工会是代表和维护职工合法权益的组织,工会制度承载着员工参与制度、集体协商与集体合同制度、三方协商机制,工会不健全则劳资合作的三大机制就不能正常运行,劳资矛盾与冲突就无法通过制度化的渠道来化解而只能走向激化。本案例中的冠星厂虽然成立了工会,但工会主席就是厂长,工会干事就是人力资源部的负责人。依我国法律规定这是不合法的,不符合法律对工会主席的资格要求,现实中这样的工会也不可能代表和维护工人利益,承载劳资合作机制。

最后,应建立、健全劳资合作机制。员工参与制度、集体协商与集体合同制度、三方协商机制是劳资合作的三大机制,为劳资提供了沟通意见、协调利益的平台,很多劳资矛盾与冲突可以通过这些平台得以化解,而不必走到工人通过集体行动来争取自己利益的路径。劳资冲突必然会阻断劳资合同的履行,妨碍生产,影响公共秩序,只有通过建立、健全劳资合作机制并充分发挥其作用,才是解决劳资矛盾的根本出路。